Gerald von Minden · Der Bruchstück-Mensch

Gerald von Minden

Der Bruchstück-Mensch

Psychoanalyse des frühgestört-neurotischen Menschen
der technokratischen Gesellschaft

Ernst Reinhardt Verlag München Basel

Dr. Gerald von Minden, Psychoanalytiker in freier Praxis in München. Schwergewicht der akademischen Ausbildung: Sozialpsychologie. Studium in den USA mit Abschluß Bachelor of Arts und Master of Arts. Kurzer Studienaufenthalt in Großbritannien. Dr. rer. pol. an der Universität Berlin. Ausbildung zum Psychoanalytiker an der Akademie für Psychoanalyse und Psychotherapie e.V. München. Lehranalytiker der Deutschen Gesellschaft für Psychotherapie, Psychosomatik und Tiefenpsychologie e.V. (DGPPT). Dozent und Lehranalytiker der Akademie für Psychoanalyse und Psychotherapie e.V. München.

CIP-Titelaufnahme der Deutschen Bibliothek

Minden, Gerald von:
Der Bruchstück-Mensch : Psychoanalyse d. frühgestört-neurot. Menschen d. technokrat. Gesellschaft / Gerald von Minden. – München ; Basel : E. Reinhardt, 1988
ISBN 3-497-01144-4

Printed in Germany

Inhalt

Geleitwort

Die Theorie der Objektbeziehungen in der Psychoanalyse
Im Verlauf der letzten 25 Jahre hat sich in der internationalen psychoanalytischen Bewegung in wachsendem Maße die Einsicht in die zwingende Notwendigkeit durchgesetzt, sowohl in der Theorie wie in der Praxis der fundamentalen Bedeutung des Einflusses der frühesten Objektbeziehungen für die Entwicklung der menschlichen Persönlichkeit das nötige Gewicht zu geben. Wenn man diese Einflüsse und ihre Auswirkungen in frühesten Phasen der Kindheit und Jugend nicht adäquat in Rechnung stellt, werden zwangsläufig in Diagnose und Behandlung schwerer Charakter- und Persönlichkeitsstörungen überaus wichtige Faktoren außer acht gelassen werden. Wenn indessen die Beachtung dieser Faktoren untrennbarer Bestandteil der Sichtweise des Psychoanalytikers geworden ist, kann der Bereich der einer Behandlung zugänglichen Störungen beträchtlich erweitert werden; viele bisher einer wirksamen Behandlung im Wege stehende Blockaden können dann mit Hilfe der durch sie neu gewonnenen Einsichten aus dem Weg geräumt werden.

Diese Entwicklung stellt nicht etwa eine separatistische Bewegung innerhalb der Psychoanalyse dar. Im Gegenteil, nachdem sie in Großbritannien mit der Arbeit *Melanie Kleins* begonnen hatte, die wiederum ihrerseits unabhängige Forschungsrichtungen wie die bekannter Psychoanalytiker wie *Balint, Winnicott, Fairbairn, Khan* und *Guntrip* anregte, setzte sich diese Entwicklung in den USA weiter fort, wo die Arbeit von *Kernberg, Kohut* und anderen zu einem Kernbestandteil der internationalen psychanalytischen Szene geworden ist.

In meiner Sicht kann sich die Psychoanalyse weder weiter entwickeln noch zu neuer Blüte gelangen, ohne daß diese neu gewonnenen Einsichten von vielen anderen Autoren, die ihre eigenen Einsichten und Erfahrungen kritisch und unabhängig einbringen, weiter entwickelt werden. *Gerald von Minden* hat sich seit vielen Jahren mit dem neuen psychoanalytischen Denkansatz der Theorie der Objektbeziehungen befaßt und sich als herausragender Interpret ihrer wichtigsten Gesichtspunkte erwiesen. Ich bin überzeugt, daß sich seine Arbeit als sehr bedeutsam erweisen wird, besonders auch für Praktiker, die in tieferen Schichten des Unbewußten mit schwer regredierten Patienten arbeiten.

Edinburgh, März 1987   *John. D. Sutherland*
                              langjähriger Herausgeber des International Journal
                              of Psychoanalysis und Medical Director der
                              Tavistock Clinic, London

Vorwort

Dieses Buch, das den frühgestört-neurotischen Menschen der technokratischen Gesellschaft zum Thema hat, wendet sich nicht nur an den fachkundigen Leser. Es ist auch aus dem Wunsch heraus geschrieben, Leser, die an der Psychoanalyse *Sigmund Freuds* interessiert, mit ihr jedoch wenig vertraut sind, an den Erlebnissen und Erfahrungen in der Zusammenarbeit zwischen einem Analytiker und seinen Analysanden teilhaben zu lassen. Es möchte nicht nur intellektueller Lese- und Lernstoff sein, sondern Anstöße geben zu vertieftem Einfühlen des Lesers in sich selbst ebenso wie in seine Bezugspersonen und in sein gesellschaftliches Umfeld.

„Ich fühle mich oft wie ein Kind, das den Erwachsenen spielt. Im Betrieb funktioniere ich gut, da läuft es, zumindest lief es bisher. Aber zuhause, da will ich Trost und Zuspruch, lasse mir von meiner Frau die Briefe schreiben und die Telefonate machen, wenn es um Gefühlsdinge geht." „Ich entdekke – mein Bild von einem weiblichen Wesen, von einer Frau, ist vollkommen verzerrt. Verzerrt durch Sehnsüchte wie bei einem kleinen Jungen, der so etwas wie eine Mutter sucht. Ängste und Haßgefühle aus alten Zeiten spielen in die Beziehung hinein, die mit meiner Freundin als Person, als Realität überhaupt nichts zu tun haben und wie mir jetzt dämmert, geht es bei ihr – spiegelbildlich – anscheinend genauso zu wie bei mir."

Das sind Äußerungen, die so oder in sinngemäß ähnlicher Weise im Verlauf einer Psychoanalyse häufig zu hören sind und die zweifellos typisch sind für die seelische Verfassung einer Vielzahl von Menschen, auch solcher, die nie daran denken würden, einen Psychotherapeuten aufzusuchen.

Zwar haben Künstler und Philosophen immer schon von der inneren Welt des Unbewußten gewußt: von verdrängten traumatischen Erlebnissen, abgespaltenen Ängsten und Sehnsüchten und unverarbeiteten Konflikten aus der Zeit der frühen Kindheit, die in die äußere Welt des täglichen Lebens hineinwirken. Aber erst die Psychoanalyse hat in wissenschaftlich systematischer Weise die Existenz und Wirkungsweise von solchen, dem Normal-Bewußtsein verschlossenen, unbewußt bleibenden Phantasievorstellungen, seelischen Prozessen und innerpsychischen Strukturen zugänglich und verstehbar gemacht. Diese unbewußte innere Welt bildet sich zwischen dem 1. und dem 5. (im engeren Sinn zwischen dem 1. und 3.) Lebensjahr und hat in tiefgreifender Weise Macht über das Alltagsleben des späteren Erwachsenen. Mit oft verhängnisvoller, ja tragischer Wucht bricht sie gerade dann aus dem Dunkel des Unbewußten heraus, wenn in gefühlsgeladenen Situationen des Umgangs mit Intimpartnern, mit Vorgesetzten oder mit Berufskollegen ein Sich-Zeigen, ein Einsatz als ganzer Mensch, als

Person, als Persönlichkeit gefordert wird. Immer dort wo starkes Gefühl, wo Leidenschaft ins Spiel kommt, schießt Vergangenheit in die Gegenwart ein, wird die Wahrnehmung von heute durch die Illusionen, Ängste und Haßaffekte von gestern verzerrt und das denkende Bewußtsein durch die innere Affektwelt eines kleinen Kindes überschwemmt, der sich der Erwachsene längst entwachsen glaubte.

Die letzten dreißig Jahre haben der Psychoanalyse beträchtliche Fortschritte im Verstehen von bisher unbewußten psychodynamischen Prozessen gebracht. Aufbauend auf den genialen Einsichten *Freuds* und mit Hilfe der von ihm erarbeiteten Methodik, haben eine Reihe von Psychoanalytikern wichtige Beiträge zur Dechiffrierung komplizierter psychischer Zusammenhänge, insbesondere bei einer Art von modernem Menschen gemacht, der allem Anschein nach typisch ist für ein breites Segment von Angehörigen der mittleren bis oberen Führungsschicht der technokratischen Gesellschaft. Gerade dort, wo in der heutigen Arbeitswelt, über bloße Routine hinausgehend, kreativ-schöpferische Arbeit verlangt wird, ist — und das aus gutem Grund — ein bestimmter Typ eines nach außen hin normalerweise gut funktionierenden Leistungsmenschen weit verbreitet. Ein Menschen-Typ, bei dem ein auf Höchstentwicklung trainierter Intellekt und ein auf äußerste Anstrengung getrimmter Wille in keinem Verhältnis stehen zu einer Unreife des Gefühls, einer Infantilität des Phantasielebens, einer unbewußten Tendenz zur Aggressivität und einer Verkümmerung von Mitmenschlichkeit, die in wichtigen, affektgeladenen Beziehungen zu Bezugspersonen transparent werden.

Obwohl solche Leistungs-Menschen darauf setzen, sich durch eine Fixierung auf Erfolg und materiellen Gewinn einen Besitztitel für „Glück" zu sichern und Leid von sich fernzuhalten, scheint es ganz im Gegenteil dazu oft so, daß sie infolge des Ungleichgewichts ihrer inneren Entwicklung — Muskelmann des Intellekts neben Kümmerling des Gefühls — persönliches Leiden geradezu ansaugen. Dies vor allem auch deswegen, weil sie häufig dazu neigen, in seelischen Krisenzuständen andrängende Ängste und aufkommende Selbstzweifel mittels Rambo-Vorwärtsstrategien, Cowboy-und Machohaltungen der verschiedensten Art zu überkompensieren.

Viele Anzeichen deuten darauf hin, daß in dem Maße wie im Zeitalter der Vollautomatisierung, der Mikroelektronik und der Gentechnik die Welt immer kälter und unpersönlicher wird, sich eine Schere immer stärker öffnet. Immer spürbarer machen sich die Folgen des Ungleichgewichts zwischen zwei verschiedenen, aber gleich wichtigen Bereichen menschlicher Entwicklung und Reifung bemerkbar. Dem Bereich eines in der modernen Arbeitswelt vorwiegend geforderten, hochtrainierten Intellekts und des

Willens auf der einen Seite und dem Bereich eines dahinter zurückbleibenden, steckengebliebenen Reifungsprozeß des Gefühls auf der anderen. Angesichts des sich rasch steigernden Tempos dieser Entwicklung und der Art ihrer Dynamik, besteht wenig Zweifel, daß der Druck in Richtung auf eine Verschärfung dieser Problematik in Zukunft rapide zunehmen wird. Von den dadurch betroffenen Menschen wird nur ein kleiner Teil psychotherapeutische Hilfe in Anspruch nehmen, mit psychischen Störungen verschiedenen Schweregrades: Neurosen, psychosomatischen Krankheitszuständen, sogenannten Borderlinesyndromen oder mit einer Mischstruktur von Neurose und Borderlinesymptomatik, wie sie im Mittelpunkt der Aufmerksamkeit dieser Arbeit steht.

Was den Standort des Autors innerhalb der verschiedenen Schulrichtungen angeht, so ist zur Orientierung des Lesers folgendes zu sagen: Die Psychoanalyse befindet sich zur Zeit in einer Phase des Übergangs; mit einem Nebeneinander traditioneller theoretischer und behandlungspraktischer Konzepte, die ursprünglich aus der Behandlung von Neurose-Patienten aus der Zeit um die Jahrhundertwende erarbeitet wurden auf der einen Seite und Konzepten, die in jüngster Zeit aufgrund der Arbeit mit Patienten eines neuartigen Typs (mit einer unterhalb einer Neurose erkennbaren Frühstörung der Ich-Bildung) erarbeitet worden sind. Neben amerikanischen Psychoanalytikern wie *Kernberg* und *Kohut,* sind hier vor allem britische Vertreter der aus dem Umgang mit schwerer gestörten Patienten heraus entwickelten Theorie der Objektbeziehungen zu nennen: *Balint, Winnicott, Fairbairn* und *Guntrip.*

Während *Balint* und *Winnicott* in der deutschen Fachwelt eine gewisse Aufmerksamkeit gefunden haben, sind die beiden letztgenannten britischen Psychoanalytiker im deutschen Sprachraum immer noch wenig bekannt. In meiner Darstellung der Situation des frühgestört-neurotischen Menschen unserer Zeit möchte ich vor allem die Erkenntnisse und Konzepte *Ronald D. Fairbairns* voll einbeziehen und ihnen das Gewicht geben, das ihnen meiner Meinung nach für die Therapie dieser Störung zukommt.

Sigmund Freuds bewährte Standardbehandlung von Neurosen wird innerhalb ihres Bereiches weiterhin Gültigkeit behalten. Und es ist auch keineswegs so, daß jeder Patient mit einem hohen Anteil frühgestörter Entwicklung im Gesamt seines Ich/Selbst für eine Tiefenbehandlung geeignet ist. Aber die Zahl jener Hilfesuchenden, die fähig und willens sind in die Tiefe ihrer Entwicklungsstörung „hinab"zusteigen, ist groß. Ohne jede Frage steht sie in keiner vernünftigen Relation zu der Zahl von Psychoanalytikern, die fähig und willens sind, ihnen bei dem dazu nötigen Regressionsprozeß unter Einsatz der neugewonnenen diagnostischen und therapeutischen Werkzeuge zur Seite zu stehen.

Ein Psychoanalytiker, der einem Patienten mit starkem Frühstörungsanteil (und darüber geschichteter Neurose) adäquat Hilfestellung geben will und der über die dafür geeigneten Konzepte und Behandlungsstrategien verfügt, darf keine Scheu davor haben, mit seinem Patienten tief in eine frühkindliche Erlebniswelt einzusteigen. Er muß sich auf das Schwarz-Weiß-Denken eines kleinen Kindes einlassen und sich unerschrocken einer primitiv-archaischen Bilderwelt gut/böser Mutter-Imagines, von Bilderbuchfeen und Märchenbuchhexen, ausetzen. Diese Erlebniswelt wird im Zuge des regressiven Prozesses zu den Fixierungsstellen der frühkindlichen Störung reanimiert und der Patient muß – will er gesunden – voll durch sie hindurch. Nur in dem Maße wie der Patient (und sein Analytiker) bereit und fähig ist, sich ganz in die Tiefe der Störung fallenzulassen, kann er Gefühls-Nachreifung und eine Überwindung seiner Fehlhaltungen erwarten.

Als Gebrauchsanweisung für die Lektüre dieses Buches möchte ich Lesern, die mit Psychoanalyse weniger vertraut sind, empfehlen, je nach Kenntnisstand das zweite Kapitel über die Psychoanalyse der Frühstörung zunächst entweder nur auszugsweise zu lesen oder ganz auszulassen und erst später, nach Lektüre der gesamten Arbeit zu diesem Kapitel zurückzukehren.

Weibliche Leser muß ich um Verständnis und Nachsicht bitten: Dieses Buch ist vorwiegend aus dem Gesichtspunkt der männlichen Entwicklung gesehen. Ebenso wie es im späteren Verlauf der Arbeit vorwiegend männliche Erfahrungen im Schmelztiegel des Regressionsprozesses innerhalb der psychoanalytischen Behandlung spiegelt. Eine Darstellung der eigenständigen psychosexuellen und psychosozialen weiblichen Entwicklung und der spezifisch weiblichen Weisen des Wahrnehmens und des Erfahrens übersteigt den Rahmen und die Zielsetzung dieser Arbeit. Auch dort, wo der Reifungs- und Nachreifungsprozeß der Frau und des Mannes phasenweise der gleiche ist oder in gleichartiger Weise verläuft, habe ich aus stilistischen Gründen davon abgesehen, immer von „dem Patient und der Patientin" von „er und sie" zu sprechen. Es ist keine leichte Aufgabe, komplizierte psychodynamische Abläufe, bei denen ein Autor stets gleichzeitig verschiedene Schichten des Erlebens im Auge behalten muß, mit einem Minimum an Fachsprache verständlich zu machen. Der ständig wiederholte Hinweis auf das männliche und das weibliche Erleben würde für alle Leser die Lektüre zusätzlich ungemein erschweren.

Danken möchte ich auch noch einmal an dieser Stelle einigen meiner Analysanden, die ihr Einverständnis zur Wiedergabe von Einzelheiten aus dem Ablauf der gemeinsamen Arbeit gegeben haben. Diejenigen, die ich nicht um Einverständnis befragt habe oder befragen konnte, werden mir zustimmen, daß durch Veränderung bestimmter Details ohne Veränderung des Sinnes der jeweiligen Aussage, eine Wahrung der Anonymität in jeder Hinsicht sichergestellt ist.

Gerald von Minden

Die Ich-Krankheit
in der modernen technokratischen Gesellschaft

Im Gegensatz zu der Zeit, als *Sigmund Freud* in einer allgemein verständlichen Sprache seine ersten Werke über Traumdeutung und über Fehlleistungen im Alltagsleben veröffentlichte, ist die moderne psychoanalytische Literatur meist in einem Fachjargon geschrieben, der viele interessierte Leser eher abschreckt als zum Weiterlesen ermuntert. Einer der Gründe für diese Schwerverständlichkeit ist, daß sich die Psychoanalyse gegenwärtig in einer Umbruchphase befindet, in der traditionelle, auf den Ödipuskomplex hin zentrierte Grundkonzepte durch neue, in die Zeit der frühesten Mutter-Kind-Beziehung hinabreichende Erfahrungen erweitert und berichtigt werden. Diese Situation des Übergangs trägt dazu bei, daß die psychoanalytische Literatur von heute keinerlei theoretische Geschlossenheit und begriffliche Einheitlichkeit erkennen läßt, sondern durch die Wiedergabe verschiedenster Meinungen und strittiger Standpunkte vielmehr den Eindruck einer chaotisch verwirrenden Vielfalt vermittelt.

Aber trotz der Infragestellung vieler psychoanalytischer Grundbegriffe durch die Vertreter verschiedener Schulrichtungen besteht im Kreis der Analytiker-Kollegen z.Zt. doch weitgehende Einigkeit über eine Beobachtungstatsache aus ihrer Behandlungspraxis: Es sind in der überwiegenden Mehrheit der Fälle heute ganz andere, in charakteristischer Weise veränderte Patienten, die das Behandlungszimmer eines Psychoanalytikers betreten, als die von *Freud* in seinen klassischen Fallberichten beschriebenen, von denen er seine Theorie der Psychoanalyse abgeleitet hat.

Freuds hysterische und zwangsneurotische Patienten erlebten sich, ungeachtet ihrer persönlichen neurotischen Schwierigkeiten, als Mitglieder einer bürgerlich-liberalen Gesellschaftsordnung mit noch ungebrochener, auf die Erfolge von Naturwissenschaft und Technik gegründeter Fortschrittsgläubigkeit. Nation, Kirche, Staat und Gesellschaft waren für sie noch feste Größen, an denen sie sich in Pro-oder Antihaltungen orientieren konnten. Die Zugehörigkeit zu einer Gesellschaftsschicht, einer Klasse, einem Berufsstand, einer bestimmten sozialen Gruppe gab ihrem Leben eine feste Basis, eine klar umrissene Zuordnung.

Freuds bekanntes, von F.T. Vischer übernommenes Wort „Das Moralische versteht sich ja von selbst" spiegelt klar diese basale Sicherheit von Menschen aus der Anfangszeit der Psychoanalyse, die in ihrer Kultur noch verwurzelt waren und sich einem bestimmten Wertsystem eng verbunden fühlten.

Die meisten Patienten, die heute einen Psychoanalytiker aufsuchen, fühlen sich nicht mehr in ähnlich tiefgehender Weise in einem gesellschaftlichen Rahmen allgemein akzeptierter Verhaltensweisen aufgehoben. Was der Patient von heute als Motivation und Zielgerichtetheit erlebt, die ihm mit anderen gemeinsam ist, die ihn mit anderen verbindet und ihm ein stärkendes Gefühl von Schicht-Zugehörigkeit und Gruppen-Gemeinsamkeit verschafft, erweist sich oft schon in der ersten Phase einer aufdeckenden Psychoanalyse als zu oberflächlich, zu brüchig, um über Krisen, über Zweifel und Ängste hinweg wirklich tragen zu können.

Bei vielen Patienten fehlt selbst dieser rudimentäre ideologische Rahmen. Sie kommen in eine Analyse mit dem Gefühl psychisch heimatlos, gesellschaftslos und gesetzlos zu sein. Manche empfinden sich als sprachlos, womit sie meinen, über keine Worte zu verfügen, um das auszudrükken, was ihnen als ihr Eigenstes erscheint. Viele fühlen sich als außerhalb ihres eigenen Ichs oder wie neben sich herlebend. Ohne Ziel, ohne Weg, nicht wissend, was sie eigentlich wollen sollen. Die einzige Gewißheit, die sie haben, ist, daß sie einmal sterben werden.

Nicht ohne Grund ist der Begriff Identität in die Alltagssprache sogar von Politikern eingegangen, und die Suche nach der eigenen Identität und nach Selbstverwirklichung fester Bestandteil des Vokabulars vieler Jugendlicher geworden. Viele der heute zum Psychoanalytiker kommenden Patienten empfinden ein Identitätsdefizit, sind tiefer gestört und echter Existenzangst viel näher, als es bei den Patienten *Freuds* um die Zeit des Wiens der Jahrhundertwende der Fall war.

Was alle diese „neuen" Patienten kennzeichnet, ist eine *chronische Unsicherheit des Selbstwertgefühls* und in untrennbarem Zusammenhang damit *eine Grundstörung ihrer Beziehungsfähigkeit zu Menschen, mit denen sie durch tiefergehende Affektbindungen verknüpft sind.* Mimosenhafte Überempfindlichkeit und eine stets paniknahe Angst vor Kränkungen, die sie jeweils wie einen Ich-Tod erleben, charakterisieren sie.

Ständig schleppen sie eine schwere innere Last mit sich herum. Ein an ihnen nagendes Gefühl einer geheimen Schwach- und Bruchstelle: nicht genügend Mann, bzw. Frau oder kein wirklich erwachsener Mensch zu sein. Ein permanent bohrender Zweifel zu kindisch, zu weibisch, zu männisch zu sein, wühlt in ihrem Inneren wie ein verborgener Krankheitsherd. Sie gehen durch ihr Alltagsleben wie mit einem versteckten Makel, den vor mitleidlos-verachtenden Augen anderer zu verbergen sie stets bedacht sein müssen, indem sie sorgfältig jede Intimsituation des Du oder des Miteinander in einer Gruppe vermeiden, in der sie etwas Persönliches und Gefühlhaftes von sich zu zeigen gezwungen sein könnten.

Nur eine Minderheit ist sich dabei dieser Behinderung bewußt und leidet offen – in einem ständig um das gleiche Thema kreisenden Wiederholungszwang – an der Unsicherheit des Selbstwertgefühls. Einer Mehrheit gelingt es, die quälenden Selbstzweifel lange Zeit hindurch vor sich selbst wie vor anderen zu tarnen und im Verborgenen zu halten.

Die offen an ihrer narzißstischen Störung Leidenden

Bei Menschen, die offen an ihren peinigenden Selbstzweifeln und paniknahen Ängsten im Umgang mit den ihnen Nächsten leiden, genügen oft Kleinigkeiten, die von einem weniger sensiblen Gesprächspartner gar nicht wahrgenommen werden, wie die falsche Aussprache eines Fremdwortes, eine ungeschickte Geste, ein Vermeiden des Blickkontakts mit dem Gegenüber, feuchte Hände beim Abschied, um sie in tiefe Abgründe von Gefühlen der Unzulänglichkeit, Verwirrung und äußerster Beschämung zu stürzen.

Solche Menschen leben in einem permanenten inneren Dilemma. Entweder sie gehen aus ihrer Isolierung heraus, wagen trotz ihrer Ängste und Überempfindlichkeit Vorstöße „hinaus ins Leben" und setzen sich den manchmal auch rauhen Winden einer gefühlsmäßig tieferen Berührung mit Menschen der Außenwelt aus. Dann erleben sie meist immer nur wieder – und nach einem sich wiederholenden Muster – schwere Einbrüche des Selbstwertgefühls und quälende Zusammenbrüche des Ichs, die in lang andauernde Zustände des sich total lebensunfähig und minderwertig Fühlens einmünden.

„Es brach alles zusammen, es war wie ein Weltuntergang. Hätte ich ein Mauseloch gefunden, ich wäre hineingekrochen", ist eine typische Schilderung narzißtischer Beschämung, die das subjektive Erleben eines Ego-Debakels in derartigen Situationen spiegelt.

Ein Patient, der bei einer Abschiedsfeier für einen ausscheidenden Mitarbeiter, an einem Tisch mit mehreren Kollegen zusammensitzend, nach einer Gesprächspause überraschend angesprochen wurde und für einen kurzen Augenblick im Mittelpunkt der Aufmerksamkeit stand, sagte darüber in der Analyse:

„Plötzlich stand ich wie im grellsten Scheinwerferlicht, total allein. Ich merkte, wie ich buchstäblich den Kopf verlor. Irgendetwas brachte ich dann doch noch heraus, fühlte wie ich schwitzte und rot wurde."

Wie der Patient dann später herausfand, war die nur Sekunden dauernde Szene im Kreis dieser Tischrunde völlig untergegangen und niemand hatte ihr besondere Bedeutung beigemessen. Aber ihm selbst brachte das einige Wochen depressiver Verstimmung und quälender Ängste vor möglicherweise ironischen oder hämisch-mitleidigen Blicken seiner Kollegen.

Menschen dieser Art haben oft das Gefühl, in sich, in ein und derselben Person, einen kombinierten Ermittlungsbeamten/Staatsanwalt/Richter sitzen zu haben, der sie verfolgt, anklagt und gnadenlos verurteilt. Dies alles mit einer kalten Grausamkeit, der solche Patienten in der Realität, im Umgang mit realen Personen in ihrem Beziehungsfeld nie begegnen werden.

Nach einem derartigen Zusammenbruch wird dann im allgemeinen die Entscheidung getroffen, sich nie wieder solchen Kränkungsgefahren auszusetzen und sich jeder möglichen Risikosituation zu entziehen, in der man von einer neuen Panikattacke überfallen werden könnte. Der Betreffende weicht jeder gefühlsgeladenen, existentiell wichtigen Situation des Du oder in einer Gruppe aus, nach Art eines Bluthochdruckkranken, der sich auferlegt, in Zukunft jede Erregung zu vermeiden.

Hier zeigt sich dann bald die andere Seite des Dilemmas. Nach einer oft nur kurzen Phase der Erleichterung machen sich Empfindungen einer wachsenden Verarmung und Vergrauung des Daseins immer mehr bemerkbar und ein Grundgefühl des Versagens, der Leere und der Sinnlosigkeit wird immer stärker.

Von einem gewissen Punkt an verschärft sich dann wieder der Druck, es doch noch einmal mit einem Ausbruch aus der gefühlsmäßigen Selbstisolierung zu versuchen. Innerlich gibt man sich einen Ruck „Ich kann doch nicht mein Leben lang vor so etwas davonlaufen" — und der verhängnisvolle Kreislauf beginnt von neuem.

Erreichen diese psychischen Zerreißproben dann eine Intensität, bei der das Maß an Leiden die natürliche Scheu und das extreme Mißtrauen, sich einem anderen Menschen anvertrauen zu müssen, übersteigt, so kann dieser Leidensdruck zum Auslöser werden, es mit der Hilfestellung der Psychotherapie zu versuchen.

Die, denen das narzißtische Leiden an sich selbst verborgen bleibt

Aber wie bereits erwähnt, ist sich nur eine Minderheit dieser in ihrem Selbstwerterleben und in ihrer Kontaktfähigkeit gestörten Menschen des hohen Grades narzißtischer Kränkbarkeit und der Tendenz, im Fall von Beschämung in lang andauernde Zustände des Gefühls totaler Wertlosigkeit abzuleiten, voll oder doch halb bewußt.

Im allgemeinen ist sich der narzißtisch gestörte Mensch der Fragilität seines Selbstwertgefühls keineswegs bewußt, leidet nicht offen daran und ist weit davon entfernt, sie als eine Art Schwäche oder Krankheit des eigenen Ichs zu erleben.

Hier handelt es sich dann meist um intellekt- und willensgesteuerte Menschen, denen es mittels einer Spezialisierung auf bestimmte Fähigkeiten im Bereich beruflicher Leistungen gelingt, sich ein gewisses Maß an Erfolgserleben und von außen kommender Selbstbestätigung zu verschaffen. Die äußere Anerkennung ihres guten Funktionierens als hochtrainiertes Arbeits-Ich gibt diesen Menschen zumindest für die Dauer gewisser Phasen beruflichen Aufstiegs und materiellen Gewinns eine Pseudo-Sicherheit, verleiht ihnen ein Als-Ob-Selbstwertgefühl. Angst und Selbstwertzweifel, die trotz dieser äußeren Anerkennung aus dem Unbewußten andrängen, können so lange Zeit hindurch kompensiert und am Durchbruch gehindert werden.

Trotzdem bleibt der Unruheherd der im psychischen Untergrund wühlenden Selbstwertzweifel im psychoökonomischen Gesamthaushalt nicht ohne Folgen. Wegen der Fragilität des Selbstwertgefühls kann ein solcher Mensch sein Alltagsleben nie unbefangen leben, mit einem jeweils angemessenen Maß an Interesse und Energie auf eine bestimmte Sache oder Person hin störungsfrei bezogen. Immer schiebt sich etwas Sach- und Personfremdes dazwischen. In einer dem Betreffenden unbewußten Weise bleibt die Regulierung des Selbstwertgefühls, die Auspendelung des narzißtischen Gleichgewichts auf einen bestimmten krisensicheren Pegelstand, oberstes Gesetz, ein Zwang, dem er ständig unterworfen ist. Das wirkt sich im Ablauf des Alltagslebens wie ein kraftverschleißender Reibungsverlust aus, wie ein Fahren mit permanent leicht angezogener Bremse, das vom Fahrer unbemerkt bleibt.

Dazu kommt als weiterer erschwerender Faktor ein ebenfalls unbewußter ständiger Bedarf an das Selbstwertgefühl stützender, narzißtischer Fütterung durch Bezugspersonen, der diese Menschen kennzeichnet und der nicht selten zu ihrer Achillesferse wird, weil er mit ihren Allmachtsphantasien und ihrer Autarkieideologie schwer vereinbar ist.

In der Regel verfügen diese Menschen jedoch über eine spezielle Fähigkeit, mit aufkommenden Schwierigkeiten fertig zu werden, aus der Not eigener Unsicherheit die Tugend einer Pseudo-Sicherheit zu machen und Schwäche in den Anschein von Stärke umzufunktionieren.

Im Gegensatz zu den narzißtisch Gestörten, die offen an ihrer Selbstunsicherheit und ihrer permanenten Gehemmtheit leiden, versteht es der im Alltag normalerweise gut Funktionierende, dem das Leiden an sich selbst verborgen bleibt, oft sehr geschickt, sich Gefühle eigener Kraft und Stärke in Surrogatformen zu verschaffen und sie sich ersatzweise, durch Abwertung und Beeinträchtigung von Bezugspersonen im privaten und beruflichen Umfeld, zuzuführen. Während der offen an der eigenen Zerrissenheit

Leidende jede aufsteigende Angst und jeden andrängenden Selbstzweifel nach innen, gegen sich selbst kehrt, wendet der durchsetzungskräftigere Pseudo-Sichere solche Ängste und Zweifel von sich fort, indem er sie nach außen und gegen andere richtet.

Die psychoanalytische Arbeit mit Patienten dieser Art schärft den Blick für derartige Strategien. Sie legt die vielfältigen Möglichkeiten zu Kompensationen eigener Selbstwertzweifel frei, die im allgemeinen in einem Dunkel der Nichtbeachtung liegen bleiben, durch eine Analyse aber allmählich deutlicher heraustreten und als ein bestimmtes Beziehungsmuster Kontur gewinnen. Hierzu zwei Beispiele aus der psychoanalytischen Behandlungspraxis:

„Durch das Ducken anderer geb' ich mir selbst Auftrieb, wenn es schlecht läuft. Das verschafft mir den Speed, den ich in Krisen brauche. Da schießt dann was ein. Kraft, Power. Wie Sekt. Dann bin ich wer." Das war die simple Formel eines Patienten, der nach einem „Nervenzusammenbruch" auf Anraten seiner Partnerin kam, um es einmal mit ein paar Stunden Analyse zu versuchen.

Aus dem Blickwinkel der Chef-Sekretärin gesehen kennzeichnet eine Patientin ihren Vorgesetzten in folgender Weise: „Ich weiß genau, wann er vor einer schwierigen Sitzung Angst hat. Den Grad seiner Angst kann ich daran ablesen, wieviel Dampf er drauf hat, andere fertigzumachen, um sich dann selber besser zu fühlen. Dabei tobt er nicht, das gibt es bei ihm nicht, von wegen Partnerschaftlichkeit, Teamgeist. Er spricht dann viel leiser als sonst, wird eiskalt, irgendwie bösartig. Ich habe das lange alles gar nicht richtig gemerkt. Da lag ich selbst auf dem Bauch, wenn er den Mephisto gemacht hat. Jetzt ist mir alles glasklar. Nicht ich bin es, die etwas falsch macht. Er ist es, der so unsicher ist, der Hilfe braucht. Nicht bloß Schmeichelei, sondern irgendwelche Seelenspeis. Daß ich das jetzt weiß, nützt mir aber gar nichts. Eher würde er sterben, als daß er sich schlicht einmal sagen könnte: Ich hab' jetzt Angst."

Der unbefangene Beobachter kann häufig nur darüber staunen, in welch subtiler Weise, in Abweichung von diesen eben erwähnten gröberen Formen, der solche Verhaltensweisen als Kern innewohnende sadomasochistische Affektgehalt verschleiert bleibt und weder von dem Betreffenden noch von seinen Bezugspersonen als sadomasochistisches Zusammenspiel erkannt wird. Es ist verblüffend zu entdecken, wie selbst in Gruppen der Subkultur mit Freiheit von jeder Art von Ausbeutung als Leitmotiv des Zusammenlebens bestimmte Gruppenmitglieder es fertigbringen, in raffiniert getarnter Form und mit Techniken Orwellscher Sprachverkehrung immer wieder neue Mittel und Wege zu finden, sich narzißtische Aufwertung auf Kosten anderer zu verschaffen, ohne daß dieser Vorgang ihnen selbst oder ihren Bezugspersonen bewußt wird.

Ebenso erstaunlich ist es zu beobachten, wie schlechthin jede Art menschlicher Beziehung zum Zweck der Herstellung unbewußter sadomasochistischer Kollusionen in ein Machtgefälle transformiert werden kann, wo Macht nicht – sofern und soweit wie erforderlich – in legitimer Weise für die Erreichung bestimmter Ziele eingesetzt wird, sondern dazu mißbraucht wird, sich narzißtischen Lustgewinn zu verschaffen, um vorhandene Defizite eigenen Selbstwertgefühls abzudecken. Wo ein Gefühl der Macht und des Einsatzes dieser Macht anderen, vor allem Abhängigen gegenüber den Stellenwert einer Droge bekommt, die einen berauscht und unter deren Einwirkung man handelt, ohne daß man sich dessen im geringsten bewußt ist.

Die gesellschaftliche Rolle und der soziale Spielraum mögen noch so klein sein – immer finden sich Möglichkeiten, Machtpositionen aufzubauen und Monopolsituationen herzustellen, mittels derer die Bezugspersonen zu Objekten gemacht und auf den Status bloßer Lieferanten bestimmter Bedürfnisbefriedigung reduziert werden können. Und dies alles häufig in Arten und Weisen, über die sich niemand verwundert und die zu hinterfragen kaum jemand für notwendig hält.

Die Frauenbewegung hat uns – um ein in diesem Zusammenhang gehörendes Beispiel anzuführen – hellhöriger dafür gemacht, wie die Abwertung des Weiblichen lange Zeit hindurch in einer gesellschaftlich als selbstverständlich angesehenen Weise für die narzißtische Aufwertung gerade des seiner Virilität unsicheren Männlichen benutzt worden ist. Die neuere Psychoanalyse hat offengelegt, wie sich seit den Zeiten von *Sacher-Masochs* peitschenschwingenden Dominas die Formen des in der modernen Welt ausgelebten Sadomasochismus verfeinert und weit über den Bereich der Sexualität hinaus ausgeweitet haben, von einer breiten Mehrheit aber als sadomasochistisch überhaupt nicht erlebt oder gar bewußt gemacht werden *(Stoller 1975)*.

Eine attraktive, kluge 31jährige Journalistin, unverheiratet, sagt im Verlauf einiger Beratungsgespräche:

„Am Anfang fühlte ich stark für ihn, glaubte, er meinte mich auch. Jetzt weiß ich, für mich als Mensch interessiert er sich gar nicht. Ich bin für ihn das Große Ohr, das zuhört. Das Große Ohr, der Mund, der Bestätigungs-Geräusche macht; eine Vulva-Vagina. Das wär's dann schon. Wie ich bin, was mit mir ist, will er gar nicht wissen. Als Mensch existiere ich gar nicht für ihn."

Dieser Narzißmus, der sich naiv-unbewußt nach außen auslebt, den anderen nur als Objekt, als Partial-Wesen wahrnimmt, sich dabei nicht im geringsten als sadistisch getönt versteht, aber sich als solcher doch auswirkt, ist ein hierher gehörendes Beispiel für viele andere.

Die Wahrnehmung der Eigenart derartiger zwischenmenschlicher Beziehungen und die Aufdeckung ihres sadomasochistischen Affektgehalts wird mitunter dadurch erschwert, daß Menschen, die ihr verborgenes Defizit an Selbstwertgefühl durch narzißtische Dauerzufuhren auf Kosten anderer kompensieren müssen, nicht selten über in ihrer beruflichen Welt hoch bewertete Begabungen verfügen.

Regelmäßig finden sich dann Gefolgsleute und akklamierende Bewunderer, die an der Aura von Exklusivität und Grandiosität solcher Menschen teilhaben möchten und jederzeit willig sind, sie in ihrem Anspruch auf Besonderheit, ja oft sogar auf so etwas wie alleskönnender Allmächtigkeit und immer Recht behaltender Allwissenheit zu bestärken. Nicht nur manche Showstars und Spitzensportler sind von einem Troß von Stimmungsstabilisatoren umgeben. Ein ähnlich zusammengesetztes Gefolge findet sich nicht selten auch in Chefetagen und Politikervorzimmern.

Häufig sind diese Gefolgsleute und Bewunderer Menschen, die nicht nur kühl berechnend am Machtzuwachs ihrer Leitfigur teilhaben wollen, sondern die, ihnen selbst unbewußt, den Anspruch auf persönliches Eigensein aufgegeben haben und psychisch in einer Art Verschmelzung mit den von ihnen bewunderten Leitfiguren leben. Nach Art von Dienstboten alteingesessener Familien früherer Jahrhunderte werden in modernen Formen dann die Erfolge des Herrn als eigene Erfolge erlebt, der Glanz des Herrn ist auch des Dieners Glanz. Die Erscheinungsformen einer Pseudo-Teilhabe an Macht, von Erlebnissen eines sich selbst als Teil einer bewunderten Zeitfigur welt-mächtig Fühlens, von imaginiertem Mitgenuß der Potenz (des Phallus-Penis) anderer, sind überaus vielfältig.

Solange diese Objektbeziehungen keinen Belastungen ausgesetzt sind, empfindet sich der Anhänger einer solchen Leitfigur weder als Opfer noch als ein Zukurzgekommener, der die Aufgabe seines persönlichen Eigenseins masochistisch genießt. So stabil derartige Bindungen aber mitunter nach außen hin erscheinen mögen, in Wahrheit sind sie immer sehr fragil und abhängig von laufendem Zuwachs an äußerem Ansehen und materiellem Zugewinn – wie ein Kreisel, der umfällt, wenn er sich nicht ständig dreht.

Krisen lassen indessen nicht lange auf sich warten. Denn Menschen, die ein verborgenes Leiden an sich selbst durch Erfolge auf der Leistungsebene kompensieren müssen, die hoch kränkungsempfindlich, auf laufende Zufuhr von Bewunderung angewiesen sind und ihr Selbstwertgefühl mittels Abwertung anderer stützen müssen, sind natürlich um so krisengefährdeter, je stärker sie solche Strategien bei sich eingespurt haben. Jeder berufliche Rückschlag, jede Krise im privaten Bereich kann dazu führen, daß die Decke ihrer künstlichen Hilfsmittel der Ego-Aufwertung zu kurz wird, um die darunter verborgene Blöße nagender Selbstwertzweifel weiter im Dunkel des Unbewußten zu halten.

Oft wird ein solcher kritischer Punkt in der Lebenswendekrise erreicht, wenn die bisher aus Berufserfolgen gewonnenen Befriedigungen geringer werden und die Grenze des auf der Leistungsebene Erreichbaren deutlicher vor Augen tritt. Wenn dann gleichzeitig auch der Charakter und die Qualität der gefühlsmäßigen Bindung an die Bezugspersonen im privaten und beruflichen Umfeld transparenter wird und die Frage „Ist das alles, soll das etwa alles gewesen sein?" immer unausweichlicher nach einer Antwort verlangt. Hierzu ein Beispiel aus der Behandlungspraxis:

Bei dem Patienten A., einem 48jährigen Diplomingenieur aus der Entwicklungsabteilung eines Großunternehmens, fiel eine schwere berufliche Krise zusammen mit dem für ihn unerwarteten, plötzlichen Tod seiner Mutter. Der Patient hatte bislang zu seiner in einer anderen Stadt lebenden Mutter, deren einziges Kind er war, eine korrekt-freundliche, eher distanzierte Beziehung unterhalten. Aus Anlaß ihres Todes wurde er von einem Anprall ihm in ihrer Intensität völlig unverständlicher Affekte von Trauer, Sehnsucht, Schuldgefühl und Haß wie überschwemmt. Dieser Affektansturm war indessen nur der Auslöser gewesen, einen Psychotherapeuten aufzusuchen, denn er hatte sich schon seit einigen Jahren einem „langsamen Zermürbungsprozeß beruflicher Schwierigkeiten" unterworfen gefühlt.

Zu Beginn seiner Tätigkeit hatte der Patient viel Anerkennung gefunden und war schließlich aufgrund seiner Spezialisierung auf ein bestimmtes Gebiet, das in seinem Unternehmen stark an Bedeutung gewonnen hatte, Teamleiter einer für ein Sonderprojekt zusammengestellten Arbeitsgruppe mit mehreren Mitarbeitern und eigener Sekretärin geworden. Aber ein so qualifizierter und hochmotivierter Spezialist A. auf seinem Fachgebiet bisher gewesen war, gelang es ihm anscheinend von Anfang an nie richtig, in seine neue Führungsposition hineinzuwachsen.

Für A. war ein 9–10stündiger Arbeitstag bisher immer selbstverständlich gewesen. Zwar erwartete er nicht, alle seine Mitarbeiter würden diesen Arbeitsstil von ihm übernehmen und kopieren. Aber er verbreitete doch eine Atmosphäre um sich, von der sich, im Bann der neuen Aufgabe, seine Mitarbeiter für eine gewisse Zeit anstecken ließen, die auf Dauer zu akzeptieren sie indessen nicht bereit waren. Dazu kam, daß es A. schwerfiel, die Interessen seines Teams in den oberen Rängen der Betriebshierarchie und gegenüber Personalabteilungen zu vertreten, wo es nicht genügte, auf Sachkompetenz zu pochen, sondern wo es auf Kontaktfähigkeit und Verhandlungsgeschick ankam. Die dadurch entstehenden Nachteile versuchte er durch verstärkten Druck auf Tempo und Effizienz der Arbeit seiner Mitarbeiter auszugleichen. Seine Neigung, Rivalitäten innerhalb seines Teams, persönliche Differenzen und Streit untereinander als sachfremd einfach auszuklammern und mittels einer Vogelstraußpolitik nicht zur Kenntnis zu nehmen, führte zusammen mit dem nun zunehmend als Überdruck und Streß empfundenen Arbeitsstil zu einer ständig voranschreitenden Verschlechterung des Betriebsklimas.

A. empfand zudem eine besondere Schwierigkeit darin, bei gelegentlichen außerdienstlichen Zusammenkünften mit seinen Mitarbeitern eine etwas gelöstere, lockere Form des Umgangs zu finden. „Solange es in Unterhaltungen um rein Sachliches ging, war alles o.k. Kam das Gespräch aber auf Persönliches, fühlte ich mich angespannt, die Zunge wurde klebrig, es gab den bewußten Kloß im Hals", schilderte er diese Gehemmtheit später im Verlauf einer längeren Analyse.

Allmählich wurde jede Teambesprechung mit seinen Mitarbeitern von einer bloß zeitraubenden Unannehmlichkeit zu einer Quälerei, vor der er sich längere Zeit vorher fürchtete und die er nach Möglichkeit überhaupt zu vermeiden suchte. Eine dieser Teambesprechungen, bei der ein Mitarbeiter eine Anregung gab, die A. als Kritik an einer von ihm früher getroffenen Entscheidung mißverstand, führte dann zu einem schwerwiegenden Einbruch. Zur Verblüffung seiner Mitarbeiter reagierte er mit einem Wutausbruch, der völlig fehl am Platz war und betretenes Schweigen hervorrief. „Ich fühlte mich plötzlich wie ein jähzorniges Kind, vor Wut stammelnd, Schaum vor dem Mund. Danach begann es ernsthaft zu kriseln und ich merkte, ich hatte es immer schon gewußt: ich war ein Hochstapler, ein Betrüger, den man eines Tages entlarven würde."

Dieser ersten folgte eine Serie ähnlicher Szenen, bei denen A. oft aus nachträglich ihm selbst als nichtig erscheinenden Anlässen, ganz gegen seine frühere Art auf vermeintliche Kränkungen und Gefährdungen seiner Position in unangemessener und unüberzeugender Weise autoritär reagierte. Mehr und mehr empfand A. eine sich krebsartig ausbreitende mimosenhafte Empfindlichkeit als ständig hemmende Belastung. Im privaten Bereich wurde die Beziehung zu seiner Ehefrau durch wachsende Spannungen überschattet, im besonderen auch dadurch, daß er sich zunehmend daran gewöhnte, bei jeder sich bietenden Gelegenheit „schnellen Sex zur Entspannung" und zur Entlastung aus seinen beruflichen Nöten zu suchen.

Zum Zeitpunkt der Aufnahme seiner Analyse, der zeitlich mit dem Tod seiner Mutter zusammenfiel, kam A. seine bisherige Existenz als „gut geölter

Funktionierer", als „Apparatschik meiner Firma" wie ein Panzer vor, der Stück für Stück zerbröckelte. Er erlebte sich als stets angstnah, empfand Fluchtimpulse vor schwierigen Begegnungen und kreiste gefühlsmäßig mehr und mehr um sich selbst, nur noch darauf bedacht, sein Selbstwertgefühl mühsam im Gleichgewicht und sich selbst „auf Kurs" zu halten.

In knapper Zusammenfassung des psychodynamischen Geschehens: A. war in die Situation des permanent – offen und schutzlos – an der Störbarkeit des Selbstwertgefühls Leidenden abgerutscht, der hier als erste Variante verschiedener Formen der Ich-Krankheit in der modernen technokratischen Gesellschaft dargestellt worden ist. In einer Weise, die ihm ebenso wie auch seinem Analytiker komplizierte psychodynamische Zusammenhänge plastisch vor Augen treten ließ, schilderte A. seine innere Befindlichkeit:

„Ich fühle mich ungleich gewachsen, ungleich entwickelt. Ein Teil ist hochgezüchtet, perfekt trainiert, der andere unentwickelt, ein Vakuum, in das ich einen Popanz geschoben habe . . . Vom Intellekt her und vom Willen her gesehen, da bin ich ein guter Funktionierer. Und als verläßlicher Funktionierer war ich auch immer angesehen. Aber im Gefühl, da bin ich eher wie ein Kind. Da fühle ich noch mehr wie ein Kind."

Aber solch selbstkritische Einsichten in eine partielle Unausgereiftheit des Verhaltens, die eher für das Erleben eines Kleinkindes als für das eines Erwachsenen charakteristisch ist, sind selten.

Meist ist die Reaktionsweise dieser Funktionierer-Menschen angesichts zunehmender innerer und äußerer Schwierigkeiten ganz anders. Der Betreffende igelt sich in seinem aufgrund bisheriger Leistung gewonnenen Besitzstand an Geltung und finanzieller Sicherheit ein. Er schirmt die von ihm erreichte Machtposition mehr und mehr ab und baut Techniken weiter aus, die ihm bisher dazu verholfen haben, auf Kosten anderer sein Selbstwertgefühl im Gleichgewicht zu halten.

Die Labilität des Selbstwertgefühls wird, sofern sie überhaupt bemerkt wird, nicht als Signal und als Symptom verstanden, sondern als ganz normale Stimmungsschwankung abgetan. Die mimosenhafte Empfindlichkeit wird aus der Besonderheit, ein sensibler und außergewöhnlicher Mensch zu sein, erklärt. Jedes Aufsteigen eines Angstgefühls würde, sofern ein anderer darauf aufmerksam machte, im Brustton der Empörung verleugnet werden.

Psychoanalytisch formuliert: Nicht die Tiefenaffekte von Verwundbarkeit, Schwäche und Angst, sondern nur die darauf errichtete Abwehr wird wahrgenommen. Die Abhängigkeit von ständigen, das Selbstwertgefühl stützenden Zufuhren von außen, die künstliche Egoaufrüstung durch Abwertung anderer, die plötzlichen Haßausbrüche, die Projektion eigener innnerer Schwäche ins Außen und die Verfolgung dieser Schwäche an geeigneten Projektionsträgern werden ohne jede Selbstkritik ausagiert. Man ist weit davon entfernt, sie als eine Abwehr des eigentlichen Übels, einer Bruch- und Schwachstelle im eigenen Ich, einer psychischen Krankheit des Ich/Selbst, bewußt zu machen.

Jedoch — je mehr Sozialprestige, gesellschaftliche Geltung und Macht solche Menschen im Lauf ihres Lebens angesammelt haben, mit um so größerer Sicherheit finden sich dann in ihrem Privat-Bereich oder auch in ihrem beruflichen Umfeld Menschen, welche die Differenz zwischen überzeugenden Äußerungsformen von Kraft, Macht und Stärke und deren Surrogaten, z.B. in Form von Macho-Verhalten (oft bei beiden Geschlechtern) und bloßem Rollenspiel spüren. Immer wenn die wechselseitige Beziehung stärkerer Belastung ausgesetzt ist, tritt die Diskrepanz zwischen Schein und Sein, zwischen oft kunstvoll gebauter Abwehrfassade und Realität, zwischen anspruchlichem Auftreten und wirklicher Reife des Verhaltens, z.B. als Führungsperson oder als Ehepartner, deutlich hervor.

Dann setzt auch bei vielen jener Menschen, die sich ihren Leitfiguren bisher eng verbunden, ja sich mit ihnen wie verschmolzen fühlten, ein gefühlsmäßiger Erosions- und Ernüchterungsprozeß ein, der die bisherige Art des Lebens aus der Verschmelzung in einem fatalen Licht erscheinen läßt.

Sie beginnen zu entdecken, wie weit die bisher von ihnen bewunderten Leitfiguren entfernt sind von entspannten Formen des Miteinander, von Mitmenschlichkeit und Toleranz, von Warmherzigkeit, von ichfester Bereitschaft zu Selbstkritik und aus der Mitte des Selbst kommender Lebensfreude — das heißt von all jenen Früchten, die in der menschlichen Entwicklung vom Baum psychischer Reife fallen.

Hierzu einige Beispiele aus der Behandlungspraxis, an denen sich verschiedene Stadien solcher Ablösungsprozesse ablesen lassen:

„Bisher hat ihm ein Wort der Anerkennung von mir über das, was er leistet, nur ganz gut getan. Aber in letzter Zeit ist er wie süchtig danach geworden . . . Über unsere Freunde und Bekannten spricht er immer nur in abwertendem Tonfall, der ihn selbst in hellem Licht erscheinen läßt. Das merkt er aber gar nicht. Mir selber war es lange Zeit auch nicht klar, wie ich diese Dauer-Demontage anderer von ihm übernommen habe", so die Äußerung einer Ehefrau, der ihr vielbeschäftigter Mann in bezug auf Haushaltführung und Stabilisierung seiner Stimmung die Präzision eines Heimcomputers in Verbindung mit der Dauerzuwendung einer Kleinkindmutter wie selbstverständlich abverlangte.

„Mit den Kindern ist es ja oft schon nicht ganz leicht. Aber mein Mann . . . Im Büro der Chef, ist er zuhause mein schwierigstes Kind. Mal deprimiert, mal quengelig, mal ein Wutanfall wegen einer Kleinigkeit. Immer nur Leistung. Von Anfang an nur auf seinen Beruf fixiert. Wo hat er denn lernen können, mit Gefühlen umzugehen? Von der Leistung her ein Frühstarter, aber sonst ein Spätentwickler, so kommt er mir vor."

„Ich komme gar nicht mehr an ihn heran, ich erreiche ihn nicht mehr. Es wird immer kälter und enger um ihn. Er denkt, es ist alles machbar und jeden kann man kaufen, man muß nur den richtigen Preis kennen. Starr ist er, unlebendig, tot. Er glaubt, man würde ihn mögen, Respekt vor ihm haben, er nimmt Schmeichelei ernst. Er isoliert sich immer mehr, kreist nur noch um sein geliebtes Ego. Er spinnt sich ein in eine Welt, die immer unwirklicher und verlogener wird."

Was aber ist nun mit Menschen, die an dem Verstricktsein in derartige Beziehungen leiden, und sich an ihnen wie krank fühlen oder jenen anderen, die — oft überraschend — durch krisenhafte Zuspitzung ihrer Lage aus bisher als befriedigend empfundenen Lebenssituationen herausgerissen werden, dann Leidensdruck verspüren und Hilfestellung suchen?

Für diejenigen, die solche Hilfe suchen, bietet sich eine auch für den Kenner des sogenannten Psychomarkts kaum noch überschaubare Vielfalt des Angebots. In einer im November 1985 unter dem bezeichnenden Titel: „Die Therapie-Gesellschaft" erschienenen Aufsatzreihe gibt das „Kursbuch" einen Einblick in den Psycho-Boom und Psycho-Kult, der seit einiger Zeit in der Bundesrepublik grassiert (Kursbuch 1985). Allein die Zahl der in Tageszeitungen unter der Sparte Vermischtes ebenso wie in Stadtmagazinen publizierten Psychotherapie-Angebote ist ein Zeichen für die weite Verbreitung der Not des schizoid-depressiven Menschen unserer Zeit, nicht nur unter Außenseitern und Randgruppen, sondern bis weit hinein in die Führungsschicht der modernen technokratischen Gesellschaft.

Wie tief diese Not sitzt, macht die Tatsache deutlich, daß nicht wenige der in solchen Annoncen angebotenen Psychotherapien ihren Ansatz und Angelpunkt darin sehen, die Menschen des auf seine Errungenschaften bisher so stolzen 20. Jahrhunderts in Erlebnisbereiche und Entwicklungsphasen zurückzuführen, wo Sprache noch nicht das Mittel gemeinsamer Verständigung ist. Sie lehren ihre Klienten ganz schlichte und grundeinfache Vollzüge wie das Atmen und versuchen, ihnen die natürlichsten, aber anscheinend in Verlust geratenen Dinge wie das Streicheln, das Spüren des eigenen und eines fremden Körpers nahezubringen, die Menschen früherer Gesellschaftsordnungen völlig selbstverständlich waren.

Welche Hilfsmittel für die Not solcher Menschen hat in der Reihe der zahlreichen Schulrichtungen, Gruppen und Gemeinschaften, die gegenwärtig Psychotherapie (oder deren Äquivalente) offerieren, *die moderne Psychoanalyse* den Suchenden und Hilfsbedürftigen anzubieten?

Dazu im nun folgenden Kapitel ein Kurzüberblick über eine Theorie-Diskussion, die z.Zt. in der internationalen Psychoanalyse stattfindet zwischen Exponenten der klassischen Metapsychologie und Vertretern neuer Theorie-Ansätze, die mit Namen von Forschern wie *Kernberg* und *Kohut,* sowie *Balint, Winnicott, Fairbairn* und *Guntrip* verbunden sind. Dieses zweite Kapitel sollte von einem mit Psychoanalyse weniger vertrautem Leser je nach Kenntnisstand entweder nur auszugsweise gelesen oder zunächst ganz ausgelassen werden. Nach Lektüre der Kapitel drei bis fünf wäre es indessen für einen Leser, der an einer kritischen Überprüfung bzw. Vertiefung dort gefundener Einsichten interessiert ist nützlich, zum Kapitel über die Psychoanalyse der Frühstörung zurückzukehren.

Die Psychoanalyse der Frühstörung
Die Theorie der Objektbeziehungen
Kurzüberblick über eine Theorie-Diskussion

In keinem Land der westlichen Welt hat die Psychoanalyse eine derartige Verbreitung gefunden und das sozio-kulturelle Leben der Gesellschaft so geprägt wie in den USA. In einer ganz unvorhersehbaren historischen Entwicklung, die *Freud* ohne jeden Zweifel sehr beunruhigt hätte, hätte er sie vorausgesehen (*Bettelheim* 1983), hatte sich das Schwergewicht der Psychoanalyse aus ihrem Entstehungsraum Mitteleuropa in die USA verlagert. Als Folge der Machtergreifung Hitlers 1933 waren zahlreiche Psychoanalytiker in die USA emigriert. An den führenden Hochschulen des Landes wurde die Vermittlung von Grundkenntnissen der psychoanalytischen Entwicklungspsychologie und der Metapsychologie fester Bestandteil der Ausbildung aller angehenden Ärzte und speziell von Fachärzten der Psychiatrie. Die modernen Massenmedien, zahlreiche Filme, sogar Romane der Trivialliteratur machten in einer oft ironisch-humorvollen Weise publik, wie auf dem Höhepunkt dieser Entwicklung der Gang zum Psychoanalytiker in den USA so etwas wie ein Statussymbol arrivierter Schichten geworden war.

Seit einiger Zeit hat sich dieses Bild aber verändert. Im gleichen Maße wie manche der von der Psychoanalyse *Sigmund Freuds* ausgegangenen Grundimpulse, z.B. die Befreiung von sexuellen Tabus, von der amerikanischen Gesellschaft aufgenommen wurden und einige der psychoanalytischen Grundbegriffe in die Alltagssprache eingegangen sind, ist die relative Bedeutung der Psychoanalyse als Behandlungsmethode zurückgegangen. Die Zahl der Behandlung suchenden Patienten ging ebenso zurück wie die der Ausbildungskandidaten einiger der psychoanalytischen Weiterbildungsinstitute. Rückblickend auf die Entwicklung der letzten Jahrzehnte schrieb 1985 eine der Psychoanalyse nahestehende amerikanische Soziologin selbstkritisch-nüchtern: „So ist die Psychoanalyse nicht nur weniger einträglich geworden, sondern hat außerdem auch ein Stück ihres Prestiges eingebüßt und zieht nicht mehr die Begabtesten an" (*Kurzweil* 1985).

Auf dem freien Markt von Angebot und Nachfrage nach Psychotherapie, der in den USA – im Gegensatz zu der gegenwärtigen Situation in der Bundesrepublik Deutschland – besteht, gibt es einen sehr intensiven Wettbewerb zwischen Psychoanalyse und einer Fülle anderer psychotherapeutischer Behandlungsmethoden. Früher Avantgarde und Speerspitze, fand sich in letzter Zeit die Psychoanalyse in den USA häufig in der bisher recht ungewohnten Position, sich gegen zahlreiche durchaus fundierte Vorwürfe, überholt und altmodisch zu sein, zur Wehr setzen zu müssen.

Es kann kaum Zweifel darüber geben, daß diese wenig günstige Entwicklung von der Psychoanalyse selbst verschuldet ist. Eine große Zahl der in den USA tätigen Psychoanalytiker der ersten Generation waren Emigranten, die es in einem oft harten Existenzkampf schwer hatten, sich in einer völlig andersartigen Umgebung und einem fremden Sprachraum neu einzurichten. Bei vielen von ihnen machte sich eine unter Übersee-Emigranten häufig zu beobachtende Tendenz bemerkbar, in der Ungesichertheit des neuen Lebens an bestimmten überkommenen Grundelementen und Traditionen aus der Zeit des Verlassens der Heimat allzu starr festzuhalten. Im Gegensatz zur Weiterentwicklung der Psychoanalyse und der Psycho-Analytical Society in Großbritannien, hatten manche der amerikanischen Psychoanalytiker und ihrer Standesorganisationen – oft fast wie im Bann von zu Dogmen gewordenen theoretischen Konzepten und Arbeitshypothesen – Schwierigkeiten, Wandlungen des sozialen Klimas wahrzunehmen und neuen Patienten gerecht zu werden, deren Problematik sich vielfach gerade aufgrund auch von der Psychoanalyse kommender Impulse veränderte.

Erst in den 70er Jahren haben einige amerikanische Psychoanalytiker, von denen *Otto F. Kernberg* und *Heinz Kohut* am bekanntesten geworden sind, gegen zähen Widerstand einer Mehrheit ihrer Kollegen, unter Nutzung der Forschungsergebnisse von *Melanie Klein, Ronald D. Fairbairn, Guntrip, Balint* u.a., gewisse Neuentwicklungen in Gang gebracht und die amerikanische Psychoanalyse dadurch vor der Gefahr dogmatischer Erstarrung in, aus der Zeit der Jahrhundertwende tradierten Denksystemen der klassischen Metapsychologie, insbesondere der Triebpsychologie, bewahrt.

Der Ausgangspunkt

Aber bevor wir uns diesen und anderen Forschern und Autoren der modernen Psychoanalyse der Frühstörung zuwenden, ist es notwendig, in aller Kürze den Startpunkt in die Erinnerung zurückzurufen, von dem zu ihrer Zeit die Klassische Psychoanalyse ausgegangen ist. Wie hatte *Sigmund Freud* selbst, auf der Basis der Ergebnisse seiner Eigenanalyse und seines damaligen Kenntnis- und Erfahrungsstandes, die Behandlungschancen der von ihm entwickelten Psychoanalyse gesehen und an welchen Punkten hatte er die Grenzen ihrer Wirkungsmöglichkeit abgesteckt?

In seinem berühmten Essay „Die endliche und die unendliche Analyse" schrieb *Freud* (1937) zwei Jahre vor seinem Tod am Schluß dieser Arbeit:

„Die hervorragende Bedeutung dieser beiden Themen — des Peniswunsches beim Weibe und des Sträubens gegen die passive Einstellung beim Manne — ist der Aufmerksamkeit Ferenczis nicht entgangen. In seinem 1927 gehaltenen Vortrag stellt er die Forderung auf, daß jede erfolgreiche Analyse diese beiden Komplexe bewältigt haben müßte. Ich möchte aus eigener Erfahrung hinzufügen, daß ich Ferenczi hier besonders anspruchsvoll finde. . . . Man hat oft den Eindruck, mit dem Peniswunsch (der Frau, v.M.) und dem männlichen Protest (des Mannes gegen die Passivität im Verhältnis zum Mann, v.M.) sei man durch alle psychologische Schichtung hindurch zum ,gewachsenen Fels' durchgedrungen und so am Ende seiner Tätigkeit. Das muß wohl so sein, denn für das Psychische spielt das Biologische wirklich die Rolle des unterliegenden gewachsenen Felsens. Die Ablehnung der Weiblichkeit kann ja nichts anderes sein als eine biologische Tatsache, ein Stück jenes großen Rätsels der Geschlechtlichkeit."

Die moderne Psychoanalyse — hierin *Ferenczi* folgend, der später von einigen Schülern *Freuds* als angeblich Abtrünniger geradezu verfolgt wurde — setzt an dem Punkte ein, an dem *Freud* ihr eine Felsgrund-Grenze gesetzt sah. Die Ablehnung der Weiblichkeit aus einer Haltung männlichen Protests, der Widerstand gegen eine Bewußtmachung von Wünschen nach Passivität, nach Abhängigkeit und Weiblich-Sein beim Mann (und deren Entsprechungsformen bei der Frau), den *Freud* zu seiner Zeit als fast unüberwindbar ansah, ist für die modernen psychoanalytischen Forscher, aufgrund einer veränderten historischen Konstellation, geradezu zu dem Einstiegspunkt geworden, von dem aus eine neue Entwicklungsebenso wie eine neue Strukturtheorie der Psychoanalyse entwickelt worden sind.

Unter dem Zwang, ihren schwerer gestörten Patienten in tiefe und tiefste Erlebnisbereiche zu folgen, waren schon in den 40er Jahren vor allem britische oder in Großbritannien arbeitende Psychoanalytiker wie *Melanie Klein* und *W.D.Fairbairn* auf eben diese „oralen" Wünsche nach Abhängigkeit und Befriedigung durch eine Mutterimago, bis hin zu Sehnsüchten nach

Verschmelzung und Preisgabe der Geschlechtsidentität, gestoßen, bei denen *Freud* die Grenze der Analysierbarkeit gezogen hatte.

Zwar behielt die Behandlung der von Freud beschriebenen Neurose-Krankheiten weiterhin ihre Bedeutung. Aber der Brennpunkt des Interesses und der Aufmerksamkeit verschob sich in der Psychoanalyse allmählich von dem ödipalen Dreipersonenkonflikt des 4–5jährigen Kindes in das jetzt entdeckte Neuland der ersten drei Lebensjahre des Kleinkindes in seinem ständigen Bezogensein auf seine erste Bezugsperson, die Mutter. In stetem Austausch und in Wechselwirkung miteinander ergänzten sich der Neugewinn an Erfahrung aus der Behandlung der tief- und frühgestörten „neuen" Patienten mit den Ergebnissen systematischer Forschung aufgrund der Direktbeobachtung von Säuglingen und Kleinkindern in Interaktion mit ihrer primären Bezugsperson.

Die Bedeutung der Urbeziehung des Kleinkindes zu seiner Mutter war dem Genie des Beobachters *Freud* natürlich nicht entgangen. Aber er hatte sie nicht zum Kernbestandteil seiner Theorie (der Metapsychologie) gemacht. Selbstkritisch hatte er 1931 zu diesem Thema Bemerkungen gemacht, die sich an dieser Stelle nur auf die Bindung des kleinen Mädchens an seine Mutter beziehen, die aber darüber hinaus auch weitgehend für *Freuds* Einschätzung der Analysierbarkeit der ersten Objektbeziehung des Kleinkinds als solchem, gleich welcherlei Geschlechts, charakteristisch sind.

„Alles auf dem Gebiet dieser ersten Mutterbindung erschien mir so schwer analytisch zu erfassen, so altersgrau, schattenhaft, kaum wiederbelebbar, als ob es einer besonderen unerbittlichen Verdrängung erlegen wäre" *(Freud* 1931).

Im Gegensatz zu dieser Sichtweise *Freuds* und seiner theoretischen Hauptbezugsachse (des ödipalen Dreierkonflikts des 4–5jährigen Kindes)* ist für die moderne Psychoanalyse die *Objektbeziehung des Kindes zur primären Bezugsperson in den ersten drei Lebensjahren zum ersten von insgesamt zwei Knotenpunkten psychischer Entwicklung geworden* und als wichtigster Quellgrund seelischer Störungsmöglichkeiten in den Mittelpunkt forscherischer Aufmerksamkeit gerückt. Dabei ist der genetisch wichtigere Knotenpunkt zweifellos der frühere, weil das Steckenbleiben in ihm, bzw. die optimale Ablösung von ihm, die Bewältigung des zweiten Knotenpunktes (der Ödipussituation) vorausbestimmt.

* Die Erkenntnis des Rivalisieren-wollens des 4 bis 5 Jahre alten Jungen mit seinem Vater und von Todeswünschen gegen den Vater, verbunden mit sexuell-genitalem Begehren der Mutter, war gefühls- und erlebnismäßig der Hauptertrag der Eigenanalyse *Freuds* und wurde von daher von ihm zum Angelpunkt seiner Theorie der Psychoanalyse gemacht.

Die moderne psychoanalytische Entwicklungspsychologie

Harry Guntrip, einer der Vertreter der modernen Psychoanalyse, hat 1968 die Überzeugung geäußert, Ausgangspunkt für eine Neuformulierung der Theorie der Psychoanalyse werde die Herausarbeitung der zentralen Bedeutung der ersten Objektbeziehung des Kleinkindes zu seiner Mutter sein, im „Sinn der Liebesfähigkeit der Mutter und der angeborenen Fähigkeit des Säuglings auf Mutterliebe zu antworten und auf diese Weise selbst liebesfähig zu werden" (*Guntrip* 1968).

Inzwischen haben eine Fülle von Veröffentlichungen zum Thema der Frühentwicklung des Kleinkindes diese Voraussage bestätigt. Dabei sind m.E. die mehr essayistischen Veröffentlichungen des britischen Kinderarztes und Psychoanalytikers *D.W. Winnicott* (1958, 1965, 1971), am profundesten, während die Arbeiten der amerikanischen Forscherin *Margaret S. Mahler* durch die systematische Art ihrer Darstellungsweise herausragen.

Obwohl die Psychoanalyse z.Zt. noch weit entfernt ist von einer allgemein anerkannten Neufassung der Grundkonzepte der klassischen Metapsychologie (mit der Urbeziehung des Kleinkindes zu seiner Mutter als Kern), besteht doch unter Praktikern inzwischen weitgehendes Einverständnis über drei sich in der laufenden Arbeit immer wieder bestätigende Grunderfahrungen:

1. Fundament einer gesunden psycho-physischen Entwicklung ist das Zusammenspiel des Kleinkindes mit einer von ihm als ausreichend, als vorwiegend gut empfundenen Mutter-Person. Biologische und psychische Geburt des neuen Menschenkindes fallen nicht zusammen. Während die biologisch-physische Geburt ein genau beobachtbares und zeitlich fest umrissenes Ereignis ist, umfaßt die *psychische Geburt* einen sich über mehrere Jahre erstreckenden, überaus störbaren inter- und intrapsychischen Prozeß, in dessen Verlauf sich das Ich aus der Verschmolzenheit einer ursprünglichen Mutter-Kindmatrix, einer Mutter-Kind-Dualunion erst einmal herausdifferenzieren und aus dieser ablösen muß. Das Kind ist während dieses Zeitraums völlig abhängig von optimaler Fürsorge durch die Mutter-Person.

2. Die Art der Betreuung des Kleinkindes durch die primäre Bezugsperson auf seinem Weg aus dem diesen ersten Entwicklungsabschnitt bestimmenden Dilemma Loslösung/Selbständigkeit contra Abhängigkeit/Zugehörigsein ist von viel ganzheitlicherer (holistischer) Qualität als die von *Freud* dargestellte bloße Befriedigung oraler Bedürfnisse.

3. Schwere seelische Gestörtheit, für die sich im Sprachgebrauch der modernen Psychoanalyse der Begriff Borderline-Syndrom *(Rohde-Dachser* 1979) eingebürgert hat, ist das Ergebnis einer bis in die ersten drei Lebensjahre zurückreichenden, tiefgreifenden Störung dieser Frühbeziehung des Kleinkindes zu seiner Mutter. Obwohl (im Gegensatz zu extremen Formen der Schizophrenie) im Prinzip reversibel, ist diese Gestörtheit nur mit einem (im Vergleich zur Behandlung von Neurosen) hohen Aufwand an selbstkritischer Introspektion und nur mit Hilfe eines Gesprächspartners, an dem sie sich spiegeln kann und nacherlebt wird, veränderbar.

Zur Entstehungsgeschichte dieser Frühstörung hat die psychoanalytische Forschung einen charakteristischen *Ambivalenzkonflikt* herausgearbeitet, der in der sogenannten Wiederannäherungsphase des Kleinkindes, im 14. oder 16. bis zum 22. oder 24. Lebensmonat, deutlich erkennbar ist. Im Zusammenhang dieser Arbeit ist eine Kurzdarstellung dieses Ambivalenzkonfliktes erforderlich.

Der Ambivalenzkonflikt

Im wesentlichen hier an die Darstellung *Mahlers* (1975, a,b.c)* angelehnt, geht es um folgendes: Nachdem um die Mitte des 2. Lebensjahres das Kind laufen gelernt hat und mit Hilfe zunehmender Beherrschung seiner Motorik mit großer Entdeckungslust und mit Gefühlen einer Art Verliebtseins in die Außenwelt seinen Aktionsradius ausweitet, verändert sich die für diese Subphase feststellbare relative Nichtbeachtung der Mutter. Mit wachsendem Bewußtwerden des Getrenntseins von der Mutter läßt sich im Verhalten des Kleinkindes intensive Trennungsangst beobachten. Als Folge davon empfindet das Kind ein verstärktes Bedürfnis nach einer wieder engeren Beziehung zur Mutter, verlangt ständig nach ihrer liebenden Zuwendung und macht einen für diese Phase charakteristischen Wunsch sehr deutlich, die Mutter möge an jeder seiner neu erworbenen Geschicklichkeiten und Erfahrungen Anteil nehmen. Es zeigt das typische Verhaltensmuster dieser Subphase: es beobachtet die Mutter unablässig, folgt jeder ihrer Bewegungen, läuft gleichzeitig aber auch häufig von ihr fort, in der Erwartung, von ihr gejagt und in die Arme genommen zu werden.

Während das Kind in dieser Zeitspanne seiner Entwicklung aber einerseits mit Nachdruck verlangt, daß die Mutter sich unausgesetzt mit ihm beschäftigt und ihm im Bedarfsfall jederzeit emotionales Auftanken und Rücktauchen in die Glücksgefühle der symbiotischen Paradieszeit ermöglicht, verteidigt es ebenso intensiv seine neugewon-

---

* Obwohl infolge der Notwendigkeit der Beschränkung auf die Zielsetzung dieser Arbeit auf diesen wichtigen Punkt nicht näher eingegangen werden kann, bedarf es hier doch zumindest eines kurzen Hinweises: *Margaret Mahler* spricht — hierin der traditionellen Sichtweise der klassischen Psychoanalyse folgend — stets von der Entwicklung „des Kindes", ohne der Eigenart des geschlechtsspezifischen Reifungsprozesses des kleinen Mädchens gegenüber der des Jungen und den subtilen Unterschieden in der Qualität der Mutter-Sohn- gegenüber der Mutter-Tochter-Beziehung mehr als nur gelegentliche Beachtung zu schenken.

nene Selbständigkeit und Unabhängigkeit. Mit der ganzen Wucht seiner kleinen Persönlichkeit sagt es gegen die Mutter Nein, trotzt es, hat Jähzornsanfälle und Haßdurchbrüche und wird im analen Machtkampf der Sauberkeitserziehung zunehmend schwieriger und unbequem.

Die Widersprüchlichkeit dieses Verhaltens und die enorme Intensität der dazugehörigen Affekte stellen — auf dem höheren Niveau der Interaktion zwischen zwei sich nunmehr als getrennt erlebenden Individuen — an die Instinktsicherheit und die menschliche Reife der Mutter weit differenziertere Anforderungen als auf der bisherigen Ebene der Dualunion, in der das Kind auf die Pflege der Mutter total angewiesen war. „Man kann die Bedeutung einer optimalen emotionalen Verfügbarkeit der Mutter während dieser Subphase gar nicht genug hervorheben", betont *Mahler* (1975 a) mit Nachdruck und fügt hinzu, daß nur die *Liebe* (im Originaltext gesperrt gedruckt) der Mutter während dieser Subphase und ihr Aushaltenkönnen der Ambivalenz des Kindes es diesem ermöglicht, bis zum Ende des dritten Lebensjahres einen *ungemein wichtigen Entwicklungsschritt* zu vollziehen:

Das Kind „verdichtet" Erinnerungen an die Mutter, die als gut empfunden worden sind, „verinnerlicht" das Abbild bzw. die intrapsychische Repräsentanz einer vorwiegend als gut erlebten Mutter, macht sich eine „innere Mutter" verfügbar, körpert sie sich ein. Gleichzeitig erwirbt es allmählich die Festigkeit, an diesem verinnerlichten Bild einer überwiegend als verläßlich und ausreichend gut erlebten Mutter in allen Stürmen trotzigen Neinsagens, haßvoller Enttäuschung oder rücksichtsloser, allesfordernder Sehnsuchtsdurchbrüche konstant festzuhalten. In der Fachsprache der Psychoanalyse hat das Kind *emotionale Objektkonstanz* erworben und damit die wichtigste Voraussetzung seelischer Gesundheit des zukünftigen Ich/Selbst geschaffen. Es hat ein, auf dem inneren Bild einer verläßlichen, vorwiegend positiv besetzten Mutterimago aufruhendes Selbstwertgefühl geschaffen, das auch im Fall schwerer Triebkonflikte und zeitweiliger Triebüberschwemmungen relativ stabil bleibt, zumindest sich gegenüber der Gefahr von Zusammenbrüchen aus nichtigem Anlaß als immun erweist.

Es versteht sich nach dem bisher Gesagten fast von selbst, daß es infolge der dieser Wiederannäherungsphase immanenten Widersprüche keiner Mutter möglich sein wird, ihrem Kind ständig optimale Betreuung zu geben. Erziehungsfehler, entweder in Richtung übermäßiger Verwöhnung oder überstarker Versagung, sind unvermeidbar. Vielen Müttern fällt es schwer, die Verwandlung eines bisher völlig hilflosen, als ein Teil des eigenen Ichs erlebten Säuglings, in ein von ihnen wegstrebendes, gegen sie Nein sagendes, haßerfülltes kleines Wesen mit eigenem Willen und aus eigenem Recht mitzuvollziehen. Sie neigen dazu, depressiv oder narzißtisch gekränkt, zumindest verwirrt und verständnislos zu reagieren und sind nicht fähig, kontinuierlich liebevolle Verfügbarkeit und spielerische Anteilnahme zu gewähren und dem Kind auch einmal von sich aus, wie die Vogelmütter, in liebevoll-verstehender Weise einen sanften Schubs in Richtung Unabhängigkeit zu geben.

Anderen Müttern ist es zwar möglich, den Vorgang der Ablösung ihres Kindes aus der bisherigen Zweieinheit vom Prinzip her wohlwollend zu begleiten. Aber das Ertragen des unablässigen verwirrenden Wechselspiels zwischen Wegstreben und Wiederannäherung, zwischen stürmischem Selbständigkeitsdrang und überraschend einsetzender Trennungsangst, zwischen süchtigen Wünschen nach erneuter Verschmelzung und Angst vor Wiederverschlungenwerden geht dann doch über die Grenzen ihrer Kraft.

Das relative Gewicht der vom Kind im Zusammenspiel mit seiner Mutter(-umwelt) gemachten, die Erreichung des Entwicklungsziels entweder fördernden oder hemmenden Erfahrungen entscheidet dann über die künftige seelische Gesundheit des Kindes bzw. über das Ausmaß seiner psychischen Gestörtheit.

In Begriffen der Triebökonomie ausgedrückt, braucht im Fall eines nur leichten Übergewichts von negativ prägenden Kindheitserlebnissen die Quantität der an diese Störungs- oder Defektstelle gebundenen Triebenergie nicht allzu groß zu sein. Ist das Verhältnis aber ungünstiger, so wird an diesen Fixierungspunkten viel Triebenergie gebunden bleiben. Als Folge davon steht dem Kind dann für seine künftige Entwicklung und die Entfaltung seiner höheren Ichfunktionen weder genügend Libido noch konstruktive (neutralisierte) Aggression zur Verfügung.

Die Genese des Borderline-Syndroms

Es sind diese Entwicklungssituationen, wenn unlustvolle, frustrierende oder erschreckende Erlebnisse des Kleinkindes im Zusammenspiel mit der Mutter ein beträchtliches Übergewicht bekommen, in denen die moderne Psychoanalyse den Quellgrund der als *Borderline-Syndrom* bezeichneten psychischen Frühstörungen sieht.

In diesen Fällen fühlt sich das in seinem Selbständigkeitsdrang frustrierte Kind in seiner Eigenart als ein von der Mutter getrenntes Wesen aus eigenem Recht, nicht geliebt, nicht verstanden und nicht ernstgenommen. Es erlebt sich als fallengelassen und als un-liebenswert. Auf solche Erfahrungen reagiert das Kind, indem es die Affektpositionen dieser Entwicklungsphase der Ambivalenzkrise extrem verschärft. Das gegen die Mutter gerichtete Neinsagen, der trotzige, oft wuterfüllte Drang nach mehr Unabhängigkeit vermischt sich mit excessivem Haß, der als Folge ständiger Enttäuschungs- und Kränkungserlebnisse ausgelöst wird. Der übermäßige Haß wiederum verstärkt die Angst, die Rückendeckung der Mutter zu verlieren. Je stärker solche Gefühle das Kind überschwemmen, desto hartnäckiger hält es an einem inneren Phantasiebild einer nichts-als-guten, alles-verstehenden, immer-gewährenden und jederzeit-alles-sofort-gebenden Mutter fest, die es aus der Paradieszeit der Symbiose dunkel erinnert und nach der es gerade in Momenten der Verlassenheit und Verzweiflung sehnsuchtsvoll verlangt.

Mahler (1975 c) zufolge gehören Borderline-Patienten „zu den Patienten, welche die ewige Sehnsucht des Menschen nach der ‚guten symbiotischen Mutter' sowohl demonstrieren als auch unbewußt agieren, wie um sich anzuklammern, mit ihr vereint, bei ihr ‚sicher' zu sein."

Das Kind bleibt damit auf den Ambivalenzkonflikt fixiert, der für diese Entwicklungsphase charakteristisch ist und erweist sich als unfähig, über ihn hinauszuwachsen und den nächstfälligen Entwicklungsschritt zu tun. Hoch affektgeladen, agiert es mal den einen, mal den anderen Pol dieses Konfliktes aus und verfehlt infolge dieses Klebenbleibens in miteinander abwechselnden, konträr entgegengesetzten und einander ausschließenden Affekt-Positionen seine sich jetzt bietende Entwicklungschance: Im Mittelfeld zwischen den Extremen allmählich die eigene persönliche Mitte eines Ich/Selbst, in fester Verbindung mit einer verläßlich als vorwiegend gut erlebten primären Bezugsperson, herauszubilden. Das Kind wird hin- und hergerissen von wahren Affektstürmen der Sehnsucht nach einer nichts als guten Mutter (Fee) einerseits, der Angst vor einer nichts als bösen Mutter (Hexe) andererseits. Es bleibt dadurch, statt ein kleines Individuum zu werden, bloße Marionette fiktiver, wirklichkeitsferner Phantasie-Bezugspersonen. In sadomasochistisch getönter Haß-Liebe (d.h. Anklammerungssüchtigkeit) ist es weiterhin, in anderer Form als in der Symbiosephase, aber nicht minder wirksam, mit der Mutter fest verklammert.

Statt die bisherigen, miteinander unvereinbaren Phantasie-Bilder der Mutter zu vermenschlichen und zu lernen, die Mutter (ebenso wie sich selbst) als ein für sich existierendes Wesen mit eigenen Bedürfnissen und Interessen wahrzunehmen, bleibt das Kind in einer innerpsychischen Phantasiewelt der Gespaltenheit in Gegensätzen hängen.

In der Fachsprache der Psychoanalyse bleibt es fixiert auf den Abwehrmechanismus einer Spaltung der Objektwelt in „gut" und „böse", dem *Melanie Klein* für die Entwicklungsstörungen dieser Phase zentrale Bedeutung gegeben hatte und dem dann auch amerikanische Forscher wie *Mahler* und *Kernberg* großes Gewicht beimaßen. Was einmal für den Säugling auf dem Weg zum Kleinkind ein Vorwärtsschritt gewesen war: eine erste Groborientierung aufgrund eines Gut-Böseschemas nach dem bisherigen, aus der Erwachsenenperspektive gesehenen „psychotischen" Fluktuieren des Säuglings in einem voneinander nicht unterscheidbaren Konglomerat von IchSelbst und Mutter, von Innen und Außen, wird jetzt, wo ein neuer Entwicklungsschritt gefordert ist, zu einer Blockade weiterer Reifung.

Rohde-Dachser (1979) hat in einem wichtigen, praxisnahen deutschen Beitrag zur internationalen Borderline-Diskussion einen kurzen Überblick über die Arbeiten amerikanischer Psychoanalytiker wie *Kernberg, Mahler, Searles* und *Wolberg* zur Genese des Borderline-Syndroms gegeben und dabei einige Gemeinsamkeiten der Forschungsergebnisse zusammengefaßt. Der pathologische Fixierungspunkt für die spätere Borderline-Entwicklung wird von allen diesen Autoren in das zweite/dritte Lebensjahr verlegt. Das Kind scheitert an den Abhängigkeit/Unabhängigkeitskonflikten dieser Phase, weil nicht zu bewältigende Enttäuschungen und Kränkungen es an seiner Weiterentwicklung hindern. Dabei verursacht die Erfahrung, als eigenständiges Wesen mit eigenen Wünschen und Bedürfnissen nicht existieren zu dürfen, die tiefsten narzißtischen Wunden und mindert das Selbstwertgefühl oft bis auf Nullpunkte der Entmutigung („Kann ich Ich sein; darf ich überhaupt ein Ich sein?").

Was dabei in der kaum überschaubaren Vielfalt der Faktoren im Einzelfall die Borderlinestörung eines bestimmten Patienten ausmacht oder verursacht, läßt sich nur in sehr beschränktem Maße verallgemeinern, entzieht sich einer präzisen, auf immer die gleichen Kausalfaktoren reduzierenden Darstellung. Die psychoanalytische Behandlung solcher Störungen ergibt immer eine jeweils nur für diesen Patienten spezifische Kombination von entwicklungshemmenden Startbedingungen und Milieueinflüssen, die so individuell ist, wie es die Fingerabdrücke jedes Menschen sind.

Von daher wird verständlich, daß die verschiedenen Autoren, je nach ihrer persönlichen Eigenart, dem Stand ihrer Analysen und der Besonderheit ihres Klientels, die Akzente ihrer Darstellung der Genese der Borderlinestörung verschieden setzen und voneinander abweichende Schwerpunkte herausarbeiten.

Was allen diesen Autoren jedoch wiederum gemeinsam ist, ist die Feststellung, daß bei einer in dieser Phase gestörten Entwicklung ein Kind zurückbleibt, das wie jedes andere noch unreife Wesen einem unerbittlichen inneren Drang und Zwang zur Weiterentwicklung und Höherdifferenzierung unterworfen ist. Das sich aber, infolge der Störungen dieser Phase, bestimmter Werkzeuge und Hilfsmittel beraubt findet, die für die weiteren Reifungsprozesse seiner kognitiven Wahrnehmung ebenso wie für seine Gefühlsentwicklung unerläßlich sind.

Auf die Struktur des Ichs des frühgestörten Kleinkindes hin gesehen, hat *Mahler* sich darauf beschränkt, nur in allgemeiner Form davon zu sprechen, daß es, infolge der Fixierung auf ein extremes Gut-Böseschema, „nicht zur Ausbildung geeigneter Ichinstrumente" und zu einer „Beeinträchtigung der Entwicklung höherer Ichfunktionen" komme, die sich für die spätere Entwicklung dann als sehr folgenreich erweisen würden.

1968 hatte *Michael Balint* in seinem Werk über „The Basic Fault" die Störung der Ichbildung klarer und präziser gekennzeichnet, indem er sie als einen sich aus der Grundstörung dieser Entwicklungsperiode ergebenden Defekt der Ichbildung bezeichnete. Einen *Ichdefekt,* eine Ichschwäche, als einer Fehlstelle der psychischen Struktur, die mit den herkömmlichen Konzepten der Triebtheorie nicht zu erfassen sei, die *unter normalen Umständen unbemerkt bleibe, sich aber unter Belastungsdruck als Bruchstelle erweise, in die dann primitiv gebliebene Triebenergie einschießen würde.*

Bevor hier aber diese für die Entwicklung einer neuen psychoanalytischen Theorie der Frühstörungen wichtigen Ansatzpunkte weiterverfolgt werden, bedarf es der Erwähnung, daß der Schweregrad der sich aus Störungen dieser Phase ergebenden psychischen Erkrankungen eine hohe Variationsbreite aufweist.

Naturgemäß gibt es in dieser Zone zwischen Neurose und Psychose ein weites Spektrum von Borderline-Syndromen, die in ihrem psychischen Gesamt-Habitus jeweils mehr psychotisch oder aber mehr neurotisch anmuten.

Die der Psychose nächststehende Extremform ist die offene Borderline-Persönlichkeitsorganisation, wie sie *Otto Kernberg* vor Augen hatte, als er die Summe seiner Erfahrungen aus der Arbeit als Psychiater mit stationären Patienten an verschiedenen Nervenkliniken der USA zog.

Auch diese Extremvariante des Borderline-Symdroms ist nicht etwa nur als ein bloßes Übergangsstadium zur Psychose oder als eine Randform der Schizophrenie zu verstehen, sondern erweist sich als eine in sich durchaus stabile Art der „Persönlichkeitsorganisation", die sich durch bestimmte Kriterien von der Psychose klar unterscheidet, ebenso wie sich das Borderline-Syndrom als solches wiederum klar gegenüber den verschiedenen Arten der Neurose abgrenzen läßt *(Rhode-Dachser* 1979).

Im weiteren Verlauf dieser Arbeit wird jedoch nicht diese Extremform im Mittelpunkt des Interesses stehen, sondern jene Variante, wo trotz erheblicher Schädigung der frühen Ichbildung die weitere Entwicklung des heranwachsenden Kindes und des Jugendlichen günstiger verläuft, als es bei den schweren und schwersten Borderline-Erkrankungen, unter deren Eindruck Kernberg seine ersten Arbeiten veröffentlichte, der Fall war.

Das NotIch, das Falsche Selbst — das verborgene Borderline-Syndrom
In der weitaus überwiegenden Mehrzahl der Fälle gelingt es dem in seinem psychischen Reifungsprozeß gestörten Kindes, auf inselartig aus einem brüchigen Grund herausragenden kleinen Stücken festeren Bodens, wenn auch nicht eine in Krisen- und Extremsituationen verläßliche und belastungsfähige Ichstruktur, so doch *wenigstens ein in Normalsituationen tragendes NotIch* zu errichten. Zwar ist das Kind in seinem 4. und 5. Lebensjahr, wenn der Prozeß der Bildung des GesamtIchs dann zunächst abgeschlossen wird, in der Dreipersonen-Konstellation der ödipalen Phase neuen Belastungen ausgesetzt und kann den Ödipuskonflikt entweder überhaupt nicht oder nur unzureichend bewältigen. Aber ab der mit dem 6. Lebensjahr einsetzenden Latenzzeit gelangt es dann in eine ruhigere Entwicklungsphase des Lernens und des Sichzurechtfindens in der Welt außerhalb

der Familie. In dieser Zeitspanne der Schulzeit bis zur Pubertät wird das in sich defekt bleibende, aber in Normalsituationen tragfähige NotIch ausgebaut. Das Kind lernt sich mittels bestimmter Abwehrstrategien zumindest notdürftig gegen Belastungen abzusichern.

Häufig gelingt es dem Heranwachsenden durch Konzentration seines Interesses und seiner Willensanstrengung auf den neuentdeckten Aktionsbereich sachbezogener Lernarbeit und durch entsprechende Leistungserfolge das NotIch in begrenztem Maße zu festigen. Das NotIch lernt in diesem Bereich sachbezogener Leistung Anpassungsarbeit zu leisten, perfektioniert innerhalb dieses Sektors seine Techniken der Daseinsbewältigung und bezieht daraus einen gewissen Zuwachs an Ich- und Selbstwertgefühl. Am liebsten möchte es sich ganz und gar in diesem Raum einrichten, so als gäbe es keinen anderen. Im Zuge der Tendenz, Wahrnehmung und Gefühl vorwiegend auf diesen Raum einzuengen, in dem der Jugendliche Erfolgserlebnisse produzieren kann, fallen dann andere Erlebnisbereiche mehr und mehr in ein Abseits der Nichtbeachtung.

Im Fall einer psychischen Entwicklung, die nicht auf gesunder Ichbildung, sondern auf einer seelischen Grundstörung aufbauen muß, heißt das, daß der sich auf seinen neuen Aktionsbereich zentrierende Heranwachsende bestimmte Abwehrstrategien, wie die der Abspaltung, immer mehr solidifiziert, um empfindliche Affektbereiche zu vermeiden, die seinen ungelösten Ambivalenzkonflikt reaktivieren könnten. Die für den Betreffenden aufgrund dunkler Erinnerungsspuren jeweils „heißen" Stellen, an denen er seine Entwicklungsaufgabe seinerzeit verfehlt hat, entscheiden dann — relativ zu Art und Stärke der Belastung — über die Abwehrformen, die dafür verwendet werden.

So kann es, um die Abstraktheit dieser Feststellungen ein wenig zu konkretisieren, dahin kommen, daß der spätere Erwachsene in einem radikalen Akt schizoider Abwehr den ganzen, undeutlich als traumatisch erinnerten Mutter/Kind-Gefühlsbereich, die gesamte Zuwendung zu anderen, das Fühlen als solches einem Tabu unterwirft und in ein rigide abgeschottetes Dunkel der Abspaltung verweist.

Aus solchem Hintergrund kann dann der Typ des allein leistungsorientierten Erfolgsmenschen oder des von seiner Arbeit Besessenen erwachsen, dem jedwede Gefühlsäußerung suspekt ist, der Haß nur in feindosierter, verdünnter Form empfindet und der erotische Zuwendung zu Partnern nur als passagere Überschwemmungen von Triebhaftigkeit erlebt, die seinem Wesen im Grunde fremd ist. Hierher gehören auch solche Frühgestörte, bei denen zwar nicht das Fühlen als solches einer totalen Sperre unterliegt, die aber unbewußt selektiv jede Äußerungsform zarterer und verfeinerter Gefühle, z.b. von Zärtlichkeit, einer inneren Blockade unterwerfen. Und die dann nicht selten alle derartigen Gefühlsimpulse, als mit der Härte des Lebenskampfes unvereinbare Symptome von Weichheit und Schwäche, bei sich selbst ebenso wie bei anderen mit der Grausamkeit eines Großinquisitors verfolgen.

Ob nun das NotIch solcher Menschen Total- oder Partialsperren der Verdrängung und der Spaltung errichtet – die Forscher des Borderline-Syndroms sind sich einig in der Feststellung einer für alle diese Fälle charakteristischen allgemeinen Flachheit des Gefühlserlebens, verbunden mit einer Neigung zu plötzlichem Durchbruch primitiv gebliebener Affektzustände im Fall von Grenzsituationen mit hoher emotionaler Belastung.

Wie immer der spätere Lebensweg eines dieser Menschen verläuft, der auf dem trügerischen Boden eines nur partiell gelösten Ambivalenzkonflikts den Überbau eines NotIchs errichtet hat, auf jeden Fall bleibt er ein Gang über dünnes Eis, ein Ritt über den Bodensee. Denn ohne daß es dem Betreffenden bewußt wird, ist mit der Bildung des NotIchs, als Folge der Unfähigkeit des Kleinkindes, den Entwicklungsansatz der Wiederannäherungsphase wahrzunehmen, ein hoher Preis gezahlt worden. Das NotIch ist und bleibt ein Ersatz-Ich, ist ein falsches Selbst in dem Maße, wie es die Ichbildungschance der Wiederannäherungsphase verfehlt hat.

Bei stärkerer psychischer Belastung, bei einem Anprall bisher verdrängter und abgespaltener Leidenschaftlichkeit, der die fragilen Dämme der Abwehr durchbricht, kann es sich bei solchen Frühstörungen als verhängnisvoll erweisen, daß Ichbildung nur auf einer allzu schmalen Basis stattgefunden hat. Das Verfehlen der Bildung echter Ichstruktur, in untrennbarer Verflechtung mit einem als vorwiegend autonomiefördernden Erleben der Mutter(-umwelt) holt den Erwachsenen ein; er kann dann zum späten Opfer des in frühester Kindheit nicht bewältigten Reifungsschrittes werden.

Was bei alledem für den an den Chancen möglicher therapeutischer Hilfestellung orientierten Psychoanalytiker von besonderer Bedeutung sein wird, ist – um an dieser Stelle späteren Überlegungen vorzugreifen – folgendes: Im Fall von Frühstörungen, bei denen über dem brüchigen Boden eines verborgenen Borderline-Syndroms ein NotIch aufgerichtet worden ist, greifen die traditionellen Hilfsmittel psychoanalytischer Behandlungspraxis nicht mehr in der bei den Neurosen gewohnten Weise. Die Aufhebung von Verdrängung löst das Problem nicht und hat keineswegs den gewohnten, potentiell möglichen Heilungseffekt.

Dem Denkmodell der klassischen Strukturtheorie von Es/Ich/ÜberIch zufolge, führt Bewußtmachung von bisher im Es festgehaltenem Unbewußten zu einer Stärkung des Ichs und zu einer Erweiterung seiner Autonomie und Handlungsfähigkeit. In jenen Fällen jedoch, wo neurotische Verhaltensweisen auf einem Borderline-Syndrom aufruhen, arbeitet der Frühgestörte mit einer Doppelschicht von Abwehrmechanismen, von denen die obere (neurotische) ihn vor dem Durchbruch des Borderline-Syndroms bewahrt, während die untere (das Borderline-Syndrom) ihm als Bollwerk gegen das Einbrechen in die Psychose dient.

In dieser Situation ist die Aufhebung von Verdrängung mit den Hilfsmitteln der klassischen Psychoanalyse gleichbedeutend mit einer Freilegung der Zerrissenheit des ungelöst gebliebenen Ambivalenzkonflikts der Frühstörung. Das Ich wird dadurch nicht etwa gestärkt und neugebildet, wie es der Zielsetzung des klassischen Standardverfahrens entspricht, sondern das Ich wird zerstört. Das NotIch, das zur wenigstens notdürftigen Bewältigung der Affektstürme der frühen Kleinkindjahre gebildet worden war, bricht auseinander.

Für die um Hilfestellung für Frühstörungen bemühten Psychoanalytiker der Britischen Schule der Psychoanalyse wurde es schon in den 40er Jahren deutlich, daß die bei Neurosen hilfreiche, traditionelle psychoanalytische Strukturtheorie unbrauchbar war, die Daseinsweise und Erlebniswirklichkeit dieser Art von Analysanden adäquat zu erfassen. Ein umfassenderes Denkmodell war erforderlich, um die ungleich kompliziertere Schichtung von Impulskategorien und Abwehrformationen, das hierarchische Übereinander von mit Verdrängung arbeitender Neurose über dem Untergrund eines Borderline-Syndroms verständlich zu machen.

Welche Theorie-Hilfsmittel stehen dem psychoanalytischen Praktiker gegenwärtig für die Arbeit mit solchen Patienten zur Verfügung? Welche Strukturtheorie gibt es, die dem Psychoanalytiker als praxisnahes Verstehensmodell dienen kann, wenn er sich in seinem Therapieplan im komplizierten Zusammenspiel von Neurose und Borderline-Syndrom auf den Borderline-Anteil der Störung seines Patienten konzentrieren will?

Ansätze zu einer neuen Strukturtheorie der Psychoanalyse

Kurzüberblick über eine Theorie-Diskussion
In allen Ländern, in denen die Psychoanalyse Verbreitung gefunden hat, hat im Laufe der letzten Jahre eine lebhafte, kontrovers geführte Theorie-Diskussion zum Thema der Frühstörung stattgefunden. Im deutschen Sprachraum war diese Auseinandersetzung und der Versuch, die For-

schungsergebnisse der Arbeit mit „neuen" Patienten in einen neuen Theorierahmen einzufügen vor allem mit den Namen der amerikanischen Psychoanalytiker *Otto F. Kernberg* und *Heinz Kohut* verknüpft.

Im Rückblick auf diese Theorie-Diskussionen werden spätere Psychoanalytiker-Generationen vermutlich einmal mit einiger Verwunderung feststellen, wieviel Mühe und Eifer die Autoren der Literatur der Frühstörung unserer Zeit darauf verwandt haben, sich von ihren mit gleicher Zielsetzung arbeitenden Psychoanalytiker-Brüdern und -Schwestern abzugrenzen und Besonderheiten ihrer Befunde zu akzentuieren, statt den Gemeinsamkeiten ihrer neuen Theorie-Ansätze das gebührende Gewicht zu geben. Beispielhaft dafür ist die bekannte, heute schon historisch anmutende Kontroverse *Kohut-Kernberg,* die mitunter fast nach Art eines Dogmenstreits von den Schülern beider ausgetragen wurde.

Infolge eines unter psychoanalytischen Theoretikern weitverbreiteten Mangels an Bereitschaft, die eigenen Befunde mit den Forschungsergebnissen in gleicher Richtung arbeitender Kollegen abzustimmen und sie im Interesse einer Hilfestellung für die Praxis soweit wie möglich anzugleichen, hatte es der Praktiker oft nicht leicht. Nicht selten reagierte er darauf, indem er ein Mißtrauen gegen Theorie als solche entwickelte, bzw. ein diesbezüglich bereits vorhandenes Mißtrauen noch verstärkte.

Der amerikanische Psychoanalytiker *Robbins* gab daher sicherlich einem weit verbreiteten Wunsch Ausdruck, als er 1980 einen Überblick über den Meinungsstreit *Kohut-Kernberg* mit der Aufforderung schloß, in Zukunft im Interesse eines praxis-bezogenen Fortschritts der Theoriebildung Kontroversen nicht weiter zu polarisieren, sondern stattdessen eine neue Theorie herauszuarbeiten, die wichtige Elemente der Arbeiten beider Forscher umfasse und einbeziehe *(Robbins* 1980). Zwar steht die Theorie-Diskussion − auf ein solches Ziel hin gesehen − weiterhin in einem Anfangsstadium. Aber auf der anderen Seite mehren sich doch die Anzeichen, daß es im Erfahrungsaustausch zwischen Praktikern heute bereits zweifellos eine Fülle von Gemeinsamkeiten und Übereinstimmungen gibt, die in die von *Robbins* geforderte Richtung zielen. Die nun folgenden Ausführungen über „Ansätze zu einer neuen Strukturtheorie" möchten dem Ziel dienen, im Interesse der Schaffung einer für die Arbeit mit Frühstörungen notwendigen Handlungssprache solche Gemeinsamkeiten herauszuarbeiten.

Vom Blickpunkt einer Vereinheitlichung der Theorie her gesehen gibt es in den Arbeiten *Kernbergs* und *Kohuts* eine Fülle von Gemeinsamkeiten, die über der Zentrierung der Aufmerksamkeit auf Unterschiede in der Begriffssprache und der darunter liegenden diagnostischen und therapeutischen Ansatzpunkte bisher allzu sehr außer acht gelassen worden sind. Um kurz auf den Meinungsstreit *Kohut-Kernberg,* als einem Beispiel für manchen anderen, zurückzublicken:

Vordergründig unterscheidet sich die Terminologie *Kohuts* nicht nur in seinem 1971 erschienenen Werk, sondern mehr noch in der 1977 erschienenen Arbeit beträchtlich von der Begriffssprache *Kernbergs (Kohut* 1971 und 1977). Das beginnt bereits damit, daß *Kernberg* die Borderline-Persönlichkeitsorganisation als eine durchaus in sich stabile Persönlichkeitsstruktur definiert, die deutlich, vor allem in ihrem Übertragungsverhalten, von der Psychose ebenso wie von der Neurose unterscheidbar ist. Im Gegensatz dazu sieht *Kohut* in seiner Terminologie dieses Krankheitsbild mehr aus dem Blickwinkel der klassischen Psychiatrie, als ein Übergangsstadium zur Psychose und hält es implizit für mit Psychoanalyse unbehandelbar. Die narzißtische Persönlichkeitsstörung ist für *Kohut* ein zentraler Begriff seiner Theorie des Selbst. Für *Kernberg* bilden demgegenüber die narzißtisch Gestörten nur eine Untergruppe dessen, was er die Borderline-Persönlichkeitsorganisation nennt *(Kernberg* 1975). Und auch die Kernsätze, in denen *Kohut* und *Kernberg* jeweils ihren theoretischen Neuansatz zusammenfassen, sind in für den jeweiligen Autor ganz spezifischen Begriffssprachen formuliert, die auf den ersten Blick kaum vereinbar scheinen.

Zunächst *Kohut* 1971:

„Das Gleichgewicht des primären Narzißmus wird durch die unvermeidliche Begrenzung mütterlicher Fürsorge gestört, aber das Kind ersetzt die bisherige Vollkommenheit (a) durch den Aufbau eines grandiosen und exhibitionistischen Bildes des Selbst: das *Größen-Selbst;* und (b) indem es die bisherige Vollkommenheit einem bewunderten, allmächtigen (Übergangs-)Selbstobjekt zuweist: der *idealisierten* Elternimago."

Demgegenüber *Kernberg:*

„Es wurde bereits erwähnt, daß bei Borderline-Patienten durch den Mechanismus der Spaltung gegensätzliche Ichzustände voneinander getrennt gehalten werden, die in frühe pathologische Objektbeziehungen gebunden sind . . . Jeder dieser dissoziierten Ichanteile enthält eine bestimmte Objektimago in Verbindung mit einer entsprechenden Selbstimago und einer bestimmten Affektdisposition, wie sie zu der Zeit vorherrschte, als der betreffende Verinnerlichungsvorgang stattfand . . . Die Ichgrenzen sind lediglich in denjenigen Bereichen labil, wo eine projektive Identifizierung oder eine Verschmelzung mit idealisierten Objekten besteht, wie man es vor allem in der Entwicklung der Übertragung bei solchen Patienten beobachten kann" *(Kernberg* 1975).

Aber diese Unterschiede in der Terminologie lassen allzu leicht vergessen, wie beträchtlich trotzdem die Gemeinsamkeiten sind, welche diese beiden Forscher bei ihrer Arbeit in einer Grenzzone zur Psychose, unterhalb der Ebene der Neurose, miteinander verbinden, wenn man sie gegen den Hintergrund der Trieb- und Strukturtheorie der klassischen Metapsychologie betrachtet.

Gemeinsamer Ausgangspunkt ist die Frühstörung des Kleinkindes in der Objektbeziehung zu seiner Mutter. Beiden Forschern gemeinsam ist ferner die Feststellung, daß als wichtigstes Ergebnis der Frühstörung bestimmte Teile des Ich/Selbst*, die durch verinnerlichte, primitiv gebliebene Bilder von Elternimagines gesteuert werden, auch in der Psyche des Erwachsenen in Spaltung bzw. Abspaltung gehalten und wirksam bleiben. Ein Vorgang, der zwar auch für die Normalentwicklung gilt, aber im Fall des Borderline-Syndroms (ebenso wie bei der narzißtischen Störung) besonders akzentuiert ist.

Beide sind sich weiterhin im Prinzip, wenn auch nicht in wichtigen Details, darüber einig, daß auf der Ebene psychischer Störung, unterhalb des Niveaus der Neurose, die Schwierigkeiten des Patienten sich *nicht aus Triebkonflikten ergeben, sondern aus Spannungen und Auseinandersetzungen resultieren, die zwischen bewußten und unbewußten Teilen des GesamtIchs bestehen.* Diese Spannungen zwischen verschiedenen innerpsychischen Strukturen (TeilIchen), in die das GesamtIch aufgespalten ist, gehen zurück auf ungelöst gebliebene Konflikte, Kränkungserfahrungen und Angsterlebnisse des kleinen Kindes, die dann später an der Person des Therapeuten reinszeniert werden und diesem dann wertvolle Hinweise für Diagnose und Therapie seines Patienten an die Hand geben.

Das GesamtIch erweist sich, in einer von der klassischen Metapsychologie bisher nicht systematisch erforschten Tiefenzone, als aufgesplittert in zahlreiche TeilIche. Diese TeilIche sind ausgestattet mit eigener (nicht einem anonymen ES entliehener) Energie und stehen in intensiver psychodynamischer Wechselbeziehung miteinander. Ein bisher als chaotisch angesehenes ES erweist sich als gegliedert und strukturiert in einem komplizierten Verbundsystem von TeilIchen, die fest verknüpft sind mit Entsprechungsbildern von Bezugspersonen aus der Zeit eines ungelöst gebliebenen Ambivalenzkonflikts der ersten Lebensjahre.

TeilIche mit falschen Programmen stehen in der Tiefe des Unbewußten sprungbereit, um in existentiellen Krisen mit archaischer Kraft durchzubrechen und mit Primitivaffekten aus der Zeit der ersten Lebensjahre mit bestimmten Sehnsuchts-, Angst- oder Haß„objekten" in Zustände von Verschmelzung einzutreten (sogenannte projektive Identifikation).

Zusammenfassend gesagt: Gesehen gegen den Hintergrund des traditionellen Denkmodells eines trotz seiner Neurose noch als konfliktfähig und weltmächtig postulierten Ichs, das sozusagen „nur" die Triebkonflikte aus ihrer Verdrängung im Unbewußten zu heben hat, überwiegen die Gemein-

---

* Im folgenden in Wiederaufnahme eines von *Freud* (1968) selten benutzten Begriffs als *GesamtIch* bezeichnet.

samkeiten der Forschungsergebnisse *Kohuts* und *Kernbergs* bei weitem im Vergleich zu den Differenzpunkten, die sie voneinander trennen. Für *Kohut* wie für *Kernberg* versteht es sich von selbst, daß das Ich ihrer neuen Patienten nicht mehr das Ich der klassischen Metapsychologie ist, dessen Kernproblem in der Bewußtmachung unbewußter Konflikte von Trieben untereinander oder in Auseinandersetzung mit Außenwelt und ÜberIch besteht.

Gleichzeitig wird an diesem Überblick über Gemeinsamkeiten der Forschungsergebnisse von *Kernberg* und *Kohut* ein *bedeutungsvoller Wechsel der Perspektive* deutlich. Das Bild einer entwicklungswichtigen Bezugsperson, eines „Objekts", als eines von Geburt an lebenswichtigen Bausteins des Ichs; die Beziehung zu diesem Objekt (und seinen Nachfolgern) als eigentlich relevantes Feld individueller Entwicklung — mit diesen neuen Basis-Konzepten verlassen beide Forscher für den Bereich der Behandlung von Frühstörungen den Boden der klassischen Trieb- und Strukturtheorie und betreten den Boden eines neuen Denkansatzes: der Theorie der Objektbeziehungen, die in den 40er Jahren von dem britischen Psychoanalytiker *Ronald D. Fairbairn* in die Metapsychologie eingeführt worden ist.

Diese Theorie der Objektbeziehungen *Fairbairns,* die nach Überwindung starker Anfangswiderstände inzwischen weit über ihr Ursprungsland hinaus zunehmend Interesse gefunden hat, ist im deutschen Sprachraum immer noch wenig bekannt. Ursprünglich aus einer psychotherapeutischen Notsituation heraus geboren: der Behandlung von Frühstörungen, bei denen sich die klassischen Konzepte als wirkungslos erwiesen, bietet die Theorie *Fairbairns* ein m.E. für die Praxis besonders geeignetes übersichtliches Struktur-Modell, das *Kernbergs* (auf einem höheren Abstraktionsniveau formulierten) Grundkonzepten gerecht wird und gleichzeitig genügend Raum läßt für den Einbau wesentlicher Elemente der *Kohut*schen Behandlungserfahrung.

Ich bin der Auffassung, daß dieses Strukturmodell sowohl für die Einzeltherapie wie für die Gruppentherapie *(Heising* 1982) tiefregredierter Patienten — in klarer Abgrenzung zur Neurose und dem für sie gültigen Standardverfahren — von hohem behandlungspraktischem Wert ist und ein für die Erfassung der bei diesen Patienten auftretenden, komplexen psychodynamischen Zusammenhängen besonders geeignetes Verstehensmodell abgibt.

Bevor ich indessen diese Strukturtheorie darstelle, ist es erforderlich, den Gesamtrahmen der Theorie der Objektbeziehungen zu skizzieren, aus dem heraus die Strukturtheorie Fairbairns erwachsen ist.

Die Theorie der Objektbeziehungen

Aus heutiger Sicht werden die britischen Psychoanalytiker *Fairbairn, Guntrip, Sutherland* sowie *Khan, Balint* und *Winnicott* als Begründer der Theorie der Objektbeziehungen angesehen, obwohl diese sich in der Entstehungszeit der neuen Forschungsrichtung keineswegs als gemeinsame Gruppe verstanden wissen wollten und auch nach außen hin nie als eine solche aufgetreten sind *(Kernberg* 1976, *Sutherland* 1980).

Angelpunkt der Theorie der Objektbeziehungen – im Unterschied zur klassischen Metapsychologie – ist eine Verschiebung im Fokus der theoretischen wie der behandlungspraktischen Aufmerksamkeit, die auf den ersten Blick zunächst von geringer Bedeutung zu sein scheint, defacto aber zu einer Revision des Gesamtbereichs der traditionellen psychoanalytischen Theorie und Behandlungspraxis geführt hat:
Die „one body psychology" der klassischen Psychoanalyse ging vom Postulat eines als autonom (primärnarzißtisch, autoerotisch) unterstellten Kleinkindes aus, in dem angeborene libidinöse Triebe nach Befriedigung und Entspannung streben. Psychische Entwicklung vollzieht sich aufgrund eines automatisch ablaufenden, biologisch determinierten Reifungsprogramms, in dessen Verlauf in den ersten Lebensjahren nacheinander verschiedene erogene Körperzonen (Mund, Anus, Genitalien) vom Kind zur Abfuhr von Triebspannung libidinös besetzt werden. In *Freuds* Metapsychologie ist der Begriff Objekt untrennbarer Bestandteil dieser Triebtheorie und wird vom Bezugspunkt des Triebes her gesehen. Quelle des Triebes ist ein körperlicher Spannungszustand, das Objekt (z.B. die Brustwarze der nährenden Mutter, der Anus oder das Genital des Kindes) wird begrifflich vom Aspekt der Aufhebung solcher Spannungszustände definiert.
In der Sichtweise der Theorie der Objektbeziehungen stellt die Zentrierung der theoretischen Aufmerksamkeit auf das Ich und den „psychischen Apparat" in Isolierung, eine künstliche und irreführende Basis für eine realitätsnahe Untersuchung menschlichen Seins und Verhaltens dar. Für *Fairbairn* ist es „unmöglich, die Natur eines individuellen Organismus adäquat zu erfassen, solange er außerhalb seiner Beziehungen zu seinen natürlichen Objekten untersucht wird. Denn nur im Bezogensein auf diese Objekte enthüllt sich seine wahre Natur" *(Fairbairn* 1952).
Ausgangspunkt des Studiums der menschlichen Natur ist daher nicht das isolierte Ich, sondern das Ich in einem Beziehungsnetz, das von jedem Individuum gebildet wird und in das es von Geburt an eingewoben ist. Das Ich als isoliertes Ich ist eine Fiktion. Ich bildet sich in der Spiegelung und Auseinandersetzung mit den für seine Entwicklung wichtigen Bezugspersonen. Ebenso wie es sich selbst nur über das Erleben als ein Beziehungswesen als Ich begreifen lernt, kann es auch nur von außen, von einem Dritten aus seinen Beziehungen zu anderen verstanden werden.
Auf die Ausgangssituation der menschlichen Entwicklung bezogen steht in der Theorie der Objektbeziehungen – im Sinne von *Winnicotts* bekanntem Wort, daß es „kein Baby gibt, sondern nur ein Baby mit Mutter" – nicht das Ich (der Ich-Kern) des Kleinkindes, sondern das Kleinkind in seiner Beziehung zur primären Bezugsperson im Mittelpunkt der Aufmerksamkeit. Das Ich im Bezogensein auf das Nicht-Ich, in Abhängigkeit von einer fördernden oder hemmenden Umwelt ist das zentrale Thema. Das Bedürfnis nach Herstellung und Aufrechterhaltung einer jeweils optimalen Art der Beziehung zu entwicklungswichtigen Bezugspersonen ist stärkster Antrieb des Individu-

ums. Innerpsychische Bilder dieser entwicklungswichtigen Bezugspersonen („Objekte") sind wesentliche Bausteine, aus denen der „Stoff" der psychischen Ich-Struktur zusammengesetzt ist.

Das Streben des Kleinkindes zur primären Bezugsperson, die Qualität der Mutter-Kind-„Objekt"beziehung bestimmen die allgemeine Entwicklung der Triebstruktur, ebenso wie die Art und Weise, wie das Kind bestimmte Körperzonen erlebt, besetzt und manipuliert. Die entscheidenden Entwicklungsvorgänge sind nicht als eine Abfolge von Spannungszuständen angeborener oraler, analer und genitaler Triebe zu sehen, sondern als eine Aufeinanderfolge verschiedenartiger Formen von Beziehung, von infantilen bis hin zu reifen Formen des Bezogenseins des Ichs auf für seinen Reifungsprozeß wichtige Bezugspersonen.

Kern der Arbeit mit frühgestörten Patienten ist die laufende Beschäftigung mit Bezugspersonen des Analysanden, die von ihm als Folge von Störungen der frühen Ichbildung in affektgeladenen Situationen durch aus dem Unbewußten einschießende Ängste, Illusionen und Haßaffekte verfremdet wahrgenommen werden. Im Fokus der klinischen Aufmerksamkeit stehen die Beziehungen des Analysanden zu „Objekten" im Innen ebenso wie im Außen, phantasiert/imaginiert/durch Projektionen verzerrt oder realitätsgerecht wahrgenommen.

Ziel einer − über den Weg eines tiefen Regressionsprozesses des Analysanden − in den Entstehensgrund der Störung vorstoßenden Psychoanalyse ist die Aufhebung der Verzerrung der Wahrnehmung. Die (Wieder-)Herstellung der Beziehungsfähigkeit des Analysanden, die Ermöglichung eines Bezogenseins als eines Subjekts zu anderen Subjekten; zur „spontanen, schöpferischen Führung des Lebens einer ganzheitlich gereiften Person in optimalen menschlichen Beziehungen zu anderen Personen" *(Guntrip* 1968).

Das „Vokabular der Psychoanalyse" von *Laplanche* und *Pontalis* faßt den Kern der Theorie der Objektbeziehungen und die Tragweite des von ihr neu gewählten Bezugspunktes in folgender Weise zusammen: „Die Schaffung des Begriffs der Objektbeziehung führte zu einem Wechsel der Perspektive auf klinischem, technischem und genetischem Gebiet ... Der Ausdruck ‚Objektbeziehung' findet sich gelegentlich bei *Freud* ... aber man darf sicher behaupten, daß er nicht zu seinem begrifflichen Apparat gehört" *(Laplanche, Pontalis* 1967).

Soweit der Überblick über die Theorie der Objektbeziehungen, der den Hintergrund abgibt für die nun folgende Darstellung der Fairbairnschen Strukturtheorie.

Eine Einführung in die ursprünglich in Großbritannien entwickelte Theorie der Objektbeziehungen *Fairbairns* u.a., die in der Fachliteratur des öfteren als sogenannte Britische Schule der Psychoanalyse bezeichnet worden ist *(Kernberg* 1967), findet sich im Anhang dieser Arbeit; im übrigen muß auf die Originär-Literatur verwiesen werden, z.B. *Fairbairn* (1952), *Guntrip* (1971), *Sutherland* (1980). Ein umfassender, hervorragend fundierter Überblick über „Object relations in psychoanalytic theory", über die verschiedenen Objektbeziehungstheorien von *Kernberg, Kohut, Balint, Winnicott* sowie *Fairbairn* und *Guntrip* u.a. findet sich bei *Greenberg* und *Mitchell* (1983). Eine Zusammenstellung von Aufsätzen britischer Psychoanalytiker − von denen viele der Objektbeziehungstheorie *Fairbairns* nahestehen − wurde 1986 von *Kohon* herausgegeben. Abgesehen von einem Beitrag des Herausgebers zur Geschichte der Psychoanalyse in Großbritannien handelt es sich jedoch fast ausschließlich um Nachdrucke bereits veröffentlichter Arbeiten aus den Jahren 1958−1985.

Wie bereits gesagt, ist vom Gesichtspunkt eines nach einem brauchbaren Theoriemodell verlangenden Praktikers der Behandlung von Frühstörungen die aus der Theorie der Objektbeziehungen erwachsene Strukturtheorie *Fairbairns* von hohem behandlungspraktischem Wert. Beim gegenwärtigen Stand der Forschung gibt sie in optimaler Weise einen Ariadnefaden an die Hand, um aus einer zunächst chaotisch anmutenden Wirrnis psychodynamischer Phänomene den Ausweg zu finden und im schwer durchschaubaren Übereinander von Borderlinesymptomatik und Neurose die kompliziert chiffrierten Äußerungsformen des Patienten in einfühlbare Mitteilungen umzusetzen und zu entschlüsseln. Dabei versteht es sich von selbst, daß bei einem Versuch, eine neue Theorie vorzulegen, die Arbeiten der Pioniere der Behandlung von Frühstörungen, wie *Klein* und *Fairbairn,* mit Hilfe des reichhaltigen klinischen Erfahrungsmaterials der nachfolgenden Forschergeneration angereichert ebenso wie berichtigt werden müssen.

Was beinhaltet diese Strukturtheorie, die bei *Fairbairn* an die Stelle des ES/Ich/ÜberIch-Modells der klassischen Metapsychologie tritt?

Die Strukturtheorie Fairbairns
Diese Theorie postuliert *drei psychodynamische Subsysteme (TeilIche) des GesamtIchs, die auch in der Normalentwicklung vorhanden sind, die aber im Fall des Frühgestörten miteinander in einem permanenten innerpsychischen Bürgerkrieg liegen, der dem Betreffenden unbewußt ständig einen hohen Anteil der verfügbaren libidinösen und aggressiven Energie entzieht.*

Das ZentralIch und das Idealobjekt
Das ist zunächst das *ZentralIch* in fester innerer Verbindung mit einem *Idealobjekt,* das im optimalen Fall der Normalentwicklung identisch ist mit dem Bild der vorwiegend guten Mutter (bzw. dessen späteren Weiterentwicklungen, im Sinne vorwiegend entwicklungsfördernder Mutter- cum Vaterimagines).

Im Fall gestörter Entwicklung und besonders im *Fall eines unterhalb des Niveaus der Neurose verborgen bleibenden Borderline-Syndroms, wie es im Zentrum der Aufmerksamkeit dieser Arbeit steht,* ist das *ZentralIch weitgehend identisch mit dem NotIch,* dem strukturell defekt gebliebenen Ich, das auf dem brüchigen Grund des ungelösten Ambivalenzkonflikts errichtet worden ist. Dieses Ich ist ein Geschäftsführer-Ich, das im Gegensatz zu dem Ich des Psychose-Kranken normalerweise − d.h. solange es nicht in bestimmter Weise gefordert wird − in der Lage ist, die Geschäfte des Alltags zufriedenstellend, häufig sogar mit überdurchschnittlichen Anpassungsleistungen, z.B. beruflichem Erfolg, zu bewältigen. Es ist dieses Ich, das die verschiedenen Formen der Neurose entwickelt und mit Hilfe der von *Anna*

Freud (1936) erstmalig systematisch dargestellten Abwehrmechanismen, insbesondere mittels Verdrängung, versucht, die aus einer Tiefenschicht andrängenden Impulse und Ängste im Unbewußten zu halten.

Was geschieht nun in existentiellen Grenzsituationen, wenn das Ich unter starke affektive Belastung gerät, schwere Kränkungen oder Einbrüche des Selbstwertgefühls erlebt, wenn es sich in bestimmten Du-oder Gruppensituationen als „Persönlichkeit" gefordert und damit überfordert fühlt?

Dann bricht aus Gründen, auf die bereits hingewiesen worden ist, *das ZentralIch in bestimmten Bereichen des Erlebens und Wahrnehmens zusammen* und seine Verdrängungsdecke zerbröckelt. Der Defekt in der Ichbildung der Frühstörung tritt zutage und das bisher in der Bewältigung normaler Alltagsgeschäfte steuerungsfähige (Zentral-)Ich erweist sich weitgehend als Fiktion.

Während Teile des ZentralIchs den Ablauf der normalen Alltagsroutine weiterhin notdürftig aufrechterhalten, werden andere Bereiche des ZentralIchs überschwemmt von bisher im Dämmerlicht ihrer Abspaltung unentwickelt-primitiv gebliebenen Ichteilen mit konträren Affektinhalten, die mit großer Durchschlagsgewalt, jeweils mit einem Alleinvertretungsanspruch im Namen des GesamtIchs zu sprechen, auf den Plan treten.

Es sind dies die Teile des GesamtIchs, in denen der ungelöst gebliebene Ambivalenzkonflikt im Erwachsenen weiterlebt, in denen bestimmte, aus der Ich-Integration der ersten Lebensjahre ausgeschlossen gebliebene Gefühls- und Wahrnehmungsinhalte sich zu TeilIchen verfestigt, „materialisiert" haben und seitdem im Unbewußten des Erwachsenen die Sehnsüchte des Kleinkindes von damals ebenso wie die Haßausbrüche und Angstüberschwemmungen stets neu reproduzieren.

Welches sind die zwei anderen TeilIche, von denen gewisse Sektoren des ZentralIchs besetzt werden, wenn die Verdrängungsbarriere des ZentralIchs durchlöchert wird und teilweise zusammenbricht?

Das libidinöse KindIch und das erregende Objekt

Das erste dieser beiden TeilIche ist das *libidinöse KindIch, in festem Verbund mit dem erregenden Objekt.* Dies ist der Teil des GesamtIchs, in dem sich die Sehnsuchtskomponente des ungelöst gebliebenen Zwiespalts der Ambivalenzkrise in Form einer innerpsychischen Struktur verdichtet, „materialisiert" hat. Es ist das Ich in einer scheinbar unausrottbaren Suche nach der guten Brust, nach der nichts als guten Mutter-Fee, mitsamt aller späteren Abkömmlinge und Ersatzfiguren, hinter denen der Erwachsene dann später das eigentliche Wunschziel gar nicht mehr erkennen kann. Das Ich in seiner Sehnsucht nach dem — aufgrund von Gedächtnisspuren an selige symbiotische Verschmelzungserlebnisse – dunkel erinnerten ozeanischen Gefühl, das *Freud* in einem Brief an *Romain Rolland* angab, nie gekannt zu haben, obwohl er diese Behauptung später revidierte.

„Ich denke wie ein Erwachsener. Mit Gefühlen ist das anders. Da bin ich kein erwachsener Mann. Da ziehts mich irgendwohin. Eine zehrende Sehnsucht nach etwas, was ich eigentlich gar nicht beschreiben kann. So etwas wie eine Insel der Seligen, ewiger Frühling, Menschen, die immer lächeln, Palmen, die sich im Winde wiegen,"

so charakterisiert ein sehr nüchterner, voll im Berufsleben integrierter Patient, mit nachträglich starker Verwunderung über sich selbst, die Erlebnisweise dieses TeilIchs.

Immer latent spürbar, tritt dieses TeilIch in gewissen Regressionsphasen psychoanalytischer Behandlung oft unvermischt und von Abwehr ungebremst in Erscheinung und überschüttet den Therapeuten mit Durchbrüchen verzehrender, nimmersatter Gier und zerstörerisch fressender Bedürftigkeit. Dann kommt die Sehnsucht des Sich-eins-fühlen-Wollens mit den bewunderten allmächtigen Elternfiguren *Kohuts* klar heraus, der Verschmelzungswunsch mit einer alles verstehenden, immer nur spendenden Mutterimago oder mit der Kraft und Weltmächtigkeit eines starken Vaters, ohne die Mühsal eigener Lernprozesse und ohne die Plage eigene Konfliktlösungen und eigenes Sichdurchsetzen auf sich nehmen zu müssen.

Durch kein Scheitern an der Realität korrigierbar, lebt dieses TeilIch immer wieder die gleichen Anspruchs- und Erwartungshaltungen aus, wobei das Muster der Wiederholung solcher Haltungen aus der Zeit des Ambivalenzkonflikts nur für den kundigen Beobachter, nicht aber für den Betreffenden selbst durchschaubar ist.

Aber das libidinöse KindIch verkörpert nicht nur gefährliche Formen von Sehnsuchts-Besessenheit, wie die Mutter-Süchtigkeit des Alkoholikers oder des Drogenabhängigen. Gleichzeitig ist in ihm auch ein Drang zur Reifung, zu Neubeginn, zur Ablösung aus erstarrten Formen persönlicher Existenz enthalten, die Sehnsucht nach einem volleren, spontaneren Leben eines Ichs, das sich der Welt stellen möchte und ihr gewachsen ist.

Das Antilibidinöse Ich und das zurückweisende Objekt
Das dritte TeilIch, das in seiner Spezifität oft erst in späteren Phasen einer Psychoanalyse klarer erkennbar wird, ist das *Antilibidinöse Ich,* in festem innerpsychischem Verbund mit einem *zurückweisenden Objekt.*

Dieses TeilIch ist die zweite unter der Decke des ZentralIchs jederzeit sprungbereite Hinterlassenschaft aus der Zeit des ungelöst gebliebenen Ambivalenzkonflikts. Da es genauso wenig wie das libidinöse KindIch mit dem Hauptteil seines Energiequantums in den alchemistischen Verwandlungsprozeß der Ichbildung (in den ersten Lebensjahren des Kleinkindes) einbezogen worden und in ihm aufgegangen ist, lebt es ebenso wie das libidinöse KindIch in der Innenwelt des Erwachsenen als ein unassimilierter, abgespaltener Fremdkörper weiter und hat ebenfalls die Tendenz, in Krisensituationen das ZentralIch zu überschwemmen und dessen Position an sich zu reißen.

Von seiner affektiven Valenz her gesehen ist es — in totalem Gegensatz zum libidinösen KindIch — als Niederschlag aller traumatischen Erfahrungen, die das Kleinkind an einer zurückweisenden und enttäuschenden, zur Hexe verzerrten Mutterfigur gemacht hat, hoch mit aggressiver Energie geladen.

Melanie Klein hat als erste in der Geschichte der Psychoanalyse auf den Entstehungshintergrund dieser bereits vor der Ichbildung des dritten Lebensjahres beobachtbaren, von *Fairbairn* dann als Antilibidinöses Ich bezeichneten, Substruktur des GesamtIchs hingewiesen *(Segal 1964)*. Nicht selten aufgrund des von *Klein* vorgelegten Erfahrungsmaterials haben zahlreiche andere Forscher sich mit diesem, oft als Vorläufer eines sadistischen ÜberIchs bezeichneten, Subsystem des GesamtIchs befaßt. Sie haben herausgearbeitet, wie das kleine Kind — in Vorwegnahme des bei dem reiferen Ich einer späteren Entwicklungsphase als Identifikation mit dem Angreifer bezeichneten Abwehrmechanismus — den Haß gegen eine enttäuschende Mutter in Form sadistischer, archaischer Selbstbestrafungsinstanzen *(Lampl-De-Grot* 1963) gegen sich selbst und insbesondere gegen Lebensäußerungen des libidinösen KindIchs wendet und wenden muß.

Denn für das Kind ist es in seinen ersten Lebensjahren — im Bann von in ihrer Erlebnisintensität kaum beschreibbaren Ängsten sowie Glückgefühlen — eine Frage schieren Überlebens, wie es im Fall einer durch übermäßige Frustrierung gestörten Entwicklung mit dem sich anstauenden Haß und der Enttäuschungswut fertig zu werden lernt. Das Kind merkt sehr bald, daß es infolge seines Angewiesenseins auf die Mutter, sich jedesmal in entsetzliche Ängste des Ausgelöschtwerdens stürzt, wenn es den Haß in voller Wucht gegen die Person der Mutter richtet. Um sich nicht immer wieder den Schrecken dieser Ängste auszusetzen, spurt es einen gefährlichen Mechanismus ein: statt gegen die Mutter, richtet es den Haß gegen sich selbst. Gleichzeitig lernt es, in reflexhaft-automatischer Weise alle jene Wünsche und Bedürfnisse auszublenden, welche die Frustrierungen durch eine zurückweisende Mutter ausgelöst haben.

Schon *Ferenczi* hat in der Sprache der klassischen Metapsychologie auf die frühe Entwicklung einer „Persönlichkeitsform, die nur aus Es und Über-

Ich besteht" hingewiesen. Und *Cremerius* (1977) hat in seiner Arbeit über „ÜberIchstörungen und ihre Therapie" wertvolles Fallmaterial über einen neuartigen Patiententyp vorgelegt, der sich unter exzessiven Leistungsdruck stellt, der zu immer neu wiederholten Selbstanklagen neigt, bei dem in Träumen Prüfungs- und Examenssituationen eine übermäßige Rolle spielen, in dessen Genese der Haß der Liebe vorangegangen zu sein scheint und für den im Behandlungsverlauf der Analyse oft das „Scheitern am Erfolg" typisch ist. Die Schilderung von Symptomatik und Behandlungsverlauf solcher — vordergründig oft schizoid-zwanghaft wirkender — Patienten ist sehr ähnlich, häufig fast deckungsgleich mit Forschungsresultaten der Britischen Schule. Aber was die Wahl eines strukturtheoretischen Begriffsrahmens angeht, erscheint es in der Sichtweise der Theorie der Objektbeziehungen irreführend und den Kern des Problems verfehlend, hier Begriffe der klassischen Metapsychologie wie ÜberIch, Es oder auch Identifikation mit dem Angreifer zu verwenden.

Denn diese Konzepte unterstellen das Vorhandensein eines zur Konfliktbewältigung fähigen Ichs, dessen Fehlen bzw. dessen unzureichende Bildung eben gerade die eigentliche Not des Frühgestörten ausmacht. Der Begriff ÜberIch geht von der Vorstellung einer hierarchisch gegliederten Struktur aus, die im Fall des Borderline-Syndroms nicht vorhanden, zumindest völlig ungenügend ist. Das Antilibidinöse Ich wird vom frühgestörten Patienten nicht als eine übergeordnete Instanz erlebt. Die Durchbrüche beider abgespalteten TeilIche, mal des einen (des libidinösen KindIchs) und mal des anderen (des Antilibidinösen Ichs), sind charakterisiert durch ein Nebeneinander, nicht durch ein Über- bzw. Untereinander.

Vom Blickwinkel der Theorie der Objektbeziehungen her gesehen ist das Antilibidinöse Ich schon vor der Ausbildung des ZentralIchs vorhanden und ist — wie bereits erwähnt — die in der Psyche des Kindes zu einer Struktur „verstofflichte" Summe all jener Verhaltensweisen, Aufträge und Beziehungsmodi, die das Kleinkind von seiner Mutter übernommen hat, um auch im Fall erheblicher Frustrierung das eigene Überleben zu sichern. Im Gegensatz zu einer positiv verlaufenden Reifung, bei der das Kleinkind in einem allmählichen, phasenadäquat verlaufenden Assimilierungsprozeß vorwiegend entwicklungsförderliche Eltern-Leitbilder inkorporiert, besteht im Fall der Frühstörung der Kern des Antilibidinösen Ichs aus einem Konglomerat entwicklungsfeindlicher, durch primitiv gebliebene Affekte verzerrter, falscher Muster reifen Erwachsenenverhaltens.

Zusammenfassend und gleichzeitig stark vereinfachend gesagt: Das libidinöse KindIch verkörpert vorwiegend die zu einem TeilIch verdichtete Summe der unbefriedigt gebliebenen Sehnsüchte und libidinösen Urbedürfnisse des Kleinkindes. Demgegenüber vertritt das Antilibidinöse Ich im Unbewußten vorwiegend Zerr- und Extremformen von Erwachsenenverhalten. Insbesondere in der Form von grausam-strengen Verboten und Strafandrohungen, bis hin zu wahren Schreckensbildern einer unerbittlich verfolgenden Kali oder eines unbarmherzig vernichtenden Dschingis Khan. Konfrontiert mit diesen zu einem Ichteil verdichteten Phantasiefiguren des Antilibidinösen Ichs gibt es für das ZentralIch nur zwei Möglichkeiten: sich angsterfüllt von ihnen abzuwenden oder aber (in Kompromiß- und Teilformen) mit ihnen zu verschmelzen, um aus der panischen Angst vor ihnen herauszukommen.

Was die Wirkungsweise des Antilibidinösen Ichs im Mit- und Gegeneinander mit dem libidinösen KindIch angeht, so haben Fairbairn und insbesondere *Guntrip* (1968) die innerpsychische Bürgerkriegssituation betont, die zwischen diesen beiden TeilIchen vorherrscht, das Kind im Bann konträrer Affektstürme hält und ihm zu wenig Chancen zur Nachreifung in einem ruhigen, freundlicheren Klima der Entwicklung läßt.

Sobald das libidinöse KindIch unbefriedigt gebliebene Bedürfnisse geltend zu machen versucht und in primitiven Rohformen des Sichäußerns infantile Sehnsüchte herauszulassen wagt, tritt in reflexhaft-automatischer Weise das Antilibidinöse Ich auf den Plan. In grausam sadistischer Manier verfolgt es jede Regung des libidinösen KindIchs, um nur ja nicht wieder jene noch dunkel erinnerten Todesängste heraufzubeschwören, in die das Kleinkind in der Frühzeit seiner Entwicklung, eben gerade durch die Äußerung solcher Bedürfnisse, immer wieder geraten ist.

In diesem Zusammenhang (in das Antilibidinöse Ich inkorporierter grausam verfolgender Zerr- und Pseudoformen von Erwachsenenverhalten) gehören dann später beim Erwachsenen das bereits erwähnte Tabu der Zärtlichkeit, die Verfolgung jeden Anscheins von Schwäche, Weichheit und Bedürftigkeit. Ebenso wie das Ausklammern des ganzen Erlebnisbereichs einer vorwiegend guten Mutter-Kindbeziehung, oder — in der Gegenbesetzung — die jede Art von Abhängigkeit verleugnende Überbetonung der Autarkie und Allmacht des Individuums.

Im Verlauf der psychoanalytischen Behandlung einer Frühstörung wird das Antilibidinöse Ich des Patienten in späten Phasen oft zu dem das psychodynamische Geschehen beherrschenden Faktor und als Hauptwiderstand des Heilungsprozesses erst dann in seiner Spezifität deutlich erkennbar. *Sigmund Freud* hatte bereits auf die Besonderheit einer bestimmten Art von Widerstand, gerade im Fall von Besserung und Gesundung des Patienten, unter dem Stichwort des Scheiterns am Erfolg (*Rohde-Dachser* 1979) und der Negativen Therapeutischen Reaktion *(Grunert* 1979) aufmerksam gemacht.

Für manche psychoanalytischen Praktiker ist es dieser Widerstand, die Zähigkeit und das unbewußte Raffinement, mit welcher der Analysand, in einer oft über lange Zeiträume ausgedehnten Serie von Zermürbungsschlachten mit seinem Analytiker, immer wieder denselben Reifungsschritt verweigert, an welchem der Begriff Antilibidinöses Ich plötzlich Leben gewinnt, aus dem Nebel der Theorie heraustritt und zu einem klarer umrissenen Faktor der Behandlungspraxis wird. „Was ich mir von einer Seite her als Erfolg anrechne, wird von einer anderen Seite in mir als Verbrechen gewertet. Zu sehen, wie etwas schleichend und andauernd wie ein Psychokrebs gegen mich arbeitet, ist schlimm. Wenn man dann immer schwankt zwischen Wut und Depression", so die diesen Zusammenhang erhellende Äußerung eines Analysanden in einer Spätphase seiner Analyse.

Nicht selten in einem Gleichschritt von wachsender Erfahrung im Umgang mit dem Patienten und vertiefter Eigenanalyse wird es für den Analytiker einleuchtend und für den Fortschritt der Behandlung förderlich, den Widerstandskampf und die Abwehrschlachten des Patienten mit Hilfe eines Verstehensmodells erlebnismäßig in den Griff zu bekommen, wie es die Theorie der Objektbeziehungen bietet. Nicht anonyme Triebe und deren Konflikte bestimmen das Geschehen, sondern aus einem GesamtIch abgespaltene TeilIche, die seit der Zeit der Frühstörung, mit eigener Energie geladen, im Unbewußten des Erwachsenen sich immer wieder mit den gleichen Objekten vermischen und in ewiger Wiederholung eine Ambivalenzkrise reproduzieren, an der das Kind damals gescheitert ist.

Das ZentralIch in Interaktion mit den beiden anderen Subsystemen des GesamtIchs. Mischformen des libidinösen und des Antilibidinösen Ichs untereinander und mit dem ZentralIch.

Es versteht sich, daß die hier dargestellten drei Subsysteme des GesamtIchs niemals in reiner Form auftreten, sondern nur in einer kaum überschaubaren Fülle individueller Varianten Gestalt annehmen und im Alltagsgeschehen untereinander die verschiedenartigsten Misch- und Kompromißformen eingehen, die dazu noch einem *raschen dialektischen Wechsel* unterworfen sind.

Was diesen dialektischen Wechsel angeht, so haben *Kernberg* ebenso wie andere Autoren — jeder im Rahmen seines eigenen Begriffssystems — auf die oft abrupten und schwer verständlichen Stimmungsumschwünge ihrer Patienten von einer infantilen Extremposition zu einer konträr entgegengesetzten anderen hingewiesen. Derartige extreme Wechsel lassen sich gar nicht selten im Verlauf einer einzigen Behandlungsstunde beobachten. Etwa wie im Falle einer Patientin in einer Phase tiefer Regression, die zu Stundenbeginn in leicht gekünstelter Pseudomutter-Manier Besorgnis über das kränkliche Aussehen ihres Analytikers äußert, um kurz darauf in die Rolle eines vertrauensvoll zu einer allesverstehenden Mutterimago aufschauenden Kleinkindes zurückzutauchen. Minuten später stürzt dann die gleiche Patientin – durch eine kleine, vom Analytiker erst nach Beendigung der Stunde wahrgenommene Verstehenslücke tief enttäuscht, verunsichert und narzißtisch gekränkt – in einen wahren Abgrund infantiler Verzweiflung und Ohnmacht. Nur um im weiteren Verlauf der Stunde sich selbst in die Rolle eines Verfolgers aufzuschwingen und den Analytiker zum Unverstehendsten aller Therapeuten und zur eigentlichen Ursache ihres, anscheinend durch keine bloße Gesprächskur jemals heilbaren Leidens werden zu lassen. Dies alles geäußert im Ton und mit der Gebärde eines allein ihr zustehenden, totalen Verfügungsrechts über die Person des Analytikers und ohne die geringste Neigung, die Widersprüchlichkeit und die Unvereinbarkeiten im eigenen Wahrnehmen und Verhalten zu bemerken oder sich gar etwa reflektierend davon absetzen zu können.

Was mögliche *Misch- und Kompromißformen der zwei in Abspaltung gehaltenen Subsysteme des GesamtIchs* betrifft, so hat – um dafür ein Beispiel zu geben – *Kohut* bekanntlich seine eigene Strukturtheorie eines Konglomerats von vertikal und horizontal gespaltenen TeilIch/Selbsten im Verbund mit Entsprechungsobjekten (von *Kohut* Selbstobjekte genannt) auf zwei Grundkonzepte gegründet. Einerseits nach dem Motto „Ich bin vollkommen", das Grandiose Selbst (GrößenSelbst). Andererseits nach dem Motto „Du bist vollkommen, aber ich bin ein Teil von Dir", die Idealisierung einer bewunderten Elternimago durch das im Erwachsenen lebende KindIch und die Aufrichtung innerer Bilder dieser idealisierten Elternimago.

In der Sicht der Theorie der Objektbeziehungen ist das *Grandiose Selbst* nur ein, wenn auch wichtiges Beispiel für eine große Zahl möglicher individueller Varianten von Mischformen, welche die drei psychodynamischen Grundstrukturen miteinander eingehen können. Aus diesem Blickwinkel ist das Grandiose Selbst vorwiegend eine Mischform zwischen Antilibidinösem und libidinösem Ich, bei der das erstere vorherrscht. Die mit dem Ausagieren von Gefühlen eigener Grandiosität untrennbar verbundene, oft subtil versteckte Entwertung anderer und der darin verborgene Haß ergeben, als ein Gesamt gesehen, eine genaue Entsprechung zu dem, was in der Theorie der Objektbeziehungen als Antilibidinöses Ich bezeichnet wird. Das Grandiose Selbst ist, ebenso wie das Antilibidinöse Ich, eine

Zerr- und Pseudoform von Erwachsensensein. Und diese Pseudoform von Erwachsensein mischt sich mit dem Angewiesensein des libidinösen Kind-Ichs auf bewundernden Glanz im Auge von Mutter/Vater, wie ihn jede tiefergehende Analyse solcher Frühstörung unweigerlich freilegt.

Hinsichtlich seiner Genese ist das Grandiose Ich/Selbst zweifellos — im Vergleich zu anderen Frühstörungen aus der Zeit der Ambivalenzkrise — das Produkt einer etwas vorangeschritteneren Entwicklung. Es bedarf einer gewissen Ichfestigkeit, um die unbewußte Anspruchshaltung eines „Hier komm ich"-Narzißmus und eines permanenten Anrechts auf Sonderbe-handlung, die solche Patienten häufig kennzeichnet, überhaupt vertreten zu können.

Aber *Kernberg* (1975) hat in seiner Auseinandersetzung mit *Kohut* über-zeugend dargelegt, daß die Struktur des Grandiosen Selbst genetisch aus dem gleichen Boden gestörter Entwicklung erwächst wie andere Formen des Borderline-Syndroms, bei denen Angst, Aggression oder Sehnsucht nach einer idealisierten Elternimago im Vordergrund stehen.

Während in der überwiegenden Mehrheit dieser Fälle im Unbewußten des Borderliners der Zwiespalt und das Hin- und Hergerissensein aus der Zeit der Ambivalenzkrise noch deutlich erkennbar ist (Drang zum Ichsein contra Unfähigkeit Ich sein zu können, Angst, Haß, Sehnsucht nach der Mutter etc.), ist in der narzißtischen Persönlichkeitsstörung dieser Zwie-spalt nicht mehr so klar akzentuiert. Das Gewicht liegt hier mehr auf dem Ich-Sein-Wollen, Ich-Sein-Müssen. Jedoch — weil aus dem gleichen Boden eines im Kern ungelöst gebliebenen Ambivalenzkonflikts gewachsen — trägt dieses Ich-Sein-Müssen alle Züge eines zwanghaften Agierens, eines Besonderheitsanspruchs-Krampfes, der stets fragmentierungsgefährdet ist und zu seiner Aufrechterhaltung laufend narzißtischer Zufuhren der Bestä-tigung von außen bedarf.

Im übrigen ist sich m.E. eine Mehrheit von Praktikern der Arbeit mit Frühstörungen darin einig, daß der Typ des von der eigenen Grandiosität beherrschten Patienten, im Gesamt der frühgestörten, aber durchaus be-handelbaren Analysanden nur eine kleine Minderheit ausmacht und kei-neswegs die Prominenz besitzt, die ihr *Kohut* mit seinem Klientel von Pa-tienten aus vorwiegend gehobenen Chicagoer Einkommensschichten, zu-geschrieben hat.

Wie bereits betont, sind das libidinöse und antilibidinöse TeilIch lediglich abstrakte Begriffe, die aus der Zeit des Kleinkindes im Unbewußten des Er-wachsenen weiterhin wirksame Grundstrukturen bezeichnen sollen, deren Inhalte sich aber von Situation zu Situation, ebenso wie im Fortschritt der

Entwicklung, ständig wandeln. Trotz dieses raschen Wechsels der jeweils vorwiegenden Erscheinungsformen der TeilIche, ihrer ständigen Wandlungen und Neukombinationen, bin ich — im Gegensatz zu *Kernberg* (1976) — der Auffassung, daß es in der Praxis der psychoanalytischen Behandlung von Frühstörungen förderlich und hilfreich ist, sich immer wieder am Schema der drei von der Theorie der Objektbeziehungen herausgearbeiteten Grundstrukturen neu orientieren zu können.

Eine wichtige, in Grenzbereiche einer psychodynamischen „Dämonologie" führende Frage, welche die den TeilIchen eingebaute Verschmelzungstendenz mit bestimmten Entsprechungsobjekten betrifft, kann hier nur am Rande erwähnt werden: Wieweit verfügen die Entsprechungsobjekte über eigene, dem jeweiligen TeilIch entliehene Energie und stellen damit in Krisensituationen das ZentralIch in seinem Behauptungskampf vor zusätzlich erschwerende Belastungen *(Ogden* 1983)?

In welcher psychodynamischen Interaktion steht das *ZentralIch* des Frühgestörten mit den beiden anderen Subsystemen des GesamtIchs?

Das ZentralIch des Frühgestörten ist, wie bereits erwähnt, ein zu wenig durchstrukturiertes Konglomerat von Ichteilen, von denen einige entwicklungsmäßig differenziertere, reifere ZentralIchteile darstellen, andere aber noch den archaisch-unentwickelt gebliebenen TeilIchen der abgespaltenen Subsysteme ähnlich oder wesensgleich sind. Infolge dieser ungenügenden innerpsychischen Assimilierungs-„Verdauungs"arbeit des ZentralIchs bleibt es in jedem Fall Pseudo-Ich, Ersatz-Ich, weil es nicht über das verfügt, durch was es charakterisiert sein müßte: eine elastische Festigkeit der Grundstruktur, als Basis für ein auch über Krisen hinweg tragendes Selbstwertgefühl des sich in seiner Haut Wohlfühlens.

Das in Normalsituationen arbeits- und aktionsfähige Zentral/Ich des Frühgestörten ist ständig in Gefahr, im Fall seelischer Krisen, bei Zusammenbrüchen des überaus störanfälligen Regulationssystems des Selbstwertgefühls, von den zwei abgespaltenen Subsystemen überschwemmt und ausgelöscht zu werden. Die (im Sinne des Triebbegriffs der klassischen Metapsychologie) „blinden" TeilIche brechen ungebremst mit der archaischen Affektivität eines Kleinkindes in das ZentralIch des Erwachsenen ein, mit der Tendenz, neben sich alle anderen Strukturen auszuradieren. Von der Energieökonomie her gesehen, verstärken sie den relativen Anteil der im ZentralIch undifferenziert gebliebenen Ichanteile und beschwören damit die für das ZentralIch, z.B. in Krisen leichter Depersonalisation, durchaus spürbare Gefahr herauf, ganz und gar überwältigt und aus seiner Funktion herausgeworfen zu werden.

Um der unbewußt permanent gefürchteten Gefahr einer Ausbreitung des, bisher nur auf Randzonen des Erlebens beschränkten, „psychotischen" Agierens entgegenzuwirken und eine außer Kontrolle geratende psychotische Fragmentierung zu verhindern, verstärkt das (Rest-)ZentralIch seine Spaltungs- und Verschmelzungstendenzen. Es intensiviert seine Vereinigungsstrebungen mit emotional entweder positiv oder negativ geladenen Phantasieobjekten, an denen es Selbstwertgefühl neu aufbauen, bzw. noch vorhandene Restidentität wieder festigen möchte. Noch stärker als bisher glorifiziert es auf der einen Seite, verteufelt es auf der anderen. Aus der Verschmelzung mit Idealisierungsobjekten, mit „Führer"- und „Guru"figuren, sucht es Kraft zu tanken, ebenso wie aus der Hexenjagd auf Sündenbockfiguren und Randgruppen, in die es magische, Verfolgung oder sogar Auslöschung rechtfertigende Attribute des Bösen hineinprojiziert. Haßdurchbrüche dienen dabei oft als ein besonders probates Mittel, eigene Angst und peinigende Gefühle von Schwäche und Unzulänglichkeit im Abreagieren an einem (in ein Außen projiziertes) Feindobjekt zum Schweigen zu bringen.*

An dieser Stelle wird deutlich, daß – obwohl alle Forscher der Borderline-Persönlichkeitsorganisation eine relativ stabile Trieb- und Abwehrstruktur zuschreiben – die Klassifizierung dieser Patientengruppe als Grenzfälle (Borderlines) zwischen Neurose und Psychose nicht ohne Grund gewählt worden ist. Aus der Sicht der Theorie der Objektbeziehun-

---

* Die jüngste deutsche Vergangenheit hat deutlich gemacht, wie in Zeiten gesellschaftlicher Krise und des Zusammenbruchs tradierter soziokultureller Organisationsformen massenpsychische Kollektivregressionen in primitiv-archaische Spaltungsprozesse auftreten, in denen sich die hier geschilderten persönlichen Krisen einer bestimmten Personengruppe in unheilvoller Weise verstärken, addieren und summieren.

Für diese Kollektivregressionen der jüngsten Vergangenheit, deren Wiederholung nach den gleichen massenpsychologischen Mechanismen (aber mit ganz anderer Art von Ideologisierung) jederzeit denkbar ist, hat die klassische Metapsychologie bisher keinerlei überzeugende Erklärungshilfen anbieten können.

Es verdient hier wenigstens am Rande der Erwähnung, daß möglicherweise mit Hilfe der neuen, von der Theorie der Objektbeziehungen vorgelegten Denkmodelle ein verstehensmäßiger Zugang nicht nur zur therapeutischen Gruppe (Heising 1982), sondern darüber hinaus zur Psychologie der Gruppe ganz allgemein gefunden werden könnte. Von hier aus könnten die Phänomene kollektiver Regression in modernen Massenbewegungen, wie z.B. dem deutschen Nationalsozialismus, erschlossen werden, bei denen eine kleine, um eine Führerfigur gescharte Machtclique mittels Perfektionierung von Propaganda und Terror Spaltungsmechanismen („Arier" contra „Jude") forciert, bis am Ende der Borderline-Typ des Menschen nicht mehr länger als pathologische Randfigur erscheint, sondern sich zur höchsten Form menschlicher Existenz hochstilisiert.

gen sind manche Aspekte dieser seelischen Störung nur einzufühlen mit Hilfe eines Erklärungsmodells für bestimmte Formen der Schizophrenie, bei denen ein ZentralIch kaum vorhanden ist und TeilIche auf bestimmte Auslösereize hin mit reflexhaft-automatisch einsetzenden Schaltvorgängen einander ablösen und den Platz eines ZentralIchs, sozusagen ohne Legitimation, usurpieren möchten *(Searles* 1965).

Oft werden die für diese Borderline-Patienten typischen (Zentral-)Ichzusammenbrüche und Depersonalisationskrisen, bei denen die Betroffenen von panischer Angst überschwemmt oder von brennender Scham verzehrt werden, später von diesen wie ein psychotischer Einbruch geschildert. Wenn solche Affekte mit starker Intensität ausagiert werden, Ichgrenzen in der Hitze der Erregung wegschmelzen und der Patient eine bestimmte Bezugsperson wie ein Teil von sich selbst, als ihm selbst zugehörig erlebt, hat das durchaus nicht selten die Anmutung des Einbruchs einer Mini-Psychose. Einer *Mini-Psychose,* die indessen auf klar erkennbare Auslösereize hin auftritt, auf bestimmte Bereiche eingegrenzt ist und die umkehrbar ist und keineswegs Vorläufer oder Einleitungsphase eines psychotischen Totalzusammenbruchs ist.

Werden die gesunden Anteile des ZentralIchs beim Einbruch der anderen Ichteile zeitweilig auf kleinstem Raum zusammengedrängt, so wirkt der Betreffende ebenfalls nicht selten, in seinem scheinbar totalen Besetztsein durch Ich-fremde Impulse, im spezifischen Sinn des Wortes wie ein Grenzfall. Der Satz: Angst fressen Seele auf, gilt nicht nur für die Angst, sondern ebenso für die Überschwemmung durch Haß und Anfälle von Sehnsucht-Süchtigkeit. „Immer bin ich nur ein NichtsAls. Nur Angst. Dann wieder nur Haß. Immer nur das eine oder das andere. Da stimmt doch etwas nicht. Da muß doch auch etwas dazwischen sein." So die treffende Äußerung eines Patienten, der bisher ein — im psychiatrischen Sinne des Wortes — unauffälliges Leben der „Starre", „wie fremdgesteuert", „mir fremd" gelebt hatte und das jetzt bewußt zu machen begann.

Um abschließend auf Rolle und Funktion des ZentralIchs zurückzukommen: *Das ZentralIch ist die wahre Angststätte, das eigentliche Schlachtfeld, auf dem das ungelöst gebliebene Sehnsuchts/Angst/Haßdilemma des Frühgestörten ausgetragen wird.* Es ist in steter Unruhe, den mühsam genug hergestellten Kompromiß zwischen reiferen und primitiv gebliebenen Ichteilen, der in Normalsituationen durchaus tragfähig ist, gegen Gefahren abzusichern und sich vor einer Wiederholung von Extremsituationen der Urangst und des Urschmerzes zu bewahren, die es aus der Zeit der Ambivalenzkrise noch in dunkler Erinnerung hat.

Ein beträchtliches Energiequantum des ZentralIchs ist daher ständig darin gebunden, im Alltagsleben und insbesondere in den Beziehungen zu Mitmenschen bestimmte Situationen und Auslösereize zu vermeiden, welche die auf der Lauer liegenden abgespaltenen TeilIche auf den Plan bringen und virulent machen könnten. Vom Schweregrad der Frühstörung und den daraus resultierenden Defekten des ZentralIchs hängt es dann ab, wie umfassend der Bereich bestimmter Auslösereize sein wird, den das ZentralIch im Interesse seiner Selbsterhaltung unter ein Tabu der Vermeidung stellt.

Ganz allgemein gesagt, werden solche Auslösereize zu suchen sein in potentiell affektgeladenen Situationen des Du oder des Miteinander in einer Gruppe, in denen die Sehnsuchtsstürme, Angstqualen und Haßausbrüche des mit der Mutter noch eng verbundenen Kleinkindes wieder durchbrechen könnten. Hier ist, um das vorwegzunehmen, der Hintergrund zu suchen für die heute so weitverbreitete, tiefsitzende Angst des Mannes vor der Frau, vor dem Weiblichen ganz allgemein und vor dem Weiblich-Mütterlichen im besonderen. Diese unbewußte Angst des Mannes vor der Frau, die sich zu einer Angst vor der „Frau Welt" ausweiten kann, liegt bei vielen modernen Männern unterhalb einer abgespaltenen, rein auf das KörperIch beschränkten Sexlust und Orgasmusgier. Sie wird vor allem ausgelöst durch „Geist"-Frauen, die noch ihrer Instinktseite nahe sind, die das Kind im Mann durchschauen und bloßes Rollenspiel eines Pseudo-Erwachsenen transparent machen können.

Soweit die Darstellung der Strukturtheorie *Fairbairns,* die meiner Erfahrung nach für die Behandlung frühgestörter Patienten von hohem klinischem Wert ist und die im übrigen auch als Verstehens-Schlüssel den in den folgenden Kapiteln geschilderten Erfahrungen aus der Langzeitarbeit mit frühgestört-neurotischen Analysanden zu Grunde gelegen hat.

Die Konzepte der neuen Behandlungsstrategie

In späteren Kapiteln wird von der psychoanalytischen Behandlungsstrategie für jene Kategorie von Frühstörungen, die den eigentlichen Interessenschwerpunkt dieser Arbeit darstellt, im einzelnen die Rede sein. Darum müssen an dieser Stelle einige Stichworte genügen, die wesentlichen Punkte des Umgangs mit Analysanden zu umreißen, bei denen über dem Kellergeschoß eines ungelöst gebliebenen Ambivalenzkonflikts mit defekter Ichbildung im Laufe der Entwicklung in mehreren Stockwerken ein neurotisches Ich aufgerichtet worden ist.

Die radikale Härte der am Modell der Schizophrenie orientierten Diagnose dieser Art von Grenzfällen: Spaltung in Ichteile mit eingebauter Tendenz zur Verschmelzung mit idealisierten oder abgewerteten Projektionsfiguren in Krisensituationen, impliziert bei Nicht-Psychotikern mit einem hohen Maß an gesund gebliebenen Ichanteilen im Grunde eine optimistische therapeutische Zielsetzung und wird von solchen Patienten als Herausforderung erlebt. Hier steht neben dem Begriff Spaltung sogleich der Gegenbegriff der Aufhebung von Spaltung. Projektive Verzerrung des Welterlebens löst automatisch das Bestreben nach unverzerrter Erfassung der Wirklichkeit des Seins aus. Ebenso wie Entfremdung vom Wahren Selbst das Ziel der Aufhebung von Entfremdung aufruft.

Etwas konkreter gesagt heißt das, die Strategie der Arbeit mit solchen Analysanden ist auf das *Behandlungsziel* ausgerichtet, *dem ZentralIch einen größtmöglichen Anteil des an die TeilIche verlorenen Handlungs-Spielraums zurückzugewinnen, ein Maximum des in ihnen fixierten Quantums an libidinöser und aggressiver Energie aus der Spaltung loszureißen und dem ZentralIch verfügbar zu machen.* Diese Losreißung abgespaltener Strukturen und der in ihnen enthaltenen Energien und ihre Inbesitznahme und Einverleibung durch das ZentralIch (Kernbergs Metabolisierung früher Objektbeziehungen, *Kohuts* umwandelnde Internalisierung, Bions digestion) gewährleistet allein eine „Umstrukturierung", einen Prozeß echter „psycho-alchemistischer Wandlung".

Unabdingbare Voraussetzung des Versuchs, auf dieses Ziel hin einen bestmöglichen Behandlungserfolg zu erreichen, ist die im Zusammenspiel zwischen Analysand und Analytiker — und häufig an der Person des letzteren — sich allmählich herausbildende Neuinszenierung des frühkindlichen Dramas *(Miller* 1981): das Nacherleben der Schreckenszeit der Ambivalenzkrise, an der das Kleinkind in den ersten Lebensjahren gescheitert ist und die Aufdeckung der jeweils ganz individuellen Formen der Übereinanderschichtung und des dialektischen Zusammenspiels der drei TeilIche unter- und gegeneinander. „Worauf es wirklich ankommt, ist die Hilfe, die der Patient bekommt, um sich aus komplizierten, erstarrten, bedrückenden Beziehungen zu seinen Liebes- und Haßobjekten zu befreien ... und einfachere, weniger bedrückende Formen einzuleiten" *(Balint* 1968).

Für diesen Prozeß der Befreiung über den Weg einer Neuinszenierung seines frühkindlichen Dramas benötigt der Analysand einen Gesprächspartner, mit dem und an dem er ein seinerzeit verfehltes Stück Ichbildung nachvollziehen kann. Dies aber bedeutet, so befremdend, ja absurd es zunächst klingen mag: der Analytiker, gleich welcherlei Geschlechts, muß seinem Analysanden „optimale emotionale Verfügbarkeit", d.h. die des Lie-

bens fähige, dauerhafte Zuwendung einer vorwiegend guten Mutter geben
können, deren für das Kind wahrhaft lebenswichtige Bedeutung *Mahler* in
ihrer Darstellung der psychischen Entwicklung des Kleinkindes unter-
strichen hat.

Während viele der über die Heilkraft der Objektbeziehungen schreiben-
den psychoanalytischen Autoren an diesem kritischen Punkt in ihren For-
mulierungen in sehr charakteristischer Weise zu unterkühlt-distanzierter
Abstraktheit Zuflucht nehmen, schreibt *Guntrip* in mutiger Schlichtheit:
„Was wir in der Therapie tun, ist der Versuch die natürlichen Prozesse des
Mutter-Kind-Verhaltens nachzuvollziehen ... Es ist die Mutter-Kindbeziehung, die uns die Grundregeln lehrt, an denen wir uns in der therapeutischen Arbeit ausrichten" *(Guntrip 1968)*.

Was damit — in einer permanenten Gratwanderung zwischen den Ab-
gründen des Lostretens einer Lawine von Affekten auf der Seite des Analysanden und der Befriedigung unbewußt bleibender Bedürfnisse auf Seiten
des Analytikers — gemeint ist, erläutert *Guntrip* (1968) wie folgt:

> „Was für den Patienten wirklich wichtig ist ... ist, ob der Therapeut als ein wirkliches
> menschliches Wesen echt über die Fähigkeit verfügt, ihn zu schätzen, sich um ihn zu
> sorgen, ihn zu verstehen, kurz gesagt, ihn als eine Person aus eigenem Recht wahrzu-
> nehmen und mit ihm umzugehen. ... Diese uneigennützige persönliche ‚Liebe' (Aga-
> pe, nicht Eros) ist die wahre elterliche Liebe".*

Auf den Alltag psychoanalytischer Behandlungspraxis bezogen heißt das,
zu jedem Zeitpunkt der Zusammenarbeit und über alle Belastungen der gemeinsamen Beziehung hinweg ein schwieriges Gleichgewicht zu halten.
Einerseits den frühgestörten Analysanden jederzeit die innere Haltung des
Analytikers als die einer in jeder Krise verläßlichen, vorwiegend guten Mutter spüren zu lassen. Im übrigen aber den Projektionsschirm Analytiker für
die Bedürfnisse des Patienten nach projektiver Verzerrung der Wahrnehmung seiner Bezugspersonen, sowohl in Richtung Idealisierung wie Abwertung, in größtmöglichem Ausmaß spiegelblank zu halten.

---

* Zum Thema der Übertragungsbeziehung Arzt-Patient schrieb *Freud* 1917 über den
  Heilungsvorgang und den dabei zu überwindenden Widerstand des Patienten: „Den
  Ausschlag in diesem Kampfe gibt dann nicht seine intellektuelle Einsicht — die ist we-
  der stark noch frei genug für solche Leistung — sondern einzig sein Verhältnis zum
  Arzt. Soweit seine Übertragung von positivem Vorzeichen ist, bekleidet sie den Arzt
  mit Autorität, setzt sie sich in Glauben an seine Mitteilungen und Auffassungen um.
  Ohne solche Übertragung, oder wenn sie negativ ist, würde er den Arzt und dessen
  Argumente nicht einmal zu Gehör kommen lassen. *Der Glaube wiederholt dabei seine
  eigene Entstehungsgeschichte; er ist ein Abkömmling der Liebe und hat zuerst der Argumente nicht bedurft"* (Hervorhebung v.M.).

Es erübrigt sich fast zu sagen, daß es dabei um eine bestimmte geistig-seelische Präsenz des Analytikers geht, nicht etwa um äußere Formen der Bekundung von Zuneigung. In manchen Fällen bedarf es daher nur geringfügiger Abwandlung der erprobten äußeren Formen und Techniken psychoanalytischer Behandlung. Jedoch muß der Analytiker jederzeit angstfrei zu einer Verschiebung bestimmter Parameter der Zusammenarbeit — mit der unbeirrbar festgehaltenen Maxime eines „soviel wie nötig, wo wenig wie möglich" als Richtschnur — fähig sein, wenn es die Situation seines Analysanden erforderlich macht.

Nur im Klima einer dauerhaft als tragfähig empfundenen, liebesfähigen Zuwendung des Analytikers wird der Analysand, wenn überhaupt, in der Lage sein, bestimmte „heiße" (mittels panischer Angstanfälle vermiedene) Erinnerungsspuren aufzugreifen, in Abgründe verfehlter Entwicklungsansätze hinabzusteigen und allmählich das ganze Ausmaß seiner inneren Not, seines Verlassenseins und seiner Gespaltenheit freizugeben.

Einstiegsstelle für eine solche Zusammenarbeit — die nicht nur dem Analysanden sondern auch dem Analytiker ungewöhnlichen Einsatz abverlangt — werden dabei die Grenzpunkte sein, an denen *Sigmund Freud* zu seiner Zeit eine Felsgrund-Grenze analytischer Behandlungsfähigkeit angenommen hatte. Manche Patienten geben, kaum daß sie das als rettendes Ufer erlebte Behandlungssetting nur oberflächlich auf seine Belastbarkeit getestet haben, Wünsche nach Passivität und Abhängigkeit, Sehnsüchte nach einer nichts als guten Mutterimago unverhüllt frei. Andere Patienten sind zu einem späteren Zeitpunkt der Behandlung oft nur allzu froh, andressierte Cowboyattitüden und künstliche hochstilisierte Machohaltungen fallen lassen zu können, um abgespaltene und bisher als weiblich abgewertete Bedürfnisse herauslassen zu können. Hier ist fast immer die Angst vor passiver Homosexualität ein charakteristischer Einstiegspunkt.

Was die Behandlungsstrategie angeht, so liegen die Vorstellungen der Britischen Theorie der Objektbeziehungen, im Vergleich z.B. zu den von *Kernberg* und *Kohut* vorgeschlagenen Behandlungstechniken, auf einer mittleren Linie zwischen beiden. Die Theorie der Objektbeziehungen geht nicht wie *Kernberg* von dem Postulat *Melanie Kleins* und der Anhänger der Theorie eines angeborenen Aggressions-Triebs aus, die Psychopathologie des Borderline-Syndroms primär aus einem Übermaß an aggressiven Triebimpulsen (des 8. bis 36. Lebensmonats) abzuleiten. Sie räumt demgegenüber der Restitution eines defekten Ichs im Zuge der Idealisierung des Analytiker-Objekts, ebenso wie *Kohut,* breiten Raum ein.

Auf der anderen Seite vertritt sie die Auffassung, daß *Kohut* generell dem Faktor Aggression und der Abwertung von Bezugspersonen nicht den ihr, sowohl in der Normalentwicklung wie in pathologischen Zuständen, gebührenden Raum zugemessen hat. Obwohl *Kohut* (1973) sehr eindrucksvoll über narzißtische Wut geschrieben hat, wird aus seinen Falldarstellungen nicht recht deutlich, daß er dieser Enttäuschungswut seiner Patienten in starkem Maße ausgesetzt gewesen ist. Hierher gehört auch, daß in den von ihm beschriebenen Behandlungsverläufen der nicht nur von *Kernberg,* sondern auch von vielen anderen Praktikern beobachtete rasche Wandel von Idealisierung zu Abwertung eine relativ geringe Rolle spielt. Vielsagend erscheint in diesem Zusammenhang das Fehlen von Schilderungen aggressiver Druchbrüche von Analysanden in der Phase nach einem Neubeginn: Dann nämlich, wenn allmählich eine feindosierte Klimaveränderung des analytischen Settings von einer Mutter- hin zu einer Vaterpräsenz des Analytikers stattfindet, auf die der Analysand mit Aggression reagieren muß, wenn er nicht die eigene Ichstärkung und Fähigkeit zum Alleingang aufs Spiel setzen will.

Die Psychoanalyse „mit menschlichem Antlitz" —
als Hilfsmittel der Ich/Selbstfindung in optimalen Objektbeziehungen

In Anlehnung an das berühmte Schlagwort des Prager Frühlings von 1968, der ein Versuch war, erstarrte Ideologien und verkrustete Machtstrukturen in einer Stimmung des Aufbruchs zu neuen Ufern wieder in Fluß zu bringen, hat man gelegentlich die moderne Psychoanalyse der Frühstörung als *Psychoanalyse „mit menschlichem Antlitz"* bezeichnet.

So polemisch überzogen die in einer solchen Bezeichnung enthaltene Kritik an der traditionellen Psychoanalyse sicherlich ist, so gibt es doch eine Reihe von Gründen, die sie verständlich machen. Der Versuch vieler Vertreter der klassischen Metapsychologie, die Psychodynamik der „neuen" Patienten mit Hilfe des tradierten Begriffssystem zu erfassen und in dieses einzubeziehen, hatte zu einer Überdehnung und Sinnverkehrung zahlreicher, in ihrem Sinngehalt einigermaßen festliegender und akzeptierter theoretischer Grundkonzepte geführt. Als ein Beispiel für viele kann hier der Begriff der Regression dienen, der bisher allgemein als eine gefürchtete Form von Widerstand und als ein schwer angehbarer Abwehrmechanismus (wie etwa die Verdrängung oder die Reaktionsbildung) definiert worden war. Jetzt aber, seines bisherigen gefährlichen und schädlichen Aspekts völlig entkleidet, als unerläßliche Voraussetzung für die Tiefenanalyse frühgestörter Patienten verstanden werden sollte.

In ihrem Bemühen, neue Erfahrungsbereiche mit Hilfe alter Termini zu begreifen, für deren Erfassung sie nicht erdacht worden waren, wurde die

Sprache der Psychoanalyse ständig artifizieller und intellektuell-abstrakter. Im Gegensatz zur Lucidität und relativ leichten Verständlichkeit zahlreicher Arbeiten *Freuds,* tendierte die Lektüre vieler Werke seiner Schüler mehr und mehr dahin, zu einem Reservat von Fachwissenschaftlern für Fachwissenschaftler zu werden. Im gleichen Zug wurde sie allzuoft zu einer Tortur für interessierte, aber fachlich nicht vorgebildete Leser, die hinter der selbstgefälligen Artistik abstrakter Begrifflichkeit an manchen Stellen kaum noch den lebendigen Bezug zur Not und zum persönlichen Schicksal eines dem Autor-Analytiker anvertrauten Patienten-Menschen spüren konnten. Allzuviele Beiträge in Fachzeitschriften boten wahre Exzesse eines Fachchinesisch, in dessen Falldarstellungen der frühgestörte Patient sich nicht mehr zu erkennen vermochte und in denen der psychoanalytische Praktiker keinerlei Hilfestellung für ein vertieftes Verstehen seiner Patienten fand.

Ohne Zweifel hat die Überdehnung und Überforderung des traditionellen Begriffssystems nach dem Motto neuer Wein in alte Schläuche, nicht wenig zu einem — im Zuge der Medizinalisierung und Verschulung — ohnehin bereits eingetretenen gefährlichen Maß an Intellektualisierung der Psychoanalyse in Lehre und Ausbildung beigetragen, der den Rückgang ihres soziokulturellen Gewichts mitverursacht hat.

In letzter Zeit hat sich indessen die Situation gewandelt und es besteht heute ein weitgehender Konsens über die Notwendigkeit, das Faktum *zweier Bereiche der Arbeit an verschiedenen Schichten und auf verschiedenen Ebenen gestörter psychischer Entwicklung, mit jeweils eigener diagnostischer und therapeutischer Theoriebildung und Begriffssprache,* anzuerkennen. Auf dem 29. Kongreß der Internationalen Psychoanalytischen Vereinigung (IPV) machte das 1975 der französische Psychoanalytiker *André Green* in einem vielbeachteten Meinungsaustausch mit dem „Klassiker" *Leo Rangell* in aller Klarheit deutlich:

„Für neurotische Patienten braucht man keine neuen Modelle. Aber in dem weiten Feld der in etwas summarischer Weise Borderline-Fälle genannten Patienten, welche die Grenze der Analysierbarkeit auf eine äußerste Probe stellen, reichen die *Freud*schen Modelle nicht aus. Da brauchen wir neue Konzepte und neue Modelle."

Für die deutsche Psychoanalytiker-Szene hat *Cremerius* auf die Tatsache zweier in der psychoanalytischen Behandlungs- und Ausbildungspraxis koexistierender Behandlungsstrategien und Denkmodelle („paternistische Vernunfttherapie" und „mütterliche Liebestherapie") hingewiesen. Gleichzeitig hat er die Notwendigkeit betont, im Zuge der laufend erweiterten Erfahrung in wechselseitiger Toleranz die beiderseitigen Standpunkte zu verdeutlichen und ein für beide Seiten fruchtbares Gespräch offen zu halten *(Cremerius* 1979; *Fürstenau, Argelander, Loch* 1977).

Was die faktische Situation angeht, so scheint die Atmosphäre der Ausbildungsarbeit an einer Mehrheit der deutschen Akademien, die der Weiterbildung von Psychoanalytiker-Nachwuchs dienen, gegenwärtig durch eine mitunter recht mühsam aufrechterhaltene Koexistenz und eine Toleranz mehr aus äußerem Zwang denn aus Überzeugung gekennzeichnet.

Was daher not tut, nachdem die Theorie der Objektbeziehungen sich gegen starke Widerstände durchgesetzt hat, ist die beiden Richtungen miteinander zu verbinden und sie mit der Mutter-Kind-Zweieinheit als Basis und unter Einbau des unter dem Blickwinkel der Trieb-Entwicklungsstadien gewonnenen Erfahrungsschatzes ebenso wie der Abwehrmechanismen und der Hauptneurosenstrukturen des (Zentral-)Ichs in einen gemeinsamen Denk- und Vorstellungsrahmen einzubinden.

Für derartige Bestrebungen gibt es in der Psychoanalyse z.Zt. nur einige wenige Ansätze, z.B. die der *Kohut*-Schüler *Gedo* und *Goldberg* (1973), die den Versuch machen, verschiedene Theoriemodelle und Behandlungsstrategien als für verschiedene aufeinanderfolgende Entwicklungsschichten gültig in einen *hierarchisch gestuften Bezugsrahmen* einzuordnen. Aber *Greenberg* und *Mitchell* (1983) haben in ihrer bereits erwähnten Studie über „Objektbeziehungen in der psychoanalytischen Theorie" die großen Schwierigkeiten deutlich gemacht, die sich zum gegenwärtigen Zeitpunkt noch der Bemühung entgegenstellen, die klassische Metapsychologie und die Theorie der Objektbeziehungen mit ihren voneinander abweichenden Ansatzpunkten in einen gemeinsamen Bezugsrahmen einzubeziehen.

Otto F. Kernberg war der erste amerikanische Psychoanalytiker, der sich mit den Arbeiten *Fairbairns* auseinandersetzte, der wesentliche Elemente von dessen theoretischem Neuansatz in die eigene Konzeptualisierung einbezog und der sein eigenes Werk ausdrücklich als eine Objektbeziehungstheorie kennzeichnete. Er unterzog diesen Begriff jedoch einer Neudefinition und bemühte sich darum, — im Gegensatz zu *Fairbairn* und *Guntrip* — die Objektbeziehungstheorie nicht als eine Alternative zur klassischen Trieb- und Strukturtheorie zu verstehen, sondern die neuen Konzepte *Fairbairns* mit der z.Zt. in der psychoanalytischen Bewegung vorherrschenden Schulrichtung der (auf der klassischen Metapsychologie aufbauenden) amerikanischen Ich-Psychologie *Heinz Hartmanns* zu verschmelzen. Aber sein Versuch, die Theorie der Objektbeziehungen *Fairbairns* mit Hilfe eines großen Aufwands an Forschungsresultaten aus der Neurophysiologie, der Psychophysiologie des Affektes, der

Lerntheorie und aus der Verhaltensforschung mit der Triebtheorie zu amalgamieren und in dieser aufgehen zu lassen, ist auf entschiedene Ablehnung gestoßen.

Dabei ist *Kernbergs* Verdienst unbestritten, die Schule *Fairbairns* aus dem Abseits eines Häresieverdachts, in das viele psychoanalytische Forscher sie längere Zeit hindurch zu stellen versucht hatten, herausgeholt und in den Hauptstrom der Theoriebildung einbezogen zu haben. Aber nach Ansicht von Vertretern der Britischen Theorie der Objektbeziehungen würde das gedankliche Konstrukt einer Amalgamierung dieser Theorie mit der klassischen Triebtheorie einer Verfälschung des eigentlichen Kerns des Beitrags *Fairbairns* und seiner Schule zur Geschichte der Psychoanalyse gleichkommen. Von diesem Blickwinkel her gesehen haben die amerikanischen Psychoanalytiker *Klein* und *Tribich* (1981) überzeugend dargelegt, daß die Zurückweisung der Triebtheorie, als für die Behandlung von Frühstörungen ungeeignet, Ausgangspunkt und Achse der theoretischen und behandlungspraktischen Vorstellungen der „Britischen Schule" darstellt. Sie weisen darauf hin, daß *Kernberg* in seinem Bemühen, Brücken zwischen verschiedenen Schulrichtungen zu schlagen und eine diesem Ziel dienende Neuinterpretation der Grundkonzepte *Fairbairns* vorzunehmen, sinnverfälschende Verkürzungen von Textstellen *Fairbairns* vorgelegt habe, die den Leser nur verwundern könnten.

Aus der Sicht der Theorie der Objektbeziehungen, wie sie auch hier vertreten wird, wäre es unzulässig, bei dem Versuch frische, umfassende Theoriekonzepte zu entwickeln, die Essenz der neugewonnenen Einsichten und die Bedeutung der frühesten Objektbeziehung und das Gewicht des Faktors der Qualität der Mutter-Kindbeziehung wieder preiszugeben und den Abstraktionskünsten praxisferner Theoriebildung zum Opfer fallen zu lassen.

In diesem Zusammenhang bedarf der Erwähnung, daß *Kernberg* sich bisher an keiner Stelle seines Werkes — und hier in fundamentalem Gegensatz zu den Autoren der Britischen Schule, insbesondere *Winnicotts* — klar zu der Frage der Bedeutung der Mutter für das Kleinkind, der Notwendigkeit eines optimalen Bezogenseins der Mutter auf das Kind, d.h. zum qualitativen, gefühlhaften Aspekt der Urbeziehung, geäußert hat.

Als *Kernbergs* Täuschung, als *Kernbergs* Irrtum (fallacy) bezeichnen *Klein* und *Tribich* es, daß er den Begriff Objekt bei *Freud* und der klassischen Metapsychologie unkritisch und unreflektiert in seine eigene Theorie der Objektbeziehungen übernommen hat, ohne dabei der fundamental wichtigen Tatsache Rechnung zu tragen, daß dieser Begriff in der Theorie der Objektbeziehungen eine viel ganzheitlichere (holistische), die gefühlhafte Seite der Mutter-Kind-Beziehung einbeziehende Neuauslegung und Gewichtung bekommen hat.

An diesem Punkt wird ein Dilemma deutlich, das für die Forschung und Lehre ebenso wie für die Praxis der Ausbildungsarbeit der gesamten Psychoanalyse z.Zt. charakteristisch scheint. Zwar besteht unter Psychoanalytikern inzwischen weitgehendes Einverständnis darüber, daß die Subjektivität der Erfahrung im seelischen Austausch des Ich/Selbst mit primären Bezugspersonen – mit dem Selbstwertgefühl als Regulator und Meßinstrument – das eigentliche Anliegen der psychodynamischen Forschung ist. In einer veränderten historischen Konstellation hat man sich heute von der Wissenschaftsgläubigkeit der Forscher aus der Zeit des Wiens der Jahrhundertwende weit entfernt, die bestrebt waren, durch Angleichung an Theorie und Methodik der Naturwissenschaft die Psychoanalyse aus einer Außenseiterposition in den Adelsstand eines allgemein akzeptierten Zweiges der (Natur)-Wissenschaft zu erheben.

Trotzdem hängt dieses Erbe nach und es wirkt sich aus in der Schwierigkeit vieler Vertreter der Psychoanalyse, bestimmten qualitativen Grundelementen psychodynamischer Forschung, wie der Notwendigkeit liebender Zuwendung der Mutter zu ihrem Kind als Grundbedingung seelischer Reifung, auch in der Theoriebildung in geeigneter Weise das Gewicht und den emotionalen Stellenwert zu geben, den sie hat, ob man will oder nicht. Diese Grundelemente sind nicht meßbar, nicht wägbar und auch nicht durch Wiederholungsexperimente überprüfbar. Darüber hinaus entziehen sie sich, nach dem Gesetz der Unschärferelation, in vertrackter, oft quälender Weise dem Zugriff rationalen Denkens, je schärfer und präziser dieses sie zu erfassen versucht. Sie verweigern sich dem Allmachtsanspruch eines allein an den Prinzipien der Naturwissenschaft orientierten Begriffs von Wissenschaftlichkeit, von Wiss- und Erfahrbarkeit.

Ungeachtet aller sich hier ergebenden Schwierigkeiten erscheint es heute aber dringend erforderlich, diese Grundelemente in einer nach Inhalt wie Form adäquaten Weise als Fundament in das Theoriegebäude einer neuen Psychoanalyse einzubauen, wenn man die Innenwelt der Menschen unserer Zeit erfassen und die eigentlichen Hintergründe ihrer Ängste, Sehnsüchte und Haßdurchbrüche verstehen will.

An diesem Punkt stellt sich die Frage, ob nicht hier an diesen Schwierigkeiten der Theoriebildung, über den Einzelfall hinaus, etwas deutlich wird, was man sicher in nicht allzu ferner Zeit als einen auch in weiten Bereichen der Psychoanalyse wirksamen Vorgang kollektiver Verdrängung kennzeichnen wird.

Warum hat die Theorie der Psychoanalyse so lange Zeit benötigt, um der Bedeutung der Qualität der frühesten Objektbeziehung den Stellenwert einzuräumen, der ihr heute im Alltag der Behandlungspraxis ebenso wie in der Ausbildungsarbeit ganz selbstverständlich gegeben wird? Warum tut sich auch der zeitgenössische psychoanalytische Forscher immer noch so schwer, das ganze Ausmaß der neuen Einsichten für den Bereich der Theorie fruchtbar zu machen, von denen der Praktiker in der täglichen Behandlungsarbeit längst weiß?

Wird hier nicht eine Spaltung zwischen Trieb und Intellekt, zwischen denkendem und fühlendem Bewußtsein erkennbar, die einer Bewußtmachung und Aufhebung bedarf? Es scheint, als könnte es in diesem Zusammenhang für die Zukunft nützlich sein, der Erforschung eines neuen Abwehrmechanismus des modernen Menschen, nämlich der Intellektualisierung als einer Sonderform von Rationalisierung, besondere Aufmerksamkeit zuzuwenden. Als Beispiel für diese Art von Abwehr kann hier vielleicht das Auftreten einer nicht seltenen Form von Widerstand in der Arbeit mit fortgeschrittenen Lehranalysanden von Nutzen sein. Wenn der Analysand in kritischen Phasen seiner Analyse, statt sich mutig in „heiße", noch unerschlossene Gefühlsbereiche der Scham und der Angst fallen zu lassen, plötzlich zu zwanghaftem Denken und Abstraktion seine Zuflucht nimmt und beginnt, über ähnliche, an eigenen Patienten erlebte Situationen zu generalisieren und zu theoretisieren.

Was das gegenwärtige wissenschaftstheoretische Problem der Konzeptualisierung eines die zwei Richtungen übergreifenden – aber ihnen beiden gleichzeitig genügend Spielraum eigener Theoriebildung lassenden – Denkmodells angeht, so ist evident, daß die neugewonnenen Einsichten und Erfahrungen eine Fülle von Einzelfragen aufwerfen, die geklärt werden müssen, wenn in Zukunft psychoanalytische Theorie der Praxis eine Hilfe sein will. Als Beispiel für die Notwendigkeit solcher Klärung kann der in der Therapie der Frühstörung gängige (etwas mechanistisch und allmächtig anmutende) Begriff der Umstrukturierung dienen.

Umstrukturierung von was, zu welchem Behandlungs„ziel"? Die Einführung neuer qualitativer und finaler Begriffe, wie vorwiegend gute Mutter, liebende Zuwendung, psychische Reife, wirft bei dem Versuch ihres Einbaus in eine neue, umfassendere Theorie der Psychoanalyse Fragen für eine in Zukunft zu führende Diskussion auf. Das gleiche gilt für eine neue Auseinandersetzung mit dem Problem der Rolle und Funktion des Analytikers als Lehrer und Erzieher, der genötigt ist, das Gold der Analyse mit dem Kupfer der Suggestion zu mischen. Wenn sie sich in ihrem Bemühen um Klärung dieser und ähnlicher Fragen weiterhin von der Dynamik der letzten Jahrzehnte ihrer Geschichte tragen läßt, könnte die Psychoanalyse vor einem Neubeginn, vor einer wichtigen Phase neuer Entfaltung stehen. Der Begriff Umstrukturierung einer bisher gespaltenen Struktur öffnet Räume der Vorstellung, die noch vor kurzem in der Psychoanalyse nicht mehr denkbar schienen. Statt mehr und mehr zu einer bloßen Hilfswissenschaft der Medizin heruntergestuft zu werden, wogegen Freud sich bis zum Ende seines Lebens mit Entschiedenheit gewandt hat *(Freud* 1937), könnte die Psychoanalyse kritisch-emanzipatorisches Potential zurückgewinnen und wie zu Beginn ihrer Geschichte zu kommenden gesellschaftlichen Entwicklungen wesentliche Beiträge liefern.

Psychoanalyse als *Orientierungshilfe für einen Reifungsweg* — ganz allgemein, nicht nur speziell für die psychische Nachentwicklung einer bestimmten Patientengruppe — wird vorstellbar. Ebenso wie Psychoanalyse als Hilfsmittel der Selbstverwirklichung, die im Sinne der Theorie der Objektbeziehungen nicht narzißtisch mißverstanden werden, sondern nur im Feld von Objektbeziehungen, als Frucht und Korrelat reifer, optimaler Objektbeziehungen Realität annehmen kann.

Im Zusammenhang dieses Kapitels für den mit der Theorie der Psychoanalyse wenig vertrauten, interessierten Leser *empfehlenswerte Literatur:*

Einen theorieorientierten Kurzüberblick über die traditionelle Psychoanalyse ebenso wie über moderne Autoren wie *Kernberg* und *Kohut* gibt *Wolfgang Mertens* in einer 1981 erschienenen Arbeit: „Psychoanalyse".

Eingehender unterrichtet über „Die Krankheitslehre der Psychoanalyse" *Wolfgang Loch* (mit Beiträgen von *Peter Kutter, Hermann Roskamp* und *Wolfgang Wesiack)*, 1977 in dritter Auflage erschienen.

Eine mehr essayistische Form der Darstellung wählt *Alice Miller* in „Das Drama des begabten Kindes und die Suche nach dem wahren Selbst" (1979) und „Du sollst nicht merken" (1981).

Wichtigste Fachzeitschriften sind die monatlich in Stuttgart erscheinende „Psyche, Zeitschrift für Psychoanalyse und ihre Anwendung", die in Göttingen herausgegebene vierteljährlich erscheinende „Zeitschrift für psychosomatische Medizin und Psychoanalyse", sowie das ebenfalls vierteljährlich herauskommende „Forum der Psychoanalyse", Berlin.

Vorwiegend der wissenschaftlichen Weiterbildung ihrer Mitglieder dienen die Deutsche Psychoanalytische Gesellschaft (DGP) und die Deutsche Psychoanalytische Vereinigung (DPV).

Die Deutsche Gesellschaft für Psychotherapie, Psychosomatik und Tiefenpsychologie (DGPPT) ist Vertreterin der berufspolitischen Interessen ihrer Mitglieder auf Bundesebene und gleichzeitig Dachverband für eine Anzahl in allen größeren Städten der Bundesrepublik Deutschland vertretenen Ausbildungsinstitute, deren Hauptaufgabe in der Ausbildung des Psychotherapeuten-Nachwuchses (Ärzte und Diplompsychologen) besteht.

Die meisten dieser Ausbildungsinstitute und -akademien verfügen über psychotherapeutische Beratungsstellen für Erwachsene ebenso wie für Kinder und Jugendliche, manche auch über Ehe-, Familien- und Lebensberatungsstellen. Bei allen diesen poliklinischen Einrichtungen können Anschriftenlisten von aufgrund von Richtlinien der DGPPT ausgebildeten Psychotherapeuten erbeten werden.

Die Angst des Psychoanalytikers vor der Regression des frühgestört-neurotischen Patienten

Die psychoanalytische Arbeit in den Tiefenschichten eines frühgestörtneurotischen Patienten, mit länger andauernden Phasen der Regression in frühkindliche Erlebnisbereiche, braucht viel Zeit. *Harry Guntrip,* der bereits erwähnte Vertreter der Britischen Theorie der Objektbeziehungen, der durch seine Veröffentlichungen viel dazu beigetragen hat, diese Schule in der angloamerikanischen Fachwelt bekannt zu machen, war mehr als 1000 Stunden hindurch Lehranalysand *Fairbairns.* Und an die Arbeit mit *Fairbairn* schloß sich eine weitere Analyse bei *Winnicott* von 150 Stunden Dauer an *(Guntrip* 1975).

Dies war eine Lehranalyse zu einer Zeit, als sich neue Theorien und neue Behandlungsmethoden noch in einem ersten Experimentierstadium befanden. Es ist natürlich keineswegs so, daß jede bis in frühkindliche Tiefenstadien gehende Psychoanalyse sich über derartige Zeiträume erstreckt. Aber in jedem Fall ist sie Langzeitarbeit, die über mehrere Jahre hinweg hohe Anforderungen an den Patienten stellt.

Analyse im Bereich der Frühstörung, die für den Analysanden oft eine erste Berührung mit den bis dahin verschlossenen Dimensionen des Unbewußten bedeutet, bringt viel Erschütterung. *Heising* (1982) schreibt in einer Einführung in die psychoanalytische Gruppentherapie sehr treffend, man werde sich „einer farbigen, kontrastreichen Objektwelt gegenübersehen, wie sie in kindlichen Phantasien, im Märchen, in der Trivialliteratur und in gewissen politischen oder religiösen Ideologien zu finden ist".

Der Vorgang einer allmählichen Entdeckung des Unbewußten kann als eine Serie sich immer mehr erweiternder Erlebnisse beschrieben werden, von denen die meisten, analog der persönlichen Erfahrung *Freuds,* zunächst überwiegend negativ besetzt sind, als böse anmuten und gefährlich und angstmachend zu sein scheinen.

Sofern der Patient in Phasen tiefer Regression kommt, erlebt er sich Beschämungen ausgesetzt, wird von paniknahen Ängsten überwältigt und gerät in den Bann kleinkindlicher Sehnsüchte und Bedürfnisse, die ihn um so stürmischer überfallen, wie er sie bisher aus einem rational ausgerichteten Alltagsdasein auszuklammern versucht hat. Er wird sich dann vielleicht wie ein hilfloses Waisenkind fühlen, in verzweifelter Suche nach Mutter- und Vaterfiguren, die ihn total versorgen und vor Ängsten schützen sollen. Oder er erlebt sich unter der Einwirkung einer Anspruchshaltung, die ohne jede Rücksicht auf andere in maßloser Weise ständig nach sofortiger Total- befriedigung verlangt.

Viele voll ins Berufsleben integrierte Patienten, die in keiner Weise psy- chosegefährdet sind, fühlen sich in Phasen der Regression wie einem magi- schen Bann unterworfen, wollen und können sich nicht vorstellen, daß ihr Analytiker die gleichen Bedürfnisse hat wie sie selbst, daß er aufs Klo geht, uriniert und defäziert oder, um ein anderes Beispiel zu wählen, mit seinem Geschlechtspartner intime Beziehungen unterhält. Ein Urlaub des Analyti- kers, obwohl lange vorher angekündigt, kann zu Affektstürmen und Ver- lustängsten führen, die nur als eine Wiederholung von Kleinkindverhalten aus der Zeit der ersten Lebensjahre einfühlbar sind.

Gefahren bei tiefen, länger andauernden Regressionsphasen des frühgestört-neurotischen Patienten

Es versteht sich von selbst, daß ein solches, intensive Affekte auslösendes Zurücktauchen in die frühkindliche Erlebniswelt Risiken und Gefahren mit sich bringt. Jeder Psychotherapeut, der es unternimmt, einen Patienten auf diesem Weg zu begleiten, trägt eine hohe Verantwortung. Vor Be- ginn einer Behandlung wird er jedesmal sorgfältig den neuen Patienten und auch sich selbst zu prüfen haben, ob er zu einer gemeinsamen Arbeit die- ser Art viele Jahre und Hunderte von Stunden hindurch fähig und willens ist.

Was den Patienten angeht, so ist zunächst das Problem der Einschätzung des Psychose-Risikos und der differentialdiagnostischen Abgrenzung des Borderline-Anteils seiner psychischen Störung von der Möglichkeit einer beginnenden Schizophrenie zu überdenken. Zu diesem Thema hat *Rohde-Dachser* (1979) aufgrund der Arbeiten *Kernbergs* und eigener Erfah- rungen eine Reihe von, die Qualität der Realitätsprüfung und der Objekt- beziehungen eines solchen Patienten betreffenden, wichtigen Kriterien vorgelegt.

Dabei ist die Frage der Belastungs- und Tragfähigkeit von neurotischen Patienten mit einem hohen Frühstörungsanteil jedoch nur eine von vielen. Was wird der Ertrag einer Langzeitanalyse sein, was können und was wer- den voraussichtlich im Endergebnis über Monate andauernde regressive

Prozesse dem Patienten bringen, wird er gekräftigt und bereichert aus der Regression wieder hochtauchen oder könnte er auch in ihr steckenbleiben? Empfiehlt sich als Methode der Wahl nicht eher eine Beschränkung auf die neurotische Störung des Patienten, eine Fokussierung der therapeutischen Aufmerksamkeit auf die neurotische Ebene und die neurotischen Äußerungsformen seines gestörten Verhaltens, d.h. die traditionelle Standardbehandlung, die regressiven Tendenzen kein günstig-gewährendes Klima der Entfaltung gibt?

Auf diese Fragen kann nur bei Abwägung des Gesamts aller für den Patienten individuell wichtigen Faktoren versucht werden, im voraus die richtigen Antworten zu finden. Was den Analytiker angeht, so wird er selbstkritisch reflektieren, ob er sich — hinausgehend über die für das psychoanalytische Standardverfahren geltende Spiegelfunktion — für geeignet hält und willens ist, während langer Zeiträume regressiver Prozesse dem Patienten das Mutter/Vater-Übergangsobjekt zu sein, das dieser für seine Nachentwicklung benötigt.

Die Angst des Psychoanalytikers vor der Regression seines Patienten . . .

Jeder Psychoanalytiker, der bei sich selbst einen solchen Prozeß erlebt und ihn bei anderen begleitet hat, weiß, daß es im Verlauf der Analyse eines solchen Patienten emotionale Stürme und Krisensituationen gibt, in die auch er hineingezogen wird, und aus denen auch er selbst am Ende keineswegs unverändert und ohne dabei Haare gelassen zu haben herauskommt.

Für Dauer der Analyse tritt er mit seinem Patienten in eine Erlebnisgemeinschaft ein, in der von ihm als ganz selbstverständlich verlangt wird, zeitweise die Funktion einer allzeit verläßlichen, verstehenden und persönlich zugewandten Mutter/Vaterperson adäquat ausfüllen zu können. Für lange Zeiträume muß er seinem Patienten als Verschmelzungsobjekt, später dann als Identifikationsmodell voll zur Verfügung stehen.

Wenn man diese Erwartungen in Rechnung stellt und die Ungewißheiten in der Abwägung von Erfolgschancen und Risiken hinzunimmt, ist es wohl verständlich, wenn der Analytiker zu Beginn einer solchen Langzeitanalyse nicht nur von freudiger Zuversicht erfüllt ist, sondern den Regressionen seines Patienten mit einem gewissen Maß von Angst entgegensieht. Reflektiert man selbstkritisch eine solche Angst, so erscheint sie als real und sie zu empfinden als berechtigt, vermutlich sogar erforderlich.

. . . und vor der Notwendigkeit eigener Regression

Im Gegensatz dazu erscheinen weniger legitim und kritischer Selbstreflexion im Sinne der unendlichen Analyse *Freuds* durchaus bedürftig andere Ängste, die in diesen Zusammenhang hinein gehören und die im folgenden einer näheren Betrachtung unterzogen werden sollen.

Jeder Affektsturm eines tiefregredierten Patienten bringt auch im Analytiker bestimmte Entsprechungsprozesse in Bewegung, rührt auch bei ihm infantile Schichten an und mobilisiert seine eigenen kindlichen Bedürfnisse und Ängste. Um die infantilen Seiten und TeilIche seines Patienten besser zu verstehen, muß der Analytiker sie zuvor zumindest annäherungsweise bei sich selbst erlebt und zugelassen haben. Ist das nicht der Fall, so wird bei ihm schnell Angst aufsteigen und er dann die Tendenz haben, die Affektwucht seines Patienten in mehr oder minder subtiler Weise abzuwürgen, noch ehe sie richtig herausgekommen ist.

Sind dem Analytiker seine eigenen infantilen Sehnsüchte nach der nichts als guten Mutter(welt), nach der goldenen Zeit, nach den Tahiti-Utopias nicht wohlvertraut, so werden bei ihm Angst und Abwehr mobilisiert werden, wenn der Patient solche Wünsche äußert oder sie gar auf seine Person hin richtet. Hat der Analytiker nie, im Fall von Enttäuschung und narzißtischer Kränkung, die Zerstörungswut eines Totschlägers oder die Eiseskälte des die Vernichtung eines anderen planenden Mörders bei sich selbst erlebt und bewußt gemacht, so wird ihn Angst besetzen, wenn der Patient von solchen Affekten überschwemmt wird.

Hat der Analytiker nie homosexuelle Wünsche, in der aktiven ebenso wie in der passiven Form, als auch bei sich selbst vorhanden erkannt, so wird er ebenfalls angsthaft darauf reagieren, wenn der Patient ihm Besorgnisse anvertraut, homosexuell zu sein. Damit wird er seinen Analysanden dann der Möglichkeit berauben, die noch unter dieser Angst vor Homosexualität liegenden, eigentlichen Bedürfnisse und Sehnsüchte nach Hingabe, nach einem sich vertrauensvoll Überlassen-Können, nach Passivität und Weiblich-Sein in die Analyse einzubringen und einem Prozeß der Bewußtmachung zu unterziehen.

Hat der Analytiker sich selbst nie offen mit den eigenen, in diese Richtung gehenden Tendenzen auseinandergesetzt, so wird er mit einer Mischung aus Faszination und Abscheu, auf jeden Fall aber auch wieder mit Angst aufnehmen, was der Patient ihm über seine sadomasochistischen Neigungen mitteilen möchte. Wiederum wird er dann nicht das angstfreie, gefühlsneutrale Gesprächsklima geben können, das der Patient benötigt, um sich weiter zu öffnen und sich in seinen Tiefen und

Untiefen, in seinen Stärken ebenso wie in seinen Schwächen kennenzulernen.

Auch heute noch ist es für den praktizierenden Psychoanalytiker schwer, einige schon in der Anfangszeit der Psychoanalyse gewonnenen theoretischen Grundkenntnisse, z.b. von der bisexuellen Natur des Menschen, nicht nur mit dem Kopf aufzunehmen, sondern auch mit Bauch und Herz mitzuvollziehen.

Zwar ist inzwischen in der Theorie die Notwendigkeit, einem Patienten mit hohem Frühstörungsanteil in Phasen der Regression das Klima einer verläßlichen tragenden Beziehung, wie zu einer vorwiegend guten Mutter, zu geben, weithin anerkannt. Doch in der Praxis löst es ohne Zweifel in einem Analytiker männlichen Geschlechts oft immer noch beträchtliche Ängste aus, sich zu einer derartigen Mutterfunktion in der Praxis ebenso wie in der Theorie zu bekennen. Die jahrhundertealte phallokratische Prägung, die automatisch einsetzende Tendenz zur Löschung des Weiblichen im männlichen Selbst gerade in Augenblicken der Krise, die permanente „faschistische Versuchung", sind noch durchaus wirksam.

Zusammenfassend gesagt: die hier illegitim genannten Ängste des Analytikers sind Ängste vor der Notwendigkeit eigener Regression, in dem Umfang und von der Art, wie sie der tiefregredierte Patient jeweils benötigt.

Nur wenn der Analytiker bei sich selbst einen Prozeß des reculer pour mieux sauter, einer tiefen Regression im Dienste des Ichs, erlebt hat, wird er offen genug und fähig sein, sich der vollen Affektambivalenz eines tiefregredierten Patienten auszusetzen.

Nur wenn aufgrund eigenen Erlebens eine solche Regression den Hauptteil ihres Schreckens verloren hat, wird der Analytiker den Impuls verspüren und die Fähigkeit haben, einem anderen in angstfreier, verstehend-freundschaftlicher Weise helfend zur Seite zu stehen.

Fehlt dem Analytiker die erforderliche Selbsterkenntnis der eigenen Schwächen und des eigenen Anteils am Allzumenschlichen und hat er zu wenig Bereitschaft, zusammen mit dem Patienten in auch ihm noch unbekannte Tiefenbereiche einzusteigen, so wird er immer eine breite Palette von Schein-Begründungen finden, regressive Prozesse seines Analysanden abzublocken, auch dort, wo sie erforderlich wären und die äußeren Voraussetzungen in bezug auf die Lebensverhältnisse des Patienten günstig sind.

Zahlreiche Varianten einer Rationalisierungs-Abwehr der eigenen Ängste bieten sich dann an. Die Grundsätze und Regeln des bisher in der Behandlung von Neurosen erprobten und innerhalb dieses Bereichs weiterhin gültigen Standardverfahrens liefern mühelos eine Fülle von Pseudo-Argumenten dafür, auch dort, wo es unbedingt erforderlich wäre, das für eine

Regression nötige Gesprächsklima zu verweigern oder sogar solche Prozesse in mehr oder minder kaschierter Weise autoritär abzublocken.

Die nicht konfrontierte Angst vor der Möglichkeit eigener Ich-Fragmentierung wird abgewürgt, indem man sie in Sorge um eine angebliche Psychose-Gefährdung des Patienten ummünzt, auch dort, wo eine solche keineswegs gegeben ist. Auch hinter dem Vorwurf, wenn man regressive Prozesse zulasse, infantilisiere man den Patienten und unterfordere ihn, kann sich leicht eine ängstliche Abwehr verbergen, sich selbst einem tiefen regressiven Prozeß zu überlassen.

Manches spricht dafür, daß es vorwiegend diese, hier illegitim genannten, Ängste gewesen sind, die bei vielen Vertretern der traditionellen Psychoanalyse den langandauernden Widerstand ausgelöst haben, im Grenzgebiet zwischen Neurose und Psychose einen eigenen Bereich neuartiger Patienten anzuerkennen und für diesen eine psychoanalytische Theorie und Behandlungsstrategie sui generis zu entwickeln.

Auch Psychoanalytiker sind seit der Institutionalisierung der Formen ihrer Zusammenarbeit in der Art und Weise ihres Zusammenwirkens, wie jede andere soziale Gruppe, den Gesetzen der Interaktion und des Machtkampfes verschiedener, teils mehr konservativ, teils mehr reformerisch oder radikal ausgerichteter Gruppen und Strömungen aus dem Gesamt der Zahl ihrer Mitglieder unterworfen. Auch in der psychoanalytischen Bewegung gibt es eine meinungsbildende und z.B. an den Ausbildungsinstituten über die Kontrolle der Zulassung zur Berufsausübung Macht besitzende Führungsschicht und oppositionell eingestellte Gruppierungen. Dabei hat der jeweils meinungsbildende Personenkreis naturgemäß eine Tendenz zum Bewahren und zum Beharren auf Überliefertem, zur Besitzstands-Wahrung und läßt sich nur notgedrungen dazu bewegen, einen Wissensstand und einen an Ausbildungsinstituten übermittelten Lehrstoff, in dem man sich eingerichtet hat und der sich lange Zeit als umfassend bewährte, als erweiterungs- und revisionsbedürftig anzuerkennen.

Aber das Problem verschärft sich dadurch, daß es sich hier nicht lediglich um einen Wissensstand, sondern um einen Erlebnisstand, um die Bereitschaft zu vertieften Eigenerlebnissen handelt. Auf diesem Hintergrund gesehen ist es sehr verständlich, daß einige unter den Vertretern einer bisher meinungsbildenden Führungsgruppe der Tendenz nachgeben, in Krisensituationen tradiertes Wissen – nach dem Motto „Friß Vogel oder stirb" – als Herrschaftswissen zu mißbrauchen, sich neuen Erfahrungen zu verschließen und auf neue Erfahrungen gegründete Revisionen der Theorie ohne angemessene und auch genügend selbstkritische Prüfung abzublocken.

Es scheint m.E. ebenfalls sehr gut begründet, in diesem viele Jahre hindurch andauernden Widerstand gegen theoretische Neuansätze innerhalb der Psychoanalyse eine wichtige Ursache für den bereits erwähnten Rückgang der relativen Bedeutung der Psychoanalyse als Behandlungsmethode und psychodynamischer Theorie zu sehen. Wie bereits gesagt gibt es, im Gegensatz zum Krankenversicherungssystem der BRD, in dem auf Grundlage der Richtlinien vom 27.1.1976 der Psychoanalyse eine Vorrangstellung garantiert ist, in den USA einen offenen Wettbewerb zwischen der Psychoanalyse und einer Fülle anderer psychotherapeutischer Behandlungsmethoden, z.B. aus dem Bereich der humanistischen und der transpersonalen Psychologie.

Begünstigt durch diesen Umstand sind die anderen Psychotherapien voll in die Lücke hineingestoßen, die zeitweilig dadurch entstanden war, daß sich die „neuen" Patienten nicht mehr von den Vertretern der traditionellen Psychoanalyse verstanden fühlten. Das gilt in besonderem Maße für die USA, aber wie erwähnt, hat sich inzwischen auch in der BRD eine bunte Psychoszene mit einer breiten Palette vielfältiger Psychotherapie-Angebote herausgebildet.

Dadurch ist — vom Standpunkt des hilfesuchenden Patienten her gesehen — die mißliche Situation entstanden, daß sich eine Vielzahl von Psychotherapeuten gemeinsam mit ihren Klienten in einem psychischen Feld tiefer regressiver Prozesse bewegen, ohne über die systematisch-gründliche Ausbildung zu verfügen, die seit der Theorie der Objektbeziehungen, seit *Kernberg* und *Kohut* die psychoanalytischen Ausbildungsinstitute heute ihrem Nachwuchs bieten.

Da wird der auf einen heißen Stuhl postierte Klient mit bohrenden Fragen traktiert, um möglichst effizient seinen lästigen Widerstand zu brechen; da wird er schnellstmöglich zum Urschrei gebracht, ohne daß es seinem Therapeuten als Resultat einer Langzeitausbildung in Fleisch und Blut übergegangen ist, daß Neurose auch einen Schutz bedeuten kann und sich der Patient nach einem Durchbruch in tiefe Erlebnisbereiche möglicherweise kränker fühlen wird als vorher. Da werden oft mit viel therapeutischem Enthusiasmus und großer Unbefangenheit seitens des Therapeuten Gruppen-Mitglieder emotional erschüttert und tief angerührt und dann, sozusagen mit offenem Bauch, wieder ihrem Alltag überlassen, ohne die Notwendigkeit zu sehen und über die notwendige Ausbildung zu verfügen, das Aufgerührte nun in einer die Genese des Klienten einbeziehenden, mühevollen Kleinarbeit durch- und aufzuarbeiten.

Auch werden hier oft Gefahren nicht genügend beachtet, die bei der Arbeit mit tiefregredierten Patienten in der Besonderheit des Therapeuten-

Klientenverhältnisses selbst liegen und die um so größer werden, in je tiefere Schichten man vorstößt. Wie weit dient die Besetzung einer Mutter-/ Vaterrolle in Beziehung zu den Infantil-Anteilen und TeilIchen des Patienten vorwiegend zur Absättigung unbewußter narzißtischer Bedürfnisse des Therapeuten? Ist sie vielleicht die Kompensation von tiefsitzenden Selbstwertzweifeln und von Ängsten, eine Elternfunktion leiblichen Kindern gegenüber nur ungenügend ausfüllen zu können oder ausgefüllt zu haben? Wie weit ist das eigentliche Motiv für die Arbeit an Tiefenschichten des Patienten ein verborgener Grandiositäts-Anspruch auf Seiten des Therapeuten? Agiert er in Wahrheit vielleicht aus dem psychischen Hintergrund eines hilflosen Helfers (*Schmidbauer* 1980), möchte er sich im Grunde die narzißtischen Glücksgefühle des Professor Higgins aus Shaws „Pygmalion" verschaffen, ein hilflos-unwissendes Mädchen auf die Höhe der eigenen Allwissenheit heraufzuziehen, oder aus dem amorphen Affekt-Rohstoff eines männlichen Patienten bildhauernd ein ihm ähnliches Geschöpf herauszuschaffen?

Der junge angehende Psychoanalytiker ist heute als Resultat einer langjährigen, handwerklich sauberen Ausbildungsarbeit, in laufender Auseinandersetzung mit Kollegen und Lehranalytikern, darauf ausgerichtet und trainiert, sich mit Gefahren dieser Art zu konfrontieren und sie bei sich selbst bewußt zu machen. Die Vertreter anderer Psychotherapierichtungen sind es meist nicht, zumindest nicht in einem vergleichbaren Umfang.

Zwar wird sicherlich gute ebenso wie schlechte therapeutische Arbeit hier wie dort geleistet, und überall gibt es außergewöhnliche, aus der Normalität herausfallende Begabungen. Aber die Qualität der Ausbildung in bezug auf Eigenanalyse und supervisionierte Behandlung erster eigener Patienten bleibt ein sehr wichtiger Faktor, gerade bei einer Arbeit auf dem Feld tiefer Regressionen, wo ungewöhnliche Chancen psychischer Nachentwicklung beträchtlichen Risiken und Gefahren gegenüberstehen.

Der Analysand im Schmelztiegel des Regressionsprozesses
Erfahrungen aus der Langzeitarbeit mit frühgestört-neurotischen Analysanden

Vorbemerkung

Als Wissensgrundlage für das folgende Kapitel eine kurze Wiederholung und Zusammenfassung der wichtigsten theoretischen Bezugspunkte:

Der frühgestört-neurotische Mensch mit seiner Störung der Ich-Bildung, mit seinem NotIch, das in vielen Fällen dahin tendiert, den Mangel an fundiertem Selbstwertgefühl mit Cowboyhaltungen zu überkompensieren, ist häufig in der Bewältigung von Alltagssituationen ein guter, oft sogar überdurchschnittlicher Funktionierer. In psychischen Ausnahmesituationen tritt aber offen zutage, daß ein großer Teil der psychischen Energie dieses Funktionierer-Menschen verdrängt oder abgespalten ist und nun in Form infantil-unreif gebliebener Affekte und Verhaltensweisen, einem Wiederholungszwang unterliegend, zum Durchbruch drängt. Ziel der psychoanalytischen Arbeit ist es, im Verlauf eines längeren Prozesses der Regression an die Entstehungsstellen des Ich-Defekts heranzukommen und die dort gebundene Energie im Nacherleben der frühkindlichen Störung auf der Erwachsenenebene herauszulösen und dem ZentralIch verfügbar zu machen.

Wenn der Psychotherapeut (TH.) im Umgang mit den Regressionsprozessen des Analysanden (A.) seiner Funktion gerecht werden und der Gefahr entgehen will, von einem chaotisch scheinenden Anprall konträrer Affekte seines A. überwältigt zu werden, muß er eine ungefähre Vorstellung davon haben, was im Verlauf der Zusammenarbeit an Projektionen auf ihn zukommt und in welches Netz von Objektbeziehungen sein A. versuchen wird, ihn einzuspinnen.

Der A. wird an der Person seines TH. das Verlangen nach einem guten Vater und, wenn er tiefer kommt, die zur Gier verdichtete Sehnsucht nach einer nichts als guten Mutter ausagieren. Er wird am TH. Enttäuschungshaß auf eine frustrierende, total böse Mutter nacherleben und die Angst des Kindes vor der destruktiven Urgewalt einer seine kleine Existenz auslöschenden Kali-Mutter.

Vertieft sich der regressive Prozeß weiter, wird der A. bestrebt sein, den TH. in eine für die Frühstörung charakteristische Art von Clinch einzubeziehen. Er tendiert dahin, mit seinem TH. in einen Verschmelzungsvorgang einzutreten, will über ihn verfügen, ihn kontrollieren, ganz so als wäre – nach Art des Erlebens aus der Zeit der Mutter-Kind-Symbiose – der TH. ein Teil des eigenen Selbst, ein Organ des A.

Der TH. muß von der Neigung eines A. zu solchen Verschmelzungsprozessen und ihren Gesetzmäßigkeiten im voraus wissen, um nicht von ihnen überrascht und – gefährlicher noch – als ein unbewußter Mitspieler in sie einbezogen zu werden.

Was ist es nun, was sich da verschränkt und zu verschmelzen sucht? Es ist nicht das Ich als Ganzes, sondern nur ein unbewußt gebliebenes TeilIch des A., das mit einem entsprechenden TeilIch einer anderen Person eine Verschmelzung eingehen möchte und dabei mit charakteristischen Schwerpunkten des Erlebens die volle Affektwucht aus jener Frühzeit der

Mutter-Kindbeziehung ausagiert, in der die Störung des A. ihren Ursprung hat.

Die Erfassung dieser psychodynamischen Zusammenhänge ist die eigentliche Domäne der im zweiten Kapitel erwähnten psychoanalytischen Theorie der Objektbeziehungen (S. 44 ff.) und hier, an dieser Stelle, wird gleichzeitig der Sinn ihres Leitbegriffs ebenso wie ihrer Strukturtheorie von verschiedenen Teilchen in Interaktion mit anderen Teilchen erst richtig deutlich. Denn was da unterhalb des Niveaus des ZentralIchs des Frühgestörten verdrängt und abgespalten ist, sind nicht Triebe und Triebkombinationen (im Sinne der traditionellen Metapsychologie), sondern ungleich komplexer zusammengesetzte Entitäten in ständiger Interaktion miteinander, die sich adäquat nur mittels des Begriffs TeilIch erfassen lassen. Psychisch gesehen ist der frühgestört-neurotische Mensch ein Bruchstück-Mensch, aus PartialIchen zusammengesetzt, die zumindest teilweise einer verbesserten Integration durch das ZentralIch bedürfen.

Im Sinne der Theorie der Objektbeziehungen sind Objekte vorwiegend Phantasieprodukte, Resultate einer verzerrten Wahrnehmung entwicklungswichtiger Bezugspersonen aus der Perspektive von Teilchen. Im Fokus des Interesses steht weder das isolierte Ich, noch das isolierte Objekt, sondern die Objektbeziehung. Endziel der psychoanalytischen Behandlung der Frühstörung ist − um das zum besseren Verständnis des Gesamtzusammenhangs vorwegzunehmen − die Aufhebung der Spaltung und der projektiven Verzerrung der Warnehmung der TeilIche in ihren Beziehungen untereinander; die Ersetzung einer Beziehung von Objekt zu Objekt durch eine Beziehung von Subjekt zu Subjekt und einer Theorie der Objektbeziehungen durch eine Theorie der Subjektbeziehungen (*Guntrip* 1968).

Die strukturtheoretische Vorstellung infantil gebliebener TeilIche, die mit dem TH. in eine affektive Intensiv-Interaktion eintreten, dient einer exakteren diagnostischen Erfassung des hier wesentlichen psychodynamischen Kernvorgangs und erleichtert gleichzeitig die Einstimmung des TH. auf die von ihm zu übernehmende Haltung einer vorwiegend guten Mutter. Wenn der TH. im späteren Verlauf der Analyse in Affektstürme seines A. auch persönlich hineingezogen wird, darüber in Bedrängnis gerät und sich verunsichert fühlt − die Rückbesinnung auf das von der Theorie der Objektbeziehungen angebotene Erklärungsmodell erleichtert es ihm, den genetischen Hintergrund des Verhaltens seines A. immer vor Augen zu behalten, Affektstürme besser zu gewichten und das eigene psychische Gleichgewicht besser im Lot zu halten.

Was den für die Erfassung psychodynamischer Abläufe im Bereich der Frühstörung optimalen Begriffsrahmen angeht, scheint mir der von *Melanie Klein* eingeführte, aus der Anfangszeit der modernen Psychoanalyse stammende Begriff der *Projektiven Identifikation* in mancher Hinsicht irreführend und den Kernvorgang eher verschleiernd als verdeutlichend.

Projektive Identifikation wird in der psychoanalytischen Forschung keineswegs einhellig definiert. Eine klare Definition wird dadurch erschwert, daß es sich um einen paradoxen Vorgang handelt, bei dem ein A. sich einerseits eins fühlt mit seinem TH., er aber gleichzeitig auch das Empfinden hat, das kontrollierende Zentrum läge weiterhin bei ihm. Da die Zusammenhänge kompliziert sind, hierzu ein einfaches erläuterndes Beispiel:

Ein frühgestört-neurotischer A. mit hohem Frühstörungsanteil, jedoch nicht psychotisch, gerät passager in eine Stimmung, in der sich seine Angst vor der Welt zu einer leicht paranoiden Form des Erlebens steigert. Er sieht auf der Straße einen Mann, dessen Augen er als stechend empfindet und von dem er sich in einem plötzlichen Angstanfall bedroht fühlt. Dieser Mann bemerkt ihn in Realität gar nicht und geht an ihm vorbei, ohne ihn zu beachten. Nehmen wir an, der A. sei auf dem Weg in die Analysestunde. Auf der Couch liegend agiert er weiter seine paranoide Gestimmtheit aus. Er empfindet Fragen des TH. als inquisitorisch-bohrend und erlebt ihn plötzlich als einen feindlich gesinnten Gestapo Kommissar-Verfolger. Da der A. nicht mit der Tür ins Haus fällt und seine Vorwürfe in subtiler Weise vorbringt, nimmt der TH. nicht wahr, um was es hier bei seinem A. geht, fühlt sich persönlich gekränkt und geht — ihm selbst unbewußt — in eine Verteidigungshaltung oder beginnt, ärgerlich zu reagieren.

Im ersten Fall handelt es sich um einen rein intrapsychischen Vorgang auf einer Einpersonen-Ebene, um eine Projektion. Im zweiten Fall geht es um eine temporäre Verwischung von Ichgrenzen, um eine passagere Verschmelzung zwischen Teilıchen des A. und des TH. mit begleitenden infantilen Affekten, d.h. um einen interpersonellen, unbewußt bleibenden Vorgang auf einer Mehrpersonenebene. Erst dieser Geschehenszusammenhang konstituiert eine Projektive Identifikation im Sinne der Theorie der Objektbeziehungen (*Ogden* 1983). M.E. ist der Begriff Projektive Identifikation eines von vielen Beispielen für eine die praktische Arbeit erschwerende Vermischung von Begriffen der traditionellen und der modernen Psychoanalyse. Das Entscheidende ist ein Verschmelzungsvorgang von Teilıchen auf einer aus der Erwachsenenperspektive gesehen primitiven Entwicklungsstufe. Demgegenüber stellt Identifikation eine Ichleistung auf einem höheren Niveau des Entwicklungsprozesses dar und sollte begriffstheoretisch auch der Kennzeichnung einer Errungenschaft auf einer fortgeschrittenen Entwicklungsstufe vorbehalten bleiben. Damit Identifikation möglich wird, muß ein Ich da sein, das sich identifizieren kann, ebenso wie ein zweites Ich, mit dem das erste sich identifizieren kann. Beim A. ist in Phasen tiefer Regression — im Sinne des Vorgangs der Identifikation auf einer höheren Reifungsstufe — weder das eine noch das andere vorhanden. Zwar bleibt im hierarchischen Aufbau des GesamtIchs des A. die Schichtung in primitiv gebliebene, neurotische und gesunde Ichanteile weiterhin erhalten und wirksam. Aber wenn es um eine präzise Erfassung der hier psychodynamisch vorrangigen, das GesamtIch des A. oft für lange Zeiträume dominierenden Vorgänge geht, kann die Verwendung des in sich widersprüchlichen Begriffs Projektive Identifikation leicht zu einer Unschärfe der hier geforderten klinisch exakten Beobachtung führen.

Soweit die Vorbemerkung zum besseren Verständnis der nun folgenden Wiedergabe einiger Erfahrungen aus der Arbeit mit frühgestört-neurotischen Analysanden. Dieser im weiteren Verlauf gegebene Überblick über verschiedene wichtige Aspekte der Zusammenarbeit zwischen Analysand und Analytiker erhebt keinerlei Anspruch auf Vollständigkeit bei der Behandlung auch nur eines der angesprochenen Punkte und enthält keine detaillierten Falldarstellungen. Trotzdem hoffe ich, daß die Vorteile einer solchen, mehr auf einen knappen Allgemeinüberblick hin ausgerichteten Weise der Darstellung die Nachteile überwiegen.

Über die für die Zusammenarbeit optimale Gesprächsatmosphäre

Für die Reproduktion der Umstände seines Scheiterns an bestimmten Entwicklungshürden in frühester Kindheit und für das wenigstens annäherungsweise Nacherleben traumatischer Situationen von damals im Raum der Psychoanalyse hier und jetzt bedarf der A. eines Gesprächsklimas, das von ihm als verstehend, wohlwollend und über lange Zeiträume hinweg als verläßlich und belastungsfähig erlebt wird. Vom TH. her gesehen soll im Sinn der Theorie der Objektbeziehungen die Kurzformel von der Grundeinstellung einer vorwiegend guten Mutter schlagwortartig umreißen, welche Rolle ihm dabei zufällt und welche Funktion optimal auszufüllen von ihm erwartet wird.

An diesem Punkt ergibt sich ein Paradox. „Einstellung wie die einer vorwiegend guten Mutter" ist eine Leerformel, die sich exakter begrifflicher Definition entzieht, die aber andererseits — zusammen mit durch qualifizierte Ausbildung erworbener Sachkompetenz — den eigentlich kurativen Faktor bei der Behandlung von Frühstörungen darstellt.

Fachwissen ohne die Fähigkeit zu persönlicher Anteilnahme und eine auch gefühlhafte Zuwendung zu der Person des A. *um seiner selbst willen* heilt keine Frühstörung, ebensowenig wie „Liebe allein" das kann, weil sie die Kompliziertheit einer frühgestörten Entwicklung zu wenig durchschaut und mitvollziehen kann.

Kann ein TH. männlichen Geschlechts dem A. geben, was hier erwartet wird? Muttersein ist ebenso wie Vatersein ein Unikat, das in seiner Besonderheit weder kopiert werden kann, noch imitiert werden sollte. Aus der Sicht eines Kindes enthält das Erleben der Spezifität des Vater-Seins, auch noch im Fall von Berufstätigkeit beider Eltern, implizit stets spürbarer als bei der Mutter eine Forderung an das Kind, einen Appell in Richtung auf Hinausgehen in die Welt des Außen, einem Sich-Lösen aus der als mütterlich empfundenen Innenwelt von Zuhause, von Heimat. Der Vater, auch wenn er frei ist von Macho-Ideologie, läßt es eher als die Mutter zu, daß das heranwachsende Kind auf Bäume klettert, auf die Gefahr hin, sich beim Herunterfallen eine Querschnittslähmung zuzuziehen. Die Mutter liebt vorbehaltsloser, ohne Bedingungen in bezug auf vom Kind zu erbringende (und von ihr wegführende) Leistung in der Welt der Realität. Oft liebt sie das in seiner Entwicklung zurückgebliebene Kind intensiver als das in seiner Entwicklung nicht gestörte. Das Bild des Vaters steht mehr für ein Vorwärts der Entwicklung, das der Mutter hat stärker konservative, festhaltend-bewahrende Züge.

Trotzdem glaube ich, daß es auch dem TH. männlichen Geschlechts, sofern er seine eigenen weiblich-mütterlichen Anteile angstfrei und unter Aufgabe von Macho-Attitüden in das Gesamt der eigenen Existenz einzubeziehen vermag, ohne weiteres möglich ist, seinem A. über längere Strecken des gemeinsamen Wegs hinweg ein gewährendes, vorbehaltloses „Mutter"klima zu geben, das der A. zeitweilig für seine Regression im Dienst der Nachentwicklung des Ichs benötigt. Und was zukünftige Generationen männlicher Psychoanalytiker angeht, so ist wohl zu vermuten, daß viele von ihnen aufgrund ihrer andersartigen Erziehung und Ausbildung das Leitbild des vorwiegend guten Mutter-Analytikers weniger befremdend finden werden, als es heute bei manchen Psychoanalytikern einer älteren Generation noch der Fall ist.

Die Schwierigkeit liegt eher darin, diese Mutterfunktion auch über rauhere Passagen des gemeinsamen Weges hinweg bis zum Ende der Zeitspanne, die der A. bei der Arbeit am Frühstörungsanteil benötigt, aufrechtzuerhalten, bevor dann später der TH. als vorwiegend guter Vater ins Spiel kommt. Es ist eine sehr ernstzunehmende Gefahr, zwar nicht am Anfang, wohl aber in einer späteren Phase, mit dem A. in den gleichen Clinch zu geraten und in die gleichen Beziehungsfallen hineinzutappen, an denen der A. in frühester Kindheit in der Beziehung zu seiner Mutter gescheitert ist. Solange der A. über seine Ängste spricht und seine Gehemmtheit und Hilflosigkeit offenlegt, ist es für den TH. leicht, mitfühlende Zuwendung zu empfinden. Wenn aber die Schönwetterbeziehung aufhört, wenn der A. an der Person seines TH. intensive Anspruchshaltungen ausagiert und sich bei ihm Trotz und Haß melden, ist der TH. in ständiger Gefahr, solche Affektausbrüche „ödipal" mißzuverstehen, in eine Abwehrhaltung zu geraten, den A. als mit ihm rivalisierend und in einen Machtkampf verstrickt zu erleben und dann weitere Affektdurchbrüche abzublocken.

Die Folgen für den A. können schwerwiegend sein. Die Wiederholung des frühkindlichen Scheiterns, diesmal auf dem Niveau der Beziehung zweier Erwachsener, kann den A. um die letzte Chance einer Nachentwicklung bringen. Das Erlebnis erneuten Enttäuschtwerdens kann ihn endgültig entmutigen, noch einmal das Wagnis auf sich zu nehmen, sich einem anderen Menschen zu öffnen.

Alle neu in eine Psychoanalyse kommenden A. sind von dieser Angst vor Enttäuschung besetzt und es ist daher verständlich, wenn manche von ihnen vor jedem Akt der Preisgabe von bisher verborgen Gehaltenem ihren TH. durch kritische Äußerungen zu seiner Person oder seiner Arbeitsweise einem Belastungstest unterziehen.

Die Angstwelt des frühgestört-neurotischen Menschen

Der frühgestört-neurotische Mensch lebt, auch wenn er als Funktionierer und Apparatschik der technokratischen Gesellschaft nicht selten überdurchschnittliche Leistung erbringt, infolge der Fragilität seines Zentral-Ichs und dem damit verknüpften Defizit an Selbstwertgefühl immer am Rande von Anfällen panischer Angst.

Die aufdeckende Analyse zeigt ihn im Bann von Ängsten vor schreck-erregenden Phantasiegestalten, oft in einem Entsprechungsverhältnis zu seinem Versuch, sich im Verlauf seines bisherigen Lebens ausschließlich in einer betont rational ausgerichteten, rein zweckorientierten Daseinswelt zu etablieren. Der A., der meinte, sich bei seinem Rückzug aus der Welt verwirrender Gefühle zur Zeit seiner späten Kindheit oder frühen Jugend in eine garantiert affektfreie Erwachsenen-Zone der Leistung, der Vernunft und des Willens gerettet zu haben, entdeckt, daß er einer Täuschung aufgesessen ist. Er findet sein Unbewußtes besetzt von angstmachenden Bildern und Figuren, mitunter in direkter Proportion zu der Härte, mit der er bisher bestrebt war, solche Gefühle aus seinem Leben zu verbannen.

Inhalt dieser Angst ist – im Gegensatz zu *Freuds* persönlicher Erfahrung des Bildes vom kastrierenden Vater der ödipalen Entwicklungsstufe – vor allem die *Böse Mutter-Imago,* d.h. die als Kali oder Hexe gefürchtete Negativseite der ersten Bezugsperson des Kleinkindes. Primär wird „die Mutter als gefährlich erlebt" und erst in einem späteren Zeitraum der Entwicklung neigt das frühgestörte Kind dazu, die negative Muttergestalt zu einem „kombinierten, gefährlichen Mutter/Vaterbild" auszuweiten *(Kernberg* 1975).

Der frühgestört-neurotische A. steht ganz im Bann dieser Kali-Angst, die sich bei ihm nicht selten zu einer Angst vor der Welt, zu einem Erleben der Welt des Außen als böse und bedrohlich steigert, mit der sich daraus ergebenden Tendenz, sich mehr und mehr in eine realitätsferne Phantasiewelt des Innen zurückzuziehen.

Im zweiten Kapitel dieser Arbeit wurde, in Zusammenhang mit der Darstellung des ZentralIchs als der eigentlichen Angststätte, bereits kurz die Angst des modernen Mannes vor dem Weiblichen und insbesondere dem Weiblich-Mütterlichen erwähnt, die diesem Hintergrund der Angst vor einer Kali-Welt entstammt und mit ihr in enger Wechselwirkung steht.

Für den Mann ist es, von seiner Gefühlsseite her, im allgemeinen das Weibliche, die Frau, in der ihm das Nicht-Ich, das Anderssein entgegentritt und die ihn durch von ihr ausgehende Faszination aus der Routine seines Alltagslebens herausreißt und in eine Welt lang vergessener Gefühle hineinzieht.

Beim frühgestörten Mann rührt sie dabei sofort an die wunde Stelle des Traumas seiner frühen Mutter-Kindsituation. Sie weckt oder intensiviert einen seit jener Zeit verdrängten oder abgespaltenen Bereich der Gefühle, die der Frühgestörte oft genug als Ganzes oder selektiv aus seinem Leben verbannt hat und die ihm jetzt fehlen oder nur in beschämend unreifen Formen verfügbar sind.

Die Analyse des frühgestörten A. deckt auf, wie die Kali-Angst — mitsamt all ihren Folgeerscheinungen und Gegenbesetzungen (z.B. in Form von Cowboyhaltungen und Machoattitüden) — als schwere Hypothek auf ihm lastet, wie ein stets sprungbereites Mißtrauen immer wieder durchschlägt und den A. daran hindert, eine tiefergehende Bindung einzugehen und aufrechtzuerhalten. Die Analyse legt offen, wie diese Grundgestimmtheit des A. aus frühen Prägungen herrührt und der Erwachsene in unbewußt bleibendem Wiederholungszwang wieder und wieder die Konflikte seiner Frühkindheit reproduziert.

Vor diesem Affekthintergrund einer tiefsitzenden Urangst vor einer total bösen Kali-Mutter-Imago zeigt sich auch hier nochmals von einer anderen Seite her, von welcher Tragweite es ist, daß der TH. seine Funktion als vorwiegend gute Mutter versteht und daß er einer solchen Aufgabe einigermaßen gerecht wird, wenn er seinem A. zur Seite stehen will, sich aus zählklebrigen Prägungen zu lösen und jahrzehntealte Wiederholungszwänge außer Kraft zu setzen.

Die Aufgabe, auf einer Ebene vorsprachlicher Interaktion, wo Erwachsenensprache nicht hinreicht, einem (TeilIch des) A. das Gefühl dauerhaft verläßlicher Zuwendung zu geben und in einem langwierigen Neuerfahrungsprozeß die Angst- und Mißtrauensprägungen des A. allmählich aufzuweichen, ist ungemein schwierig und kein TH. wird ihr jederzeit voll und ganz entsprechen können. Eines steht jedoch fest: Für einen derartigen von Angst und Mißtrauen besetzten A., der in der Ellbogen-Welt von heute lebt und arbeitet, der — wenn er einer bestimmten Einkommensschicht angehört – seine Informationen oft aus Zeitschriften des Enthüllungsjournalismus bezieht und der die Sprechblasen von Politikern nur noch mit gequälter Langeweile aufnimmt, zählt nur das lebendige Vorbild, nur die wiederholt auf ihre Verläßlichkeit hin geprüfte Beziehung. Nur was sich in diesem Sinne als echt erwiesen hat, wird der A., in einer Erweiterung seiner bisherigen Prozesse der Wahrnehmung, für wahr-nehmen und aus einem Raum der Wahrnehmung im Außen in einen Eigenraum des Innen überführen und für eine Erweiterung und Änderung der Struktur seines GesamtIchs sich zunutze machen.

In dem Maße, wie der A. erstmalig eine ihm sowohl auf der vorsprachlichen wie auf der sprachlichen Ebene wohlwollend zugewandte Kraft erlebt, wird er – statt sich weiter haßerfüllt zu zerfleischen oder in warme Sümpfe der Resignation gleiten zu lassen – in den Stand versetzt, sich zunächst dem eigenen Selbst (seinen TeilIchen), später dann auch seinen Bezugspersonen verstehend und sorgend, „mütterlich" im Sinne einer vorwiegend guten Mutter zuzuwenden.

Die Sehnsucht/Gier nach der nichts als guten Mutter
Der Analysand im Spannungsfeld einer Sehnsucht-Angstdialektik

Zunächst drei kurze Situationsschilderungen aus den Analysen von verschiedenen frühgestört-neurotischen Analysanden:

1. Als erstes ein Vorfall aus einer früheren Phase der Behandlung einer etwa 40jährigen, voll im Berufsleben aufgehenden Karriere-Frau, von ihrer Struktur her weder ausgeprägt zwanghaft noch hysterisch. Sie hat einige Minuten im Warteraum gewartet und kommt offensichtlich erregt und verstört, aber äußerlich beherrscht in die Stunde. Nach einer längeren Schweigepause spricht der TH. sie auf ihren Zustand an. Sie berichtet zögernd – immer noch unter dem Eindruck eines ihr unbegreiflichen Erlebens – sie habe im Warteraum sitzend plötzlich so etwas wie eine Art Halluzination gehabt, der TH. komme auf sie zu, überwältige und vergewaltige sie.

Nicht nur sie selbst, auch der TH. ist von diesem Erregungssturm überrascht. Der TH. erlebt ihn bei dieser A. als persönlichkeitsfremd und es gibt nichts im bisherigen Verlauf der Analyse, was einen solchen Affektdurchbruch verständlich machen könnte. Er wirkt wie der Einbruch einer isolierten Mini-Psychose.

Wie reagiert der TH., wie soll er sich verhalten? Wird er aus Angst vor der Gefahr einer sich ankündigenden Psychose die A. erst einmal beruhigen, ihr gut zureden und als Stimme der Vernunft auftreten, oder soll er wie bisher in einer Atmosphäre angstfreier Gelassenheit hinnehmen, was gekommen ist und sich in gleicher Weise offen halten für das, was weiter kommen wird? Wie immer der TH. sich verhält – mit der Wahl der einen oder der anderen Verhaltensweise wird er eine Markierung setzen, die möglicherweise für den weiteren Behandlungsverlauf entscheidend ist.

2. Eine verheiratete A. muß nach längerer Behandlungsdauer ihre Analyse wegen Schwangerschaft unterbrechen und wird in einer Klinik von ihrem ersten Kind entbunden. In die Analyse zurückgekehrt, gipfelt sich ihre bis dahin mehr latent gebliebene Problematik auf und es kommt zu einer stark ambivalenten Einstellung ihrem Baby gegenüber, zu depressiver Verstimmtheit und zu Wunschvorstellungen, sich der Muttersituation durch Flucht zu entziehen.

Wird der TH. jetzt – vom hohen Berg seines entwicklungspsychologischen Wissensstandes herunter – die junge Mutter an ihre Pflicht optimaler Zuwendung zu ihrem Neugeborenen mahnen? Oder wird er auch in dieser Situation seiner A. zunächst einmal einen Spiel-Raum der Regression lassen, ohne sie Reserve oder gar Ablehnung spüren zu lassen?

3. Eine andere A. befindet sich in einer Phase tiefer Regression, in der sie in ihren TH. die eigene Mutter hineinprojiziert und ihn hartnäckig in eine Objektbeziehung hineinzuzwingen sucht, in der sie abwechselnd mal in die Rolle des Kindes schlüpft, dann aber auch sich selbst als Mutter gegenüber dem zum Kind gemachten TH. erlebt. Es ist dabei unverkennbar, daß sie über den TH. verfügen möchte, ganz so als wäre er ein Teil ihres eigenen Selbst. Als der TH. wegen eines lange vorher angekündigten Urlaubs die Analyse unterbricht, ist ihr unbegreiflich, wie er dazu komme, sie allein zu lassen. (Ihre Situation ist indessen faktisch keineswegs so, daß sie sich in einem Zustand akuter Gefährdung befindet.) Nachdem der TH. aus dem Urlaub zurückgekehrt ist, verweigert die A. am Monatsende die Annahme der Rechnung. Zahlung eines Honorars entspreche ihrer Meinung nach nicht mehr dem Charakter der Beziehung, Geld gehöre in diese Art von Beziehung nicht hinein.

Wie verhält sich der TH.? Muß er nicht unmittelbar zu Beginn der nächsten Stunde der Anspruchshaltung seiner A. nun endlich Grenzen setzen und weiterem Agieren energisch einen Riegel vorschieben? Oder ist es auch hier besser, der A. zusätzlichen Spielraum zu lassen bis zu einem Punkt, wo sich die regressive Dynamik von selbst erschöpft und – wie in diesem Fall noch am Ende der Stunde geschehen – die A. aufgrund der Überspitzung ihrer Situation und der Überzogenheit ihrer Erwartungen von sich aus auf den Boden der Realität zurückkehrt?

Wie bereits erwähnt, ist es bei der Zusammenarbeit mit frühgestört-neurotischen Analysanden von zentraler Bedeutung, ob der TH. in Situationen wie den hier skizzierten eine für regressive Prozesse förderliche Atmosphäre schafft oder ob er, bewußt oder unbewußt, eine eher subtil bremsende oder offen ablehnende Haltung einnimmt.

Nehmen wir an, der TH. lasse eine positiv getönte Haltung und seine Bereitwilligkeit spüren, den A. auf dem Weg nach „unten", zu den Fixierungsstellen der Störung zu begleiten. Was wird dann vermutlich geschehen, wie wird die Analyse weiterhin verlaufen?

Der A. wird über seine Symptome sprechen, über das, was ihn in die Analyse gebracht hat, über seine Gehemmtheiten vor allem in seinen Beziehungen zu Personen des anderen Geschlechts, zu Berufskollegen-Brüdern/Schwestern und zu Vorgesetzten-Vätern/Müttern. Er wird Krisensituationen schildern und über Ängste und Zusammenbrüche seines Selbstwertgefühls berichten.

Dabei wird der A. auf dem Weg zu den Quellgründen seiner Symptomatik allmählich mehr und mehr in eine Dynamik des Zurück und des Abwärts hineinkommen. Ermutigt durch das als verständnisvoll empfundene Gesprächsklima der Analyse wird er sich fallen lassen und — unterhalb des „Vater"bereichs der harten Tatsachen seines Berufs- und Alltagslebens — mehr und mehr in den Gefühlsbereich der frühen Mutter-Kindbeziehung geraten. Sehnsüchte werden in ihm frei ebenso wie Ängste und Haßgefühle, so wie er ihnen in früher Kindheit ausgesetzt gewesen ist. Für die Art der dann durchbrechenden Sehnsüchte hier ein Beispiel, das für eine Fülle anderer steht:

Der A., Mitte 30, auf der Ebene mittleren Managements in einer großen Firma tätig, ist ein von seinem Beruf Besessener mit einer auch ihm leicht verdächtigen Süchtigkeit nach äußerer Anerkennung. In einem Kleinbürgermilieu aufgewachsen, ist er von einer dominierenden, ehrgeizigen Mutter von früh an auf Leistung getrimmt worden. Psychoanalyse war ihm bisher eine terra incognita, in die Behandlung kommt er mit erkennbarem Leidensdruck wegen Problemen seiner Beziehung zum anderen Geschlecht.

Als im Verlauf einer längeren Analyse sein Abwehrpanzer durchlässiger geworden ist, beginnt der A. im Anschluß an einen Traum ungewöhnlich unbefangen frei zu assoziieren und gibt dabei, mit ironisch-verlegenem Lächeln und verwundert über sich selbst, eine Wunschvorstellung preis, die er „Liebe total" nennt.

Diese Vorstellung von Liebe total umriß für ihn eine bis dahin unbewußte Hoffnung und Erwartung, irgendwann in naher Zukunft würde er, um eine Straßenecke biegend, auf eine Partnerin treffen, die ihn „völlig selbstlos" lieben werde. Dieser Frau würde es egal sein, wieviel Geld er verdiene, ob er 1.80 oder 1.50 m groß sei, ob schön oder häßlich, behindert oder nicht behindert. Wenn er einmal Gelegenheit haben würde, sich mit einer solchen Frau zu einem Essen zu verabreden, würde er sie nie einladen. Denn wenn er bezahle, könne er ja nie Gewißheit haben, ob seine Begleiterin um seinetwillen mit ihm ausgehe oder vielleicht nur, um ein gutes Essen bezahlt zu bekommen. Wenn er eine solche Frau einmal treffen würde — aber eben erst dann! — würde er ein ganz anderer Mensch werden, als er bisher gewesen sei.

In Phasen tiefer Regression kommt es zu etwas, was man mit einem Beispiel aus der jüngsten deutschen Fernsehgeschichte als den Versuch bezeichnen könnte, individuelle Varianten eines Schwarzwaldklinik-Mythos Realität werden zu lassen. Der Mythos von einer naturnahen aber mit den Errungenschaften moderner Technik ausgestatteten, für alle ohne Ansehen der sozialen Schicht in gleicher Weise sorgenden Mutter-Klinik. Mit einem allgegenwärtigen gütigen Vater-Chefarzt, zu dem die in ihren Betten liegenden Patienten vertrauensvoll aufblicken, weil sie spüren: in dieser Klinik ist jeder aufopfernd auf nichts anderes als ihr Wohl und ihre Gesundheit bedacht.

Der tiefregredierte A. erlebt die volle Wucht der Sehnsucht nach einem solchen Mutter-Vater-Paradies. Er ist, in der Sprache der Theorie der Objektbeziehungen, zeitweilig nichts als das libidinöse KindIch, das ganz und gar den Platz des Geschäftsführenden ZentralIchs besetzen möchte. Er *fühlt sich als kleines Kind mit einer zur Gier verdichteten Sehnsucht nach der nichts als guten Mutter* und möchte seine Bezugspersonen und die Person seines TH. voll in dieses suchtartige Verlangen einbeziehen.

„Ich fühle mich wie 3 oder 4. Mit der Mutter allein sein auf einem Bauernhof. Alles warm, harmonisch, freundlich. Sonne. Wohlig kauende Kühe", sagt ein A. in einer solchen Gestimmtheit. Immer stärker sucht der A., die Person des TH. in diesen regressiven Prozeß eines Hinab an die Fixierungsstelle seiner Frühstörung einzuschließen. Es ist für ihn selbstverständlich, daß der TH. zu Beginn jeder Behandlungsstunde 100prozentig auf sein jeweiliges Erleben in einer tiefen Schicht der Regression eingestimmt ist. Daß der TH. die Fakten seiner Genese ebenso gut kennt, oder genauer gesagt, besser jederzeit präsent hat als er selbst. Der A. reagiert verwundert oder leicht vorwurfsvoll, wenn er einmal gezwungen ist, zur Kenntnis zu nehmen, daß das nicht der Fall ist.

Er erlebt sich als einziger Analysand seines TH. Trifft er zufällig einmal einen anderen A. versucht er, das zunächst nicht wahrzuhaben, und reagiert — wenn weiteres Verleugnen unmöglich ist — verletzt und gekränkt, später eifersüchtig und aggressiv. Es ist dies die Phase der Analyse, wo ein A. sich nicht vorstellen kann, daß sein TH. kreatürliche Bedürfnisse hat wie er selbst, daß er Schwächen aufweist und Fehler macht. Es wird unverkennbar, daß der A. in gleichem Maße, wie er das Erleben des sich in einer Welt der Erwachsenen ohnmächtig fühlenden Kindes in die Analyse einbringt, er gleichzeitig (mit einem Teil seines GesamtIchs) dabei ist, den TH. seiner Menschlichkeit zu entheben und zu einer allverstehenden, ihn tragenden Mutter-Imago hochzustilisieren.

Am Verhalten des A. wird dann bald unübersehbar, daß er erwartet, vermittels einer ohne sein Zutun automatisch ablaufenden Osmose würde ihm aus dieser Mutter-Imago Vertrauen, Sicherheit und Festigkeit zufließen und gleichzeitig würden sich damit seine Schwierigkeiten von selbst lösen und allmählich ganz verschwinden. Mit anderen Worten: der A. versucht, sich die Mühsal einer weitergehenden Bewußtmachung der Ursachen seiner Störung zu ersparen und zeitraubende Umlernprozesse mit Hilfe eines magischen Tricks kurzzuschließen und zu überspringen.

Merkt der A., daß sich auf diesem Weg sein Befinden nicht dauerhaft bessert, versucht er häufig, diesen Osmose-Vorgang auf jede nur denkbare Weise von seinem TH. zu ertrotzen, zu erzwingen oder trickreich herbeizumanipulieren. Wenn auch das ihm nicht weiterhilft, stemmt er sich mit verstärkter Angst gegen die Tendenz, seine Sehnsuchtsgier weiter herauszulassen, sich noch stärker in sie hineinfallen zu lassen und damit die eigene Kindlichkeit, Ohnmacht und Schutzlosigkeit offenkundig zu machen. Manche A. schildern an diesem Punkt eine Angst, völlig aufzuweichen, sich zu zerlösen, schlaff, matschig und schwammig zu werden. Viele helfen sich an dieser Stelle, indem sie die Angst vor der eigenen Zerlösung projektiv in die Person des TH. hineinwerfen. Nicht sie fürchten, so zu sein, sondern sie erleben den TH. als ängstlich, weich, als Schlaffi und lebensuntüchtigen Hintercouchler, der die reale Ellbogenwelt weder kennt noch ihr gewachsen ist.

Kurz gesagt, der A. scheut vor einem weiteren Sich-fallen-Lassen in die Tiefe des eigenen Unbewußten zurück. Wie ein Pferd in Angst vor dem Überspringen der Hürde versucht er, zur Seite auszubrechen und unternimmt alles nur mögliche, den TH. in eine Beziehungsfalle hineinzuprovozieren.

Tappt der TH. in diese Falle hinein, indem er z.B. auf die oft beißende Kritik des A. gekränkt reagiert, wird der A. sich am entscheidenden Punkt als nicht verstanden empfinden. Er wird sich als von seinem TH. fallengelassen erleben und diesen selbst als der eigentlichen Probe nicht gewachsen, nicht standfest genug und unfähig, wirkliche Hilfestellung geben zu können. Der regressive Prozeß wird unterbrochen, möglicherweise ein für allemal beendet sein.

Aber nehmen wir an, der TH. zeigt sich der Belastungsprobe gewachsen. Dann kommt es für längere Zeit zu einer *Pendelbewegung des A. zwischen dem Bedürfnis, sich mit seiner infantilen Sehnsuchtsgier eins zu fühlen, und der Angst davor, eben gerade das zu tun,* weil es die bereits geschilderte, ständig präsente Sorge, der bösen Welt und der Härte des Lebens nicht gewachsen zu sein, reaktiviert und verstärkt. In Begriffen der Theorie der Objektbeziehung ausgedrückt: nachdem auf Grundlage der neu gewonnenen Objektbeziehung zum TH. dem libidinösen KindIch des A. zeitweilig ein gewisser Spielraum gelassen worden ist, zieht das Antilibidinöse Ich als verbietendes, verfolgendes und strafendes TeilIch die Zügel wieder schärfer an. Im Setting der Analyse äußert sich das oft so, daß der A., der eben noch seinen TH. als Gute Mutter erlebte, ihn plötzlich als Kali-Mutter sieht, d.h. sein Antilibidinöses Ich in die Person des TH. hineinprojiziert.

Unterstellen wir eine optimale Zusammenarbeit zwischen A. und TH., in deren Verlauf der A. sich fallen läßt, seine infantile Sehnsuchtsgier einbringt und diese Gier auch in kindlicher Sprache äußern kann, ohne erleben zu müssen, daß das als sentimental oder kitschig bezeichnet und damit abgewürgt wird. Nehmen wir weiterhin an, der A. habe seinen TH. in eine mitunter stürmische Pendelbewegung von Sehnsuchtsgier, Angst und Haß einbezogen, aber der TH. habe sich in jeder Phase als standfest und verläßlich erwiesen. Was geschieht nun, wenn der A. allmählich zu den Fixierungsstellen seiner Störung durchkommt und er auf Erwachsenenebene annäherungsweise die Affekte der frühen Kindheit nacherlebt?

In Stichworten gesagt: Die Dynamik des Abwärts und des Rückwärts beginnt sich zu erschöpfen. Die Pendelbewegung zwischen Sehnsuchtsgier, Angst und Haß verliert an Kraft. Die Realität und das Geschäftsführer-ZentralIch verlangen ihr Recht.

In genauer Kongruenz zu dem Ausmaß, in dem die Sehnsuchtsgier zugelassen worden ist, bekommt bisher diffuses Unbewußtes Bewußtseins-Umrisse und nimmt Gestalt an. Der Sehnsüchtige faßt schärfer ins Auge, worauf seine Sehnsucht abzielt und wer es ist, der sie befriedigt haben möchte. Was für Angst gilt, gilt ebenso für die Sehnsucht: nur solange sie diffus und gestaltlos ist, wird man von ihr überschwemmt, saugt sie vampirhaft Lebenskraft ab, kann man sie in den eigenen psychischen Haushalt nicht hineinnehmen, muß man sie herauswerfen und in Bezugspersonen projizieren, wobei sie dann als Bumerang wieder auf das eigene Selbst zurückschnellt. Wird bewußt, wem eigentlich die Sehnsucht gilt und wer es ist, der nach ihrer Absättigung süchtig ist, verliert sie einen Teil ihrer überwältigenden Kraft und wird (für das ZentralIch) handhabbar.

In dem Maße wie Sättigungspunkte erreicht werden, setzt psychodynamisch gesehen ein Umlagerungsprozeß ein, der alle Teile des GesamtIchs umfaßt. In der infantilen Sehnsucht des A. und in der mit ihr verschränkten, stets sprungbereiten Abwehr gegen sie (z.B. in Form von Machohaltungen des Antilibidinösen Ichs) war bisher viel Libido gebunden. Ein Teil dieser Libido wird jetzt frei und dem ZentralIch verfügbar in Entsprechung zu der Entschlossenheit, mit der der A. das libidinöse KindIch in seiner Jagd nach einem Phantasiebild als Teil des eigenen Selbst bewußt gemacht und anerkannt hat.

Es beginnt ein Prozeß der Anreicherung des ZentralIchs, das sich bisher als zu schwach und Ausnahmesituationen nicht gewachsen zeigte. Das ZentralIch fängt an – um hier einen treffenden Begriff *Melanie Kleins* zu verwenden (*Segal* 1964) – Trauerarbeit zu tun, die das kleine Kind nicht leisten konnte und die der Erwachsene jetzt kraftvoll genug ist nachzuholen. Im Zuge der Bewußtmachung dessen, auf was die Sehnsucht abzielt, kommt ein Prozeß der Ent-Täuschung in Gang, eines oft schmerzhaften Verzichts auf die illusionären Anteile der Sehnsuchtsgier. Viele A. werfen an diesem Punkt die Frage auf: „Lohnt es denn, in dieser Welt zu leben, wie ich sie jetzt erkenne und die so ganz anders ist, als ich sie mir anscheinend bisher erträumt habe? Ist dieses Leben wirklich lebenswert?" und beginnen, realitätsbezogen zum ersten Mal in ihrem Leben, sich angst- und illusionsfrei mit dieser Frage zu konfrontieren.

Das ZentralIch reichert sich an und erweitert seinen Handlungsspielraum durch Zufuhren aus zwei verschiedenen, jetzt ihm durch Bewußtmachung erschlossenen Bereichen. Zum einen aus dem Bereich der bislang unter einer *Verdrängungs*decke gehaltenen Affekte und Impulse (des libidinösen KindIchs). Zum anderen aus einem vom ZentralIch bisher *abgespaltenen* Bereich, der bisher überhaupt nicht oder nur unvollständig/zeitweilig einem Verdrängungsvorgang unterworfen war.

Was den ersten Bereich angeht, nimmt die Freigabe von bisher verdrängten infantilen Impulsen in einer charakteristischen Abfolge von Angst, Überwindung von Widerstand, Preisgabe des Verdrängten mit Gefühlen von Beschämung und anschließender Erleichterung einen großen Teil des Behandlungszeitraums ein. Sie ist sozusagen das tägliche Brot der Analyse. Über die nach Aufhebung der Verdrängung von infantilen Impulsen des libidinösen KindIchs von vielen A. geäußerten typischen Gefühle von Entlastung und Befreiung wird im folgenden noch ausführlicher zu sprechen sein.

Vorher noch einige Bemerkungen zu dem zweiten Bereich der nicht verdrängten, sondern in Abspaltung gehaltenen Impulse. Hierzu ein Beispiel: Der Analysand, im folgenden als B. bezeichnet, ist Anfang 30 und steht vor dem Abschluß eines lang hinausgeschobenen Hoch-Schulstudiums. B. ist intelligent, begabt, vielseitig angelegt und hat persönlichen Charme. Er tritt auf mit einem Anflug von Hoppla-jetzt-komm-ich-Grandiosität, sein sexuelles Verhalten weist donjuanistische Züge auf. In einer frühen Phase der Analyse spricht er öfter davon, er brauche viel Sex, wobei er offensichtlich seine jeweiligen Intimpartnerinnen als Gegenstände des gehobenen Konsums erlebt. Einmal sagt er über eine neue, zeitweilig bei ihm wohnende Freundin unbefangen, mehr beiläufig, ohne erkennbare Hemmung: „Wenn ich aus der Maffiawelt heut abend nach Hause komme, möcht ich im Moment, wenn ich aufschließ, daß X. gleich hinter der Tür sitzt, mit gespreizten Beinen, auf einem Stuhl, Kissen davor. Ich stoß rein und simultan gibt sie mir was Peppiges zu trinken."

Im Verlauf einer längeren Analyse bröckelt ein Teil der Fassade B.'s ab und es kommt zu einer depressiven Phase. Als der TH. beim Gespräch über einen Traum B. beiläufig an seine früher gemachte Äußerung erinnert, leugnet B. zunächst, jemals etwas Derartiges gesagt zu haben. Der TH. verwechsle ihn mit jemand anderem. Das sei nicht sein Vokabular. Als der TH. in einer späteren Stunde nochmals darauf zurückkommt, ist B. dann schließlich bereit zu prüfen, ob er vielleicht einmal etwas sinngemäß Ähnliches gesagt haben könne. Nach wie vor besteht er aber darauf, der Wortlaut könne nicht so sein, wie es der TH. erinnere.

Aber es blieb dann nicht bei dieser Verleugnungshaltung und es gelang B. im Verlauf eines längeren Bewußtmachungsprozesses, bisher in Abspaltung gehaltene Ichteile als Ich-zugehörig in den Verantwortungs- und Handlungsbereich des ZentralIchs einzubeziehen. B. machte sich bewußt, wieviel Angst und Kränkbarkeit er bisher mittels der Grandiositätsattitüde (seines Antilibidinösen Ichs) zu überspringen versucht hatte. Und welche auf sofortige Totalbefriedigung verschiedener Bedürfnisse ausgerichtete Sehnsucht (seines libidinösen KindIchs) sich hinter seiner hingeworfenen und später verleugneten Bemerkung über die Freundin X. verborgen hatte.

B. war wegen Prüfungsangst in die Analyse gekommen, aber auch deshalb, weil er den häufigen Wechsel seiner Freundinnen allmählich selbst als etwas „verdächtig" empfand. Er sprach von einer „Angst vor Bindung, die ja wohl etwas mit Älter- und Reiferwerden zu tun habe".

In der Schlußphase seiner Analyse äußerte er: „Mit meinem Orgasmus-Glück habe ich mir lange Zeit selbst etwas in die Tasche gelogen. Eine Weile machte das Spaß, gab das was her. Aber ich will etwas anderes, wenn ich auch nicht weiß, wie das genau aussehen soll." Damit machte B. deutlich, daß er auch in diesem Bereich im Begriff stand, Abspaltungen aufzuheben. Anstelle des bisherigen Versuchs einer Linderung seiner Sehnsuchtsspannung ausschließlich auf der Körperebene, mittels der Beziehung eines zum Objekt gemachten fremden KörperIchs zum eigenen KörperIch, trat eine neue Perspektive: die Hinwendung zu einem fremden Weiblichen als Ganzem, als einem Subjekt, einer Person und als einem möglichen Partner im gemeinsamen Lebenskampf.

Exkurs: Verdrängung – zur Zeit *Freuds* und heute.
Von einem frühgestörten A. wird es oft in charakteristischer Weise als überaus befreiend empfunden, wenn er sich im Verlauf des regressiven Prozesses als kleines Kind erlebt und wenn er ohne Angst vor Geringschätzung von seiten des Gesprächspartners ungehemmt über die Sehnsüchte dieses kleinen Kindes nach einer heilen Welt der Mutter/Vatergeborgenheit sprechen kann, ebenso wie über dessen Ängste und Nöte.

Haben sich im Verlauf weniger Jahrzehnte Art und Zusammensetzung dessen, was man vor kritischen Augen der Außenwelt mittels Verdrängung versteckt hält, in subtiler Weise verändert? Zwar sind die Inhalte des Unbewußten, des ES, immer die gleichen. Aber die Äußerungsformen, in denen das Unbewußte indirekt im Traum, in der Fehlleistung oder im neurotischen Symptom hindurchscheint und damit dem Bewußtsein zugänglich wird, sind abhängig von den jeweiligen soziokulturellen Normen, die innerhalb einer bestimmten Gesellschaftsordnung eine Mehrheit als verbindlich empfindet. Im Verlauf von Änderungen dieser Normen (einer von einem Mehrheitskollektiv sanktionierten Verdrängung) ändert sich dementsprechend auch der Bereich, an dem und in dem der frühgestört-neurotische Mensch Gefühle von Entlastung und Befreiung nach Aufhebung von Verdrängung erlebt.

Zur Zeit *Freuds* war es im Rahmen einer als selbstverständlich vorausgesetzten „Liebesbindung" die oft verschämt und mit schlechtem Gewissen ausgelebte sexuelle Seite der Beziehung, die Sexualität als solche, die einer Verdrängungszensur unterworfen wurde. Entlastet und befreit fühlte sich der Neurotiker, wenn er in einem verständnisvollen Gesprächsklima ungehemmt über seine Sexualität sprechen konnte.

Heute, zu einer Zeit, wo Abbildungen sexuell anreizender Frauenkörper auf Titelseiten seriöser Zeitschriften alltäglich geworden sind, wo detaillierte Anleitungen für die optimale Ausübung von verschiedensten (noch vor kurzem als pervers angesehenen) Spielarten des Geschlechtsverkehrs sich in der Regenbogenpresse finden, ist es nicht mehr die Sexualität per se, die den Inhalt der Verdrängung ausmacht. Der A., dem es in der Analyse Schwierigkeiten bereitet, über mangelnde Gliedsteife oder vorzeitigen Samenerguß zu sprechen, ist nicht deswegen gehemmt, weil er über Sexualität sprechen muß, sondern weil er mit der Schilderung seiner sexuellen Störung eigene, infantil gebliebene Teilstücke seines GesamtIchs und eine nur partiell entwickelte Männlichkeit offenbaren muß, d.h. weil er sich infolge seiner sexuellen Störung nicht als gleichrangiger Erwachsener unter anderen Erwachsenen fühlen kann.

Der Fokus der Verdrängung hat sich verändert. Vordergründig hat es den Anschein, als ob es weiterhin die Sexualität ist, die verdrängt wird. Bei genauerem Hinschauen wird aber deutlich, daß das Insuffizienzempfinden, partiell ein Kind geblieben zu sein, das eigentlich Entscheidende ist, was der Betreffende in Verborgenheit hält, will er nicht Gefahr laufen, sich quälenden Gefühlen von Bloßstellung und Beschämung auszusetzen. In einer Zeit des Instant-Sex und der Wegwerfbeziehung ist nicht das Sprechenkönnen über Sexualität das Problem. Die Sorge, als kindlich, unerwachsen und zu einer reifen Liebesbeziehung unfähig entlarvt zu werden, ist heute Kerninhalt der Angst vor Beschämung und Gefühle von Befreiung stellen sich erst dann ein, wenn die auf diesem Bereich lastende Verdrängungszensur durchbrochen werden kann.

Der Analytiker und sein Analysand im Sturm der Affekte
Enttäuschungswut und Vernichtungslust

In der Analyse von Frühstörungen gibt es fast immer längere Zeiträume, in denen der A. zu seinem TH. als einer allverstehenden Elternfigur aufschaut, ihn idealisiert und in einem ruhigen, milden Klima wachsenden Vertrauens fortschreitend die Entstehungsgeschichte seiner Entwicklungsstörung freigibt. Solche Phasen ohne irgendeine Art von aggressiv getönter Konfrontation sind durchaus normal und für den A. förderlich. Der bahnbrechende Hinweis *Kohuts,* der narzißtisch gestörte Patient benötige Phasen der Idealisierung seines TH., hat sicherlich bei der Behandlung aller frühgestörten A. voll seine Berechtigung.

Dessen ungeachtet halte ich aufgrund meiner eigenen Erfahrung im Umgang mit Frühstörungen eine Einstellung kritischer Wachsamkeit für angebracht, wenn sich derartige Idealisierungsphasen mit nach außen hin scheinbar konfliktfreier Beziehung zwischen A. und TH. zu lange ausdehnen.

Zunächst einmal verdient an dieser Stelle das Phänomen des Testens des TH. Erwähnung, auf das bereits früher hingewiesen worden ist. Der A., der nahe daran ist, unter einer Verdrängungsdecke liegende beschämende infantile Wesensseiten freizugeben, kann seinen Angstwiderstand oft nur so überwinden, daß er sich aggressiv nach außen, d.h. in diesem Fall gegen die Person des TH. wendet. Das muß zu kurzzeitigen Spannungen zwischen beiden führen. Fehlt ein solcher Spannungszustand, gibt es lange Zeit hindurch keinen erkennbaren Rhythmus zwischen ruhigen Idealisierungsphasen und kurzzeitigen Störungen im Einklang zwischen A. und TH., so kann das ein Hinweis darauf sein, daß sich nichts Wesentliches bewegt hat und dem A. keine wirkliche Einsicht in sein Unbewußtes zugewachsen ist.

Was den Gesamtbereich bisher verdrängter und abgespaltener frühkindlicher Impulse angeht, so ist bereits bei der Schilderung der Sehnsuchts-Angstdialektik auf die Pendelbewegung zwischen dem Herauslassen-Wollen der Sehnsuchtsgier und einer angstvollen Bremsbewegung dagegen hingewiesen worden, in die in jedem Fall die Person des TH. mal als positiv, mal als negativ getönte Phantasiefigur einbezogen werden wird. Was dabei bisher mehr unter dem Gesichtspunkt behandlungspraktischer Erfahrungen dargestellt worden ist, sollte vielleicht mit einigen zusätzlichen Allgemeinbemerkungen über Regression als solche (genauer gesagt, die im Verlauf des regressiven Prozesses erreichte Tiefe des Vorgangs) noch etwas näher erklärt werden.

Tragende Achse im Verlauf der Regression ist ein Arbeitsbündnis zwischen dem TH. und den gesunden (oder zumindest weniger stark gestörten) GesamtIchanteilen des A. In dem Maße, wie diese Achse und dieses Arbeitsbündnis trägt, ist es dem A. möglich, sich in angstmachendes und beschämendes, in seine Genese rückführendes Erleben fallenzulassen und das, was seine Nachentwicklung blockiert, mit Hilfe des TH. einem Bewußtmachungsprozeß zu unterziehen.

Es ist aber nun keineswegs so, daß sich der A. dieses Arbeitsbündnisses jederzeit bewußt bleibt und er immer in der Lage ist, darauf zu rekurrieren. Wenn der regressive Prozeß tief genug geht, entsteht ein überaus brisantes Gemisch von Idealisierungswünschen, Angst und Haß, in das die Person des TH. in intensiver, oft dramatischer Weise voll einbezogen wird. Von diesen Affekten wird das ZentralIch des A. und mit ihm die auf vernünftiger Einsicht beruhende Erinnerung an das Arbeitsbündnis mit dem TH. zeitweise überspült und wie hinweggeschwemmt.

Der regressive Prozeß setzt im A. Bedürfnisse frei und weckt Wünsche, die im Rahmen des analytischen Settings zwangsläufig sehr bald an Grenzen des Möglichen stoßen. Der A. erwartet nicht nur, daß ihn sein TH. in begrenztem Umfang so gut wie möglich versteht. Der tiefregredierte A. verlangt vielmehr, jederzeit voll und ganz verstanden zu werden, und er gerät, je tiefer er regrediert, immer mehr in den Sog einer die Person des TH. völlig besetzenden und kontrollieren wollenden Anspruchshaltung (seines libidinösen KindIchs).

In solchen Behandlungsperioden setzt der A. alles daran, Eigenbedürfnisse des TH., ja im Grunde die Tatsache seiner Existenz als eines von ihm getrennten und unabhängigen Wesens, nicht wahrnehmen zu müssen. Urlaube des TH. sind unzumutbar, wirken wie eine kalte Dusche, die aus Träumen reißt. Absagen von Stunden durch den TH., selbst aus für einen Dritten einleuchtenden Gründen, stoßen beim A. auf totales Unverständnis und werden von ihm als aggressiver Akt des TH. erlebt.

Mit einem Satz gesagt: wenn die Regression tief genug geht, findet sich der A. Enttäuschungen ausgesetzt, die seinen Haß wachrufen und, sofern er aktiv-sthenisch ist, in ihm Anfälle von Vernichtungs-Lust gegen geeignete Objekte in der Außenwelt mobilisieren.

Auf diesem Hintergrund hin gesehen wird nun wohl verständlicher, warum es beim TH. Besorgnis auslösen kann, wenn über längere Zeiträume solcher Analysen hinweg keinerlei Durchbrüche aggressiver Gestimmtheit auftreten. Hier wird sich dann die Frage stellen: geht unter Berücksichtigung aller Gegebenheiten des jeweiligen Falles der regressive Prozeß tief genug oder wird er vielleicht, z.B. mittels mahnender Erinnerung an die Notwendigkeit der Aufrechterhaltung des Arbeitsbündnisses vom TH. abgeblockt?

Wie immer — aber besonders in der Zusammenarbeit mit einem frühgestörten A. — bedeutet Psychoanalyse eine Gratwanderung auf schmalem Pfad zwischen von zwei Seiten her drohenden Gefahren. Vielleicht stellt die Herstellung einer nach außen spannungsfrei gehaltenen Idealisierungsbeziehung zum TH. für den A. einen wichtigen Entwicklungsfortschritt dar und bezeichnet das für ihn optimal Erreichbare. Für den TH. würde das dann heißen, man sollte es bei dieser Arbeit der Beziehung belassen und jeder Schritt darüber hinaus könnte für den A. eine Überforderung bedeuten.

Aber auf der anderen Seite besteht natürlich ebenso die Möglichkeit, daß sich TH. und A. in künstlich für die ganze Dauer der Beziehung verlängerten Flitterwochen eingerichtet haben und eine Haltung aggressionsfreier Ruhe des Patienten erste Pflicht geworden ist. Dann kann sich eine Situation ergeben, wo in einer arkadischen Landschaft sanft schwellender Hügel zwischen zwei schöngewachsenen, jedoch nicht zu hochstrebenden Bäumen eine Hängematte sanft im Wind schaukelt. Mal liegt in dieser Hängematte der Patient, mal sein Therapeut und beide vergessen darüber, daß

Analyse harte Arbeit ist und ein hohes Honorar dafür gezahlt wird, den A. in den Stand zu setzen, sein Leben mit eigenem Boden unter den Füßen und aus eigenem Recht selbst zu gestalten – innerhalb dieser Welt, nicht in irgendeiner anderen.

Auf ihren psychischen Entwicklungsstand hin gesehen, kann das dann heißen, daß im Lauf der Analyse aus Kindern (den infantil gebliebenen Teilchen des A.) brave und wohlangespaßte Jugendliche werden, aber keineswegs gleichberechtigte Erwachsene. Jugendliche, die von seltenen, von ihrem TH. tolerierten Halbstarkenstreichen abgesehen, sich zu gelehrigen Söhnen und strebsamen, ebenso gelehrigen Töchtern ihres Vater/Muttertherapeuten entwickelt haben. Infolge eines unbewußten, zwischen TH. und A. geschlossenen Zweckbündnisses, einer insgeheim gemeinsam errichteten Abwehrfront gegen das Zulassen von zu viel (beide ängstigende) Aggression, gelangt der A. dann nicht in tiefe Erlebnisbereiche, wie sie von psychoanalytischen Forschern wie denen der Britischen Schule, von *Kernberg* oder *Searles* (nicht jedoch von *Kohut)* beschrieben worden sind.

Die dort dargestellten Erfahrungen und Erlebnisweisen des Frühgestörten werden dann nie zu lebendiger (Wieder-)Erfahrung des A., zu erlebtem Wissen, dem allein eine die Frühstörung verändernde Wirkung zuzuschreiben ist.

Im Fall einer kleinen Analysandengruppe, die ihre Analyse laufend vom denkenden Bewußtsein her mit Hilfe von der Psychoanalyse angebotenen Begriffen zu begleiten sucht, tritt dann leicht anstelle von Eigenerleben, bloße Alsoberfahrung, die aufgrund von Lektüre psychoanalytischer Literatur zu kennen und auch zu fühlen meint, was nur über eigenes Erleben erfahrbar ist. Aus einer in die Tiefendimension des Gefühls gehenden und sich dorthinein fallenlassenden Tiefenanalyse kann dann eine in die Breitendimension des Intellekts gehende Breitenanalyse werden, die über etwas verfügen zu können vermeint, über das sie in Wahrheit nicht verfügt.

Wie immer der Einzelfall eines Frühgestörten aussieht und was immer das für den jeweiligen A. optimal Erreichbare sein mag, der TH. tut sicher gut daran, sich immer wieder vor Augen zu halten, daß der A., wenn er psychisch gesehen nicht ewig ein Kind bleiben oder nur ein braver Jugendlicher werden will, das Erleben seiner eigenen Aggressivität als einer lebendigen Kraft, die er sowohl positiv wie negativ einsetzen kann, benötigt, um ein Erwachsener zu sein.

In der Übertragungsbeziehung zum TH. heißt das, daß sich bei vielen dieser A. Aggression in klar erkennbar destruktiver Weise gegen den TH. wenden muß und zwar nicht nur in kaschierter Form z.B. als Fehlleistung oder als Traum, in dem ein inkompetenter und geldgieriger Zahnarzt auftaucht, sondern in direkt auf den TH. hin gezielten Unmutsäußerungen und in offener Kritik an seiner Arbeitsweise und Person. Solche Aggressionen äußern zu können, ist in vielen Fällen der eigentliche Prüfstein für die Qualität der Beziehung, der Vertrauensbeweis dafür, daß der A. die Objektbeziehung zum TH. für tragfähig hält und seine Person als genügend belastungsfähig ansieht.

Daß sich daraus, auch für den TH., gewisse Risiken ergeben, die dieser oft gern vermieden sehen würde, liegt auf der Hand. Trotz ständiger Verbesserung der Sicherheitsbestimmungen laufen Angehörige bestimmter Arbeitsbereiche wie Bergleute, seefahrende Berufe, Feuerwehrmänner oder Dachdecker auch heute immer noch Gefahr bei der Ausübung ihrer Tätigkeit und werden das ohne Zweifel auch in Zukunft tun. Bedeutet es nicht eine etwas naiv-bedenkliche Verkennung der Natur des Unbewußten, mit dem wir umgehen, wenn wir glauben, einen Beruf auszuüben, in dem wir nicht in vergleichbarer Weise Risiken eingehen und gezwungen sind, uns gewissen Gefahren auszusetzen?

Unterstellen wir einmal, es nicht mit einer Hängemattensituation zu tun zu haben, sondern mit einem A., der aggressive Seiten öfter zeigt oder nach einer Anfangsphase vorsichtiger Zurückhaltung von Zeit zu Zeit aggressive Durchbrüche gegen die Person des TH. richtet. Wie geht der TH. mit solchen Aggressionen um?

Auf diese Frage in einer allgemeinen Form eine für die Vielfalt verschiedenartigster Fälle von Frühstörungen nützliche und brauchbare Antwort zu geben, ist offensichtlich nicht ganz einfach. Jede Situation liegt anders und der Umgang mit gegen den TH. gerichteter Aggression wird nicht nur von Fall zu Fall, sondern auch im Verlauf ein und derselben Behandlung je nach dem Stand der Beziehung zwischen A. und TH. variieren und in Frühstadien sicherlich meist ganz anders aussehen müssen als in fortgeschrittenen Phasen der Zusammenarbeit. Trotzdem gibt es doch einige allgemeine Gesichtspunkte, die zu erwähnen sich lohnt.

Zunächst einmal gilt für derartige Aggressionen, was *Kohut* so prägnant über den Umgang mit der Idealisierung des TH. gesagt hat: Der TH. muß sie annehmen. Jeder TH. mit etwas Erfahrung in der Arbeit mit Frühgestörten weiß, was sich hinter der Schlichtheit dieser Formulierung an Schwierigkeiten verbirgt und wie mühevoll es oft ist, sie in der richtigen Weise in Alltagspraxis umzusetzen.

Das Annehmenkönnen von Aggressionen in einer Haltung stetiger innerer Gelassenheit, aber doch auch wiederum nicht in einer gefühlsmäßig unbeteiligt-roboterhaften Weise, fällt zu Beginn der Zusammenarbeit nicht schwer. Der A. kennt seinen TH. noch kaum und wird, wenn er zeitweilig von Mißtrauen, Trotz und Haß überschwemmt wird, dann solche Affekte in Äußerungen, die offensichtlich wenig mit der Realität der Person des TH. zu tun haben, gegen diesen richten.

Aber das ändert sich in späteren Behandlungsphasen, wenn selbst bei viel Abstinenz von Seiten des TH. ein oft hochsensibler A. inzwischen gelernt hat, aus den verschiedensten Indizien bis hin zu Veränderungen in der Tonlage der Stimme sich mosaikartig ein detailliertes Bild des TH. zusammenzusetzen. Wenn der A. dann möglicherweise manche Bereiche des Unbewußten seines TH. besser kennt als dieser selbst, auf jeden Fall aber mit ihm weit besser vertraut ist als zu Beginn der Behandlung.

Dann wird oft aus ungerichteter Aggression gezielte destruktive Unterminierungsarbeit, die subtil in erkannte Schwachstellen hineinstößt oder den TH. in fein nuancierter Weise längere Zeiträume hindurch einem Dauerbeschuß aussetzt, der zu einer ausgesprochenen Belastungsprobe werden kann.

Wie immer der TH. auf solche Belastungen reagiert – eine Grundregel gilt an dieser Stelle und an ihr ist m.E. eisern festzuhalten, in einer ähnlich unbeirrbaren Weise, wie das für den früher erwähnten Grundsatz des „so viel wie nötig, so wenig als möglich" in bezug auf die vorwiegend gute Mutterhaltung des TH. gegenüber den Frühstörungsanteilen seines A. gilt: Der TH. darf unter keinen Umständen spontan und unreflektiert aus dem Affektdruck eines Gefühls von Kränkung und Verärgerung heraus reagieren, indem er zurückschlägt, sich rächt oder – von so viel Undank seines Patienten enttäuscht – sich in einen Schmollwinkel z.B. in Form eines ungewöhnlich lang andauernden Schweigens zurückzieht. Begeht der TH. eine solche Todsünde, so muß er zu einem späteren Zeitpunkt in geeigneter Weise seinem A. mitteilen, daß er sich von einem Affekt hat hinreißen lassen. Das kann dann zu einer merklichen Entlastung der Beziehung führen.

Reagiert der TH. gekränkt und bleibt ihm das vielleicht auch nachdem er sein seelisches Gleichgewicht wiedergefunden hat weiterhin unbewußt, so ist mit Sicherheit die Beziehungsfalle (einer Projektiven Identifikation) zugeschnappt. Dann steht dem TH. eine möglicherweise sehr ausgedehnte Phase bevor, in der er – ihm selbst unbewußt – zusammen mit seinem A. eine kritische Phase der Mutter-Kind-Beziehung seines A. agierend wiederholt.

Aber nehmen wir an, dem TH. gelingt es, auch angesichts stärkster Herausforderungen seine Gelassenheit zu bewahren und sein Selbstwertgefühl im Lot zu halten. Wie wird er unter solch optimalen Umständen mit der destruktiven Aggressivität seines A. umgehen?

Die Antwort auf diese Frage wird wesentlich davon abhängen, ob die Aggressionen aus einem Teil des GesamtIchs kommen, der unter einer Verdrängungsdecke des ZentralIchs liegt, was daran erkennbar ist, daß der A. sichtlich Widerstand überwinden muß und seine Äußerungen mit einem Anflug von Schuldgefühl herausbringt. Oder ob die Agressionen *unbewußten, abgespaltenen Teilbereichen des GesamtIchs (dem Antilibidinösen Ich) entstammen* und ausagiert werden, ohne daß Anzeichen für eine Verdrängungsüberwindung spürbar sind. Für die zweite Situation ein erläuterndes Beispiel:

Der Fall des Analysanden C.

C. ist Anfang 30, als Fachhochschul-Ingenieur tätig, vom Erscheinungsbild her großgewachsen, wuchtig und löst in mir beim Hereinkommen die Assoziationen „Schrank", „Klotz" und „Schlagtot" aus. C. ist ein ausgesprochener Einzelgänger, der nicht weiß, wie er seine „Hände halten soll, wenn das Gespräch auf persönliche Dinge kommt". Er fühlt sich in Du-Beziehungen ebenso wie in Gruppen unbehaglich und meidet jede Art von Auseinandersetzung. Im Auftreten neigt er, obwohl im allgemeinen eher schweigsam, zu leicht dröhnender Kumpelhaftigkeit. Es ist unschwer erkennbar, daß sich dahinter Berührungsängste und extreme Labilität des Selbstwertgefühls verbergen. Seine Beziehung zu Frauen beschränkt sich auf seltene ausschließlich sexuelle Gelegenheitskontakte, die er als sehr unbefriedigend crlcbt und die letzten Endes den Auslöser dafür abgeben, es einmal probeweise mit Psychotherapie zu versuchen.

Nach cinigen Monaten Analyse erzählt C., daß er nach dem Besuch eines alten James-Dean-Films zu später Stunde heimkehrend ohne äußeren Grund plötzlich auf eine Mülltonne mit Fäusten eingedroschen und sie mit Füßen traktiert habe. Während ich noch überdenke, was in der letzten Stunde geschehen ist und inwieweit die Mülltonne stellvertretend für die Person des TH. stehen könnte, fällt mir auf, daß C. über das Geschehene in einer sonderbar beiläufigen Weise spricht. Gcfühlsmäßig unbeteiligt, so als berichte er nicht über sich selbst, sondern über das Erleben eines Dritten. Nach einigen weiteren Monaten Analyse begegnet er zufällig beim Hereinkommen der aus der vorhergehenden Stunde weggehenden Patientin. Im Verlauf der Stunde macht C. dann plötzlich unvermittelt und ohne Zusammenhang mit dem Vorhergehenden eine grobschlächtige und quasi existenzauslöschende Bemerkung über diese Patientin und im Zusammenhang damit, „Wie's Gscherr, so der Herr", auch über mich. Ihm und damals auch mir selbst unbewußt, aktualisierte er damit einen tiefsitzenden intensiven Haß auf eine jüngere Schwester, die sein Vater in kränkender Weise ihm vorgezogen hatte. Wiederum fällt auf, daß C. seine direkt gezielten, grob verletzenden Äußerungen in einer sonderbar geistesabwesenden, kalt-unpersönlichen Weise macht, als sei nicht er sondern ein Dritter der Sprecher. Bei späterer Reflektion seiner Situation erlebe ich ihn wie ein kleines Kind, das in seinem Spielzimmer naiv-unschuldig mit Atombomben umgeht, als wären es Stoffpuppen oder Legobaukästen.

C. macht in späteren Stunden eine Reihe ähnlicher Äußerungen und einige Zeit darauf, als mir die Übertragungsbeziehung belastungsfähig genug erscheint, spreche ich ihn auf eine dieser Bemerkungen an und auf die Diskrepanz zwischen ihrem kränkenden und beleidigenden Inhalt und der distanzierten Art, in der er sie macht. Es geschieht etwas, was mir typisch scheint für Aggressionen, die aus dem Bereich einer Abspaltung kommen, wenn auch die Reaktionsweise meist komplizierter und verschlüsselter ist, als es hier der Fall war.

C. ist völlig überrascht und es stellt sich heraus, daß er bisher subjektiv nicht die geringste Vorstellung davon gehabt hat, je aggressiv gewesen zu sein, oder daß er schon von seinem Erscheinungsbild her auf andere potentiell bedrohlich wirken könne. Er sei doch ein Mensch, der immer korrekt sei, nur für sich leben und niemanden verletzen wolle, ja dazu von seinem ganzen Naturell her gar nicht in der Lage wäre. Nicht einmal einer Fliege könne er ein Leid antun. Dann holt er sichtbar tief Luft, sammelt seine Kräfte und geht in längeren Ausführungen zum Gegenangriff über. Mehr resignativ als aggressiv klagt er am Ende der Stunde, er habe es ja schon immer gewußt: dieses ewige dumme Gerede könne ihm nie etwas bringen.

Es folgt eine Reihe ähnlicher Stunden, in denen C. seine Vogelstraußpolitik aufrecht zu erhalten sucht, bestimmte Anteile seines GesamtIchs zu verleugnen. Aber allmählich wird doch ein Klimawechsel spürbar und es kommt zu einer positiven Behandlungsphase, die in vieler Hinsicht charakteristisch ist für den Vorgang einer Verminderung bzw. Aufhebung der Abspaltung bisher abgetrennter, aus dem Bewußtseinsfeld des ZentralIchs verbannter Bereiche.

C. wird nachdenklich, erwacht allmählich aus dem narzißtischen Dornröschenschlaf des ewigen nur um sich selbst Kreisens und kann sich dafür öffnen, ruhig und affektfrei einige von seinem TH. angeführte Beispiele zu überprüfen. Die Vorstellung, er wirke auf andere angstmachend – so verwunderlich sie ihm zunächst erschienen war – löst deutlich fühlbar einen Zuwachs an Selbstwertgefühl aus. Da wo Rauch sei, müsse ja wohl auch Feuer sein. Wenn er auf andere so wirke, habe er doch scheinbar eine Wirkung und verfüge über etwas, eine Kraft, von der er bisher nichts gewußt habe.

Nach einiger Zeit kann C. dann auch zugestehen, die vom TH. genannten Beispiele zeigten tatsächlich eine ihn selbst überraschende aggressive Haltung gegenüber anderen. Aber das sei keineswegs bösartig gemeint, er wolle niemanden und nichts zerstören. Ich, sein Analytiker, müsse doch am besten wissen: wenn er einmal aggressiv erscheine, so sei das doch nichts als Abwehr, geschehe das nur aus einer Position der Verteidigung heraus.

Auf die dann wiederholt besprochene Frage, gegen was er sich denn da eigentlich bisher immer so automatisch-reflexhaft gewehrt habe und warum er sich so häufig in einer Abwehrposition befände, kommt es dann in einer späteren Behandlungsphase zu der Einsicht: „Ich habe immer auf harten Mann gemacht, hab rumgepowert. Aber ich wollte nie so sein. Ich will etwas anderes."

C. hatte ursprünglich Förster werden wollen, dann aber seinen Eltern nachgegeben, die eine Ausbildung zum Fachhochschul-Ingenieur als potentiell lukrativer ansahen. Im Verlauf der Analyse enthüllt sich das Bild eines Frühgestörten, dessen Unbewußtes weitgehend beherrscht war von einer Variante des Antilibidinösen Ichs. Was seinen psychischen Gesamthaushalt anging, hatte es C. bisher anscheinend als eine seiner Hauptaufgaben angesehen, alles Gefühl- und Gemüthafte aus einem bis ins kleinste durchorganisierten Alltag der Arbeit und Leistung und des präzisen rationalen Denkens säuberlich herauszuhalten. Gefühl war für ihn gleichbedeutend mit Sentimentalität und Gefühlsduselei.

Deutlich erkennbar waren bei C. gewisse Ansätze zu einer Herrenrasse-Ideologie mit einem Führungskader von Leistungsträgern und einer unter wachsamer Kontrolle zu haltenden Minderheit, die sich bei ihm in charakteristischer Weise nicht aus Türken, sondern aus den „arbeitsscheuen Papagalli-Italienern" zusammensetzte. In vieler Hinsicht erschien C. – um einen Begriff der traditionellen Metapsychologie zu verwenden – wie ein wandelndes ÜberIch. Obwohl bei jeder Art von Beziehung, in der Persönliches zur Sprache kam, extrem kontaktscheu, neigte er bei Sachgesprächen im Kollegenkreis neben kumpelhaftem Verhalten zu weitschweifig belehrender, „vaterhafter" Besserwisserei.

An dieser Stelle der Schilderung des Behandlungsablaufes erscheint es nützlich, einen Punkt zu erwähnen, der für den positiven Verlauf der weiteren Zusammenarbeit von großer Bedeutung war: das Timing, die Wahl des Zeitpunktes, an dem der TH. dem A. den kritischen Hinweis auf seine be-

leidigenden und kränkenden Äußerungen gab, durch den dann der Bewußtmachungsprozeß abgespaltener Wesensseiten eingeleitet wurde.

In einer längeren Anlaufphase der Analyse hatte C., was die Übertragungsbeziehung anging, eine Haltung strikter emotionaler Distanz einge-
nommen. Er hatte den TH. weder idealisiert noch abgewertet und ihn als eine
Art Spezialisten für Verhaltensstörungen angesehen, bei dem er seine Psyche abgab, wie ein Pkw-Besitzer sein Auto einer Kfz-Werkstätte überläßt.

Aber allmählich wurde ihm dann doch bewußt, daß diese Vorstellung
von der Abgabe seiner Psyche in der Psychoanalytiker-Reparaturwerkstatt
auf sonderbare Weise vermischt war mit einer Hoffnung auf Hilfe auf dem
Wege eines Gesprächs, eines Sich-Austauschens mit einem anderen Menschen. Ohne daß er nach außen hin seine Haltung distanzierter emotionaler
Neutralität änderte, gab C. doch kleine Signale auch in anderer Richtung
und erst zu diesem Zeitpunkt war es möglich, ihn mit dem kritischen Thema seiner Aggressivität zu konfrontieren.

Wäre das Thema der Aggression angesprochen worden, bevor C. ein
ausreichendes Quantum an Vertrauen in die Konstanz der Zuwendung seitens des TH. aufgebaut hatte, so wäre die Wirkung bei diesem im Grunde
scheuen, weltängstlichen und hoch kritikempfindlichen A. ohne Zweifel
sehr negativ gewesen. Er hätte den Hinweis des TH. als eine Verkennung
seines wahren Wesens (eines gutmütigen, korrekten, sich nach Befreiung
aus einem Isolierungsgefängnis sehnenden Menschen) erlebt und dieses
Mal von einer Seite, von der er sich nun endlich einmal Verständnis und
Zuwendung erhofft hatte. C. hätte die Äußerung des TH. als Verleumdung,
als eine gegen ihn gerichtete Aggression empfunden. Erneut von seiner
Umwelt enttäuscht, hätte er seinen Abwehrpanzer statt ihn zu lockern verstärkt und sich tiefer in die Isolierung und in die vertraute Welt des Nicht-
Verstanden-Werdens zurückgezogen.

Um die Situation eines solchen sthenischen A. mit hohem Frühstörungsanteil richtig einzuschätzen, muß sich der TH. immer vor Augen halten:
solange der A. seine aggressiven Wesensseiten als nicht zu ihm gehörend
empfindet, wird er sie in Bezugspersonen hineinprojizieren und sich dann
von der Welt des Außen potentiell ständig bedroht und verfolgt erleben.
Nicht er ist es, der sich verletzend verhält, auf andere plump und grob wirkt
und mit Durchbrüchen von Aggressionen seine Bezugspersonen befrem-
det. Es sind die anderen, die schuld sind, daß er sich nie richtig wohl fühlt in
seiner Haut und den Kopf nie über das Wasser seiner Schwierigkeiten bringen kann. Eine böse Umwelt ist es, die ihm nicht gibt, wonach er sich sehnt,
die ihn nötigt zu sein, wie er ist, und die ihm den Weg dahin versperrt, wo-
hin er eigentlich gehen möchte.

Sofern jedoch ein A. in einem für ihn neuartigen Klima des Zusammenseins mit einer Bezugsperson, wie es ihm im Rahmen der Analyse geboten wird, eine gewisse Zuversicht gewonnen hat, sein Gesprächspartner werde sich nicht mit Abscheu von ihm wenden, wenn er Seiten von sich zeigt, die er bisher verleugnet hat, kann er erstaunlich viel Kritik annehmen und verkraften. Das Vertrauen in einen Gesprächspartner, der mit ihm durch dick und dünn geht, komme was da wolle, kann in einem solchen A. eine Bereitschaft freisetzen, sich einem selbstkritischen Prozeß zu öffnen, wie man sie zu Beginn bei einem so überaus kränkungsempfindlichen Menschen nie für möglich gehalten hätte.

Was aber geschieht nun, wenn ein A. nicht mehr länger vor einer für ihn schwierigen Bewußtmachung zur Seite hin ausweicht, sondern gestützt auf das Vertrauen zu seinem TH. den Sprung über die Hürde wagt? Auf die hier geschilderte Situation bezogen: was geschieht, wenn C. bestimmte Wesensseiten (sein Antilibidinöses Ich) nicht mehr länger verleugnet und in Abspaltung hält, sondern als zum eigenen Selbst gehörig annimmt und damit seinem ZentralIch integriert?

Ist ein erster Sprung über die Hürde gewagt, so hat C. ein Stück der ihn bis dahin dominierenden Angst überwunden, etwas herauszulassen von dem er bisher als selbstverständlich voraussetzte, es würde ihn − einmal aus dem gefährlichen Dunkel des Unbewußten losgelassen − überschwemmen und sein (Zentral)Ich besetzen, ohne einen Restbereich zu lassen.

Es beginnt ein Lernprozeß des Umgangs mit der eigenen Aggression. Gelingt es C. allmählich, in den Übungsraum der Analyse mehr und mehr bislang verleugnete kritische Aggression hereinzulassen, so stellt er zu seiner Verwunderung fest: nicht nur er selbst, auch sein Gesprächspartner ist − wenn alles vorübergerauscht ist − unversehrt geblieben. Und mehr noch als das − es hat ihn gestärkt, was ihn nicht umgebracht hat.

In wachsendem Maße macht er die Erfahrung, daß die ihn bisher ängstigenden Emotionen, stark wie sie sind, gesteuert werden können, daß sie handhabbar sind. Allmählich führt dann der gelungene Umgang mit einem Teilstück Aggression pars pro toto zu einer realistischen Zuversicht in bezug auf eine potentiell mögliche Bewältigung des Ganzen. Kommt ein A. tief genug, so wird er den Kern der ihn bisher dominierenden Angst freilegen und im Gegensatz zu dieser Angst entdecken: Haß ist nicht das Tiefste, nicht das Letzte, das auf dem untersten Grund des Bodens nur darauf lauert, das Ich/Selbst zu überwältigen und zu zerstören.

Gleichzeitig mit dem Erlernen des Umgangs mit der eigenen Aggression verspürt C. für ihn neuartige Gefühle von Entlastung, Befreiung und einer Erweiterung des Bewußtseinsraums. Auf der Realitätsebene gesehen akzeptiert C. jetzt, daß er eine Wirkung auf andere hat, daß sein Verhalten Einfluß darauf hat, wie sich seine Umwelt ihm gegenüber verhält. Ein Prozeß der Entkrampfung und Entmystifizierung kommt in Gang. Die Welt des Außen ist nicht mehr länger ausschließlich bedrohlich, kalt, angstmachend, überfordernd. Wenn auch nicht vorwiegend freundlich, wird sie doch allmählich wertneutral.

C. fühlt sich erleichtert, weil ihm fortlaufend bewußter wird, was bisher trennend zwischen ihm und seinen Bezugspersonen gestanden hat. Mit zunehmender Ichstärke und wachsendem Selbstwertgefühl schlägt er in seiner Berührungsangst nicht mehr länger reflexhaft wie ein Ertrinkender, der seinen Retter mit in die Tiefe reißt, wild um sich, wenn ein anderer sich ihm nähern möchte.

Er kann sich jetzt als aggressiv erleben, ohne damit automatisch in Angst zu geraten, seine Bezugspersonen würden sich von ihm abwenden, weil er dann nicht mehr länger liebenswert sei. Er beginnt, Aggression nicht mehr als ausschließlich böse im Sinn von destruktiv-zerstörerisch zu empfinden, sondern als eine Kraft, über die auch er selbst verfügt, die gebändigt werden und dann in verschiedener Richtung, sowohl positiv wie negativ, verwandt und eingesetzt werden kann.

Psychodynamisch gesehen hat C. sich ein Stück Unbewußtes zugeführt, hat es — im Sinne der an anderer Stelle bereits erwähnten verwandelnden Internalisierung — gegessen und merkt zu seiner Verwunderung, daß es verdaulich und bekömmlich ist und ihm Stärke liefert. Im Fall C. kam es dabei zu Durchbrüchen von Haß, an denen der theoretische Begriff unentwickelt gebliebener, nur in Rohform vorhandener Ichteile plötzlich Leben gewann, sich sozusagen personalisierte und fast greifbar wurde. C. war in diesen Augenblicken offensichtlich ganz eins, völlig verschmolzen mit Haß und Trotz (seines Antilibidinösen Ichs) und sprach aus dieser Besetzung heraus in einer charakteristisch rohen, grobschlächtigen Art und Weise, bei der sein TH. an den einäugigen Riesen Kyklop der griechischen Sage erinnert wurde, der ohne ihm bewußte Bosheit achtlos über kleine Menschlein hinwegschreitet und sie zertritt, ohne sie überhaupt wahrzunehmen. C. eingemeindete sich dabei etwas, was sich begrifflich am besten nicht als ein einzelner verdrängter Trieb, sondern als ein bislang abgespaltenes, komplex zusammengesetztes TeilIch — in diesem Fall das Antilibidinöse Ich — erfassen ließ, das er bisher verleugnet hatte. Dieses bislang ausagierte und in Bezugspersonen projizierte TeilIch, das dann in Form bösartiger Verfolgerfiguren auf ihn wie ein Bumerang zurückkam, wurde jetzt von ihm als Ichzugehörig erlebt und damit in das Bewußtseinsfeld und den Verantwortungs- und Aktionsbereich des ZentralIchs übernommen.

Einige Bemerkungen noch zu jenen Behandlungssituationen, bei denen der springende Punkt der Therapie nicht darin liegt, daß der A. lernt, bisher abgespaltene aggressive Wesensseiten dem eigenen Selbst zu integrieren, sondern wo im Gegensatz zu dem Beispiel des Analysanden C. aggressive Äußerungen *einem Verdrängungsbereich des GesamtIchs entstammen*. Aus diesem Verdrängungsbereich werden, wie bereits erwähnt, Aggressionen gegen die Person des TH. nur nach erkennbarem Widerstand in die Analyse eingebracht.

Der A. tut sich oft schwer, sie herauszulassen, mitunter auch gerade dann, wenn er nach einem längeren, zunächst durch Mißtrauen und gelegentliche aggressive Vorstöße im Sinne des früher erwähnten Testens gekennzeichneten Behandlungszeitraum etwas Vertrauen zum TH. gefaßt hat. „Das hängt jetzt wie ein Damoklesschwert über mir, das mich enthauptet, wenn es herunterfällt", sagt eine junge Lehrerin in einer solchen Situation, nachdem sie nunmehr zwar bereit ist, ihrem TH. einen begrenzten Vertrauenskredit einzuräumen, gleichzeitig aber bei sich eine neue andersartige Angst erlebt: eine erstmalig in ihrem Leben zu einer Person anderen Geschlechts hergestellte, relativ angstfreie Beziehung jetzt möglicherweise durch spontan-unbedachtes Nicht-brav-Sein wieder aufs Spiel zu setzen. Soll der TH. seinem A. hier gelegentlich ein wenig Hilfestellung geben, die für seine Nachentwicklung so notwendigen Aggressionen herauszulassen?

Es versteht sich, daß sich der TH. auch hier wiederum auf einer schmalen Bahn zwischen Scylla und Charybdis bewegt. Zur Verdeutlichung der einen von den zwei Seiten dieses Dilemmas hier ein Beispiel aus meiner Anfangszeit als Psychoanalytiker, als ich — klassisch-traditionell zu strenger Abstinenz und viel Schweigepausen erzogen — von einer Patientin in einer der letzten von 160 Behandlungsstunden gebeten wurde, eine Schlußbilanz ihrer Analyse aufzumachen.

Wohl infolge eines Schuldgefühls wegen des möglicherweise geringen Ertrags dieser Analyse gab ich ihr die Frage nicht einfach zurück, sondern forderte sie auf, zusammen mit mir eine Erfolgsrechnung zu erstellen; was sie glaube, daß die Analyse ihr gebracht habe, und wovon sie sich enttäuscht fühle. In diesem Zusammenhang sagte ich, aus meiner Sicht sehe ich es als einen Posten auf der Minusseite unserer Schlußbilanz an, daß sie bei dem freien Assoziieren, das wir zu Anfang als Teil unseres Behandlungspaktes vereinbart hätten, fast nie mit kritischen Äußerungen herausgekommen sei.

Darauf trat eine kurze Schweigepause ein und die A. sagte aus der Tiefe ihres Herzens und nicht etwa nach Art einer Schutzbehauptung für eigene unüberwindbare Aggressionsgehemmtheit: „Ja, wenn Sie mir irgendwann einmal deutlich gesagt hätten, daß ich hier auch etwas Negatives über die Psychoanalyse sagen kann, dann wäre sicher manches anders gelaufen."

Auf der anderen Seite dieses Dilemmas besteht die Gefahr, daß der A., wenn sein TH. ihm in falscher Weise nahelegt oder ihn dazu auffordert, mit aggressiven Äußerungen nicht zurückzuhalten, damit auf eine Schiene gerät, auf der zu fahren ihm nur allzu vertraut ist. Dann wird Aggressiv-Sein zu einer von ihm erwarteten Leistung, so wie tausend andere Leistungsforderungen vorher, die er dann in einer Weise vollbringt (oder verweigert), wie er das von früher Kindheit an gewohnt ist. Dann kann es geschehen, daß lediglich ein Soll erfüllt wird und A. und TH. gewissermaßen ein bloßes Ritual vollziehen, das für den A. nicht die geringste ihn positiv verändernde Wirkung hat, wahrscheinlich aber ihm eine zusätzliche Enttäuschung bereitet. Spontan auch gegen die Person des TH. geäußerte Aggression ist unter solchen Umständen dann natürlich nicht mehr das, was sie sein und immer bleiben muß, wenn sie wirklich eine tiefgreifende Wirkung haben soll: ein Sprung in Unbekanntes *(Eigen* 1981). Eine Mutprobe, auch einmal etwas im Analyse-Alltag Unvertrautes, aus der Normalität des analytischen Settings Herausfallendes zu sagen oder zu tun.

Aufs Ganze gesehen überwiegt in dieser Scylla-Charybdis-Situation aber im allgemeinen die ersterwähnte Gefahr: daß der TH. seinen A. zu wenig spüren läßt, daß das Herauslassen von Aggression möglich und notwendig ist.

Abschließend eine kurze Zusammenfassung des in diesem Unterkapitel bisher Gesagten: Einerseits ist es unerläßlich, zu jedem Zeitpunkt einer psychoanalytischen Behandlung für ein wohlwollendes, verständnisvolles Gesprächsklima Sorge zu tragen und längere konfliktfreie Phasen der Idealisierung des TH. als für einen A. förderlich anzusehen.

Andererseits muß der TH. aber aufmerksam darüber wachen, daß keine (für beide bequemen) Hängemattensituationen oder Kuschelbeziehungen entstehen, die einem A. nicht genügend Raum lassen, seine negativen Wesensseiten in die Analyse einzubringen. Dies gilt insbesondere für gegen die Person des TH. gerichtete Aggression, die für viele Analysanden das eigentliche Übungsfeld abgibt, das er für den Umgang mit bisher angstvoll gemiedenen Impulsen benötigt. In keiner Phase der Analyse darf es zu einem wechselseitigen Nichtangriffspakt kommen, bei dem die Analyse in eine Breitendimension des Intellekts statt in eine Tiefendimension des Gefühls geraten könnte. Es gibt bestimmte A., bei denen der TH. im späteren Rückblick auf den Gesamtverlauf das sichere Gefühl hat, daß die Fortschritte der Nachreifung eindeutig gewissen Phasen zuzuschreiben waren, als der A. sich aggressiv gegen die Person des TH. wandte. Destruktiv sein zu können, ohne daß darüber die Beziehung zerbrach, war für diese A. die entscheidende Neuerfahrung, die sie nicht an anderen Bezugspersonen, sondern nur an der Person ihres Analytikers machen konnten.

Ist der TH. nicht imstande, wenn es erforderlich ist, ein für das Herauskommen von Aggressionen günstiges Analyseklima herzustellen, oder blockt er gar solche Äußerungen ab, so nimmt er vielen seiner A. die Chance einer Nachreifung und verunmöglicht ihnen das Empfinden bis dahin unbekannter Gefühle von Erleichterung und Befreiung. Es kann sehr bewegend sein, die verblüffte Erleichterung eines A. mitzuerleben, wenn er nach einem aggressiven Ausfall gegen den TH. in die nächste Stunde kommt. Für den Analysanden ist die Welt wie sie war, und sein Analytiker ist der gleiche geblieben, und doch ist weder die Welt ganz genau dieselbe, noch der Analytiker ganz der, der er vorher gewesen war.

Einige Bemerkungen zum Verlauf von Langzeitbehandlungen

Warum müssen Regressionen so tief gehen und soviel Zeit in Anspruch nehmen? Warum muß der A. von einer Verwirrung in die andere stürzen und die Bezugspersonen seiner Umwelt und insbesondere die Person seines TH. in einem langandauernden innerpsychischen Mysterienspiel mal zu einer (alles spenden sollenden) Fee, mal zu einer (ihn permanent mit Mißbilligung verfolgenden, zerstörerischen) Hexe und Kali verzerren?

Kurz vor seinem Tod schrieb *D.W. Winnicott* einen letzten Essay über die „Angst vor dem Zusammenbruch", der posthum von seiner Frau veröffentlicht wurde und in dem es heißt:

„Leider ist es nun einmal so, daß es kein Ende gibt, solange der Tiefpunkt des Schachtes nicht erreicht ist, solange man *das, wovor man Angst hat, nicht wirklich erfahren hat.* Und dabei kann tatsächlich ein Ausweg um da herauszukommen sein, daß man einen physischen oder psychischen Zusammenbruch erlebt und das kann ein gutes Ergebnis bringen. Jedoch ist keine Lösung gut genug, die nicht gleichzeitig analytisches Verstehen und Einsicht (in die genetische Bedingtheit und Umstände der eigenen Störung, v.M.) von Seiten des Patienten einschließt" *(Winnicott 1974).*

Mit anderen Worten: die Überwindung von Ängsten, die manche Analysanden so intensiv wie eine Todesangst (vor dem „Sterben" der bisherigen Form des ZentralIchs) erleben, ist Voraussetzung für eine Umschichtung von bisher Unbewußtem in Bewußtes, die eine essentielle Veränderung der Gesamtpersönlichkeit mit sich bringt.

Der nüchtern-klaren Härte der Sätze, mit denen *Winnicott* die Summe seiner Erfahrungen im Umgang mit Frühstörungen zieht, wäre nichts hinzuzufügen, wenn nicht die sprachliche Wendung „wirklich erfahren hat" einige kommentierende Bemerkungen erforderlich machen würde.

Was konstituiert „wirkliche Erfahrung"? Von welcher Qualität muß dasjenige Verstehen und diejenige Einsicht sein, die eine Umwandlung von bisher Unbewußtem in nunmehr Bewußtes bewirkt, d.h. eine umstrukturierende Änderung herbeiführt? Um es mit einem Begriff früherer Psychotherapeuten-Generationen zu verdeutlichen: Was macht das sogenannte Aha-Erlebnis aus, was ist das Wesen des sogenannten „Bauch"-Erlebens, bei dem ein Mensch in Sternstunden seiner Analyse in einer, dem rationalen Denken kaum faßbaren, paradoxen Weise bisher Unbewußtes nicht nur geistig-seelisch, sondern auch körperlich erfährt, mit seinen Sinnen erfaßt? Hierzu ein Zitat *Erich Fromms* (1960):

„Zweifellos teilte *Freud* in den ersten Jahren seiner psychoanalytischen Forschung den konventionellen, rationalistischen Glauben, daß das Wissen theoretisch und intellektuell sei. Er glaubte, dem Patienten zu erklären, warum gewisse Entwicklungen stattgefunden hatten, und ihm zu sagen, was der Analytiker in seinem Unbewußten gefunden hatte. Dieses intellektuelle Wissen, das ‚Deutung' genannt wurde, sollte eine Wandlung im Patienten bewirken. Aber bald mußten *Freud* und andere Analytiker die Wahrheit von *Spinozas* Feststellung entdecken, daß das intellektuelle Wissen die Wandlung nur soweit befördert, als es gleichzeitig affektiv ist. Es wurde offenkundig, daß das intellektuelle Wissen als solches keine Wandlung bewirkt . . .

Sein Unbewußtes zu entdecken ist gerade keine intellektuelle Tätigkeit, sondern ein affektives Erlebnis, das sich, wenn überhaupt, kaum in Worte fassen läßt . . .

Die Bedeutung dieses *erlebten Wissens* liegt darin, daß es die Art von Wissen und Bewußtsein übersteigt, wo sich der Subjekt-Intellekt als Objekt betrachtet, und daher geht es über die westliche, rationalistische Auffassung des Wissens hinaus."

Im Zusammenhang dieser Arbeit kann auf dieses Thema nicht im einzelnen eingegangen werden. Aber zweifellos wird es in Zukunft wichtig sein, mehr Klarheit darüber zu gewinnen, was in der Gesprächssituation des TH. mit einem Frühgestörten A. eigentlich Änderung, Heilung, Umstrukturierung ausmacht und was die Wandlungsphänomene konstituiert, bei denen „rigide Erfahrungsmuster und -regeln im Schmelztiegel eines erneuerten, gemeinsamen Wahrnehmens umgemodelt werden" *(Adler* 1984). Besonders notwendig scheint es mir, in diesem Zusammenhang Kriterien herauszuarbeiten — soweit das einem abstrahierenden Denken überhaupt möglich ist — um wirkliche Erfahrung im Sinne *Winnicotts* von einer lediglich intellektuellen Weise des Erfassens und von anempfundenem Denken zu trennen und zu unterscheiden.

Denn im Zuge der Durchsetzung der neuen auf die Frühstörung und die Behandlungsmodi einer möglichen „Umstrukturierung" zentrierten Richtung der Psychoanalyse und deren Übermittlung an den psychoanalytischen Ausbildungsakademien in Form neuer Lehrstoffe, vertieft sich eine Gefahr, auf die *Fromm* bereits 1960 in seiner oben genannten Arbeit hingewiesen hat. Hier noch einmal ein kurzes Zitat:

> „Worte nehmen immer mehr den Platz von Erleben ein. Und doch ist sich der betroffene Mensch dessen gar nicht bewußt. Er glaubt, etwas zu sehen; er glaubt, etwas zu fühlen und doch hat er kein Erleben außer Erinnerung und Denken. Wenn er glaubt, er erfasse die Wirklichkeit, ist es nur sein Gehirn-Ich, das sie erfaßt, während er, der ganze Mensch, seine Augen, seine Hände, sein Bauch, nichts erfassen."

Anstelle erlebten Wissens tritt, unter Vermeidung des mühseligen, schmerzhaften Prozesses der Regression, der es allein erfahrbar machen kann, bloße intellektuelle Aneignung. Geschicktes, diskussionsstarkes Jonglieren mit den nunmehr modisch gewordenen Konzepten der modernen Psychoanalyse täuscht eine Veränderung der bisherigen Weise der Wahrnehmung und des Verhaltens vor. An die Stelle wirklicher Erfahrung im Sinne *Winnicotts* treten denkendes Alsob-Empfinden und anempfundenes Pseudo-Erleben.

In einem solchen Fall werden dann eingespurte Abwehrformationen lediglich umgruppiert, realiter befestigen sie sich neu, nachdem sie im Verlauf einer partiell gebliebenen Regression vorübergehend gefährdet schienen. Erneut macht man den von vornherein zum Scheitern verurteilten Versuch über Denken zu erfahren, was nur über persönliches Erleben erfahren werden kann. In Wahrheit kommt es zu keiner echten Nachreifung des Gefühls. Dem in früher Kindheit entstandenen defekten Ich wächst keine neue Basis zu und das Selbstwertgefühl bleibt in Krisen weiterhin labil.

Die Begriffe der modernen Psychoanalyse werden dann dazu mißbraucht, alte, nicht belastungsfähige Alsob-Haltungen des Ichs neu zu rekonstituieren. Die Fundgruben von *Kernberg* und *Searles* mit ihren lebendigen Schilderungen von Äußerungen und Verhaltensweisen frühgestörter Patienten werden als Steinbruch benutzt, um auf einem Boden von Intellektualität neue, die eigene Schwäche überkompensierende Macho-Gebäude von Pseudo-Ichstärke und einer Schein-Festigkeit des Zentral-Ichs aufzubauen.

Infolge der Intellektualisierung des Fühlens wird der weitere Zugang zum Unbewußten versperrt oder sogar abgeschnitten. Eine überstrukturierende, oft aufgeblähte und gespreizte Sprache, die als Wissenschaftlichkeit allwissender Väter daherstolziert, verkompliziert Einfaches und unmittelbar Einfühlbares und erschwert, ja verunmöglicht zu ihm den Zugang. In der Eiseskälte eines sich immer mehr verselbständigenden Abstraktionismus erfriert das Wesentliche und das Eigentliche geht verloren. Wissenschaftlichkeit kann zum Wissenschaft-Fetischismus werden, der dann zweck- und zielhaft eingesetzt wird.

Um im Rahmen unserer Schilderung einiger den Behandlungsablauf betreffender Aspekte zu einer anderen Frage überzugehen: Lassen sich im retrospektiven Rückblick auf eine Langzeitbehandlung *bestimmte Stadien des Verlaufs feststellen,* an denen sich im Fall einer positiven Behandlungsentwicklung Fortschritte ablesen lassen können?

Sicherlich wird es mit wachsender Erfahrung im Umgang mit Frühstörungen und durch mehr Austausch von Arbeitsergebnissen, als bisher in mancher der Fachzeitschriften geboten wird, möglich sein, darüber mehr Klarheit zu gewinnen als heute vorhanden ist.

Aber auf der anderen Seite wird es wahrscheinlich immer schwierig bleiben, für die ganze Fülle von Situationen, bei denen ein bestimmter Analytiker mit einem bestimmten Analysanden (d.h. also zwei Personen mit jeweils ganz individuellem Persönlichkeitsbild und psychischem Entwicklungsstand) eng miteinander verbunden ist, allgemein gültige Kriterien für einen Behandlungsfortschritt zu erarbeiten, die dem Praktiker eine wirkliche Hilfe geben können.

Wenn es auch schwierig und nur begrenzt zweckmäßig scheinen mag, den Versuch zu unternehmen, in schematisierter Form bestimmte, voneinander unterscheidbare Stadien herauszuarbeiten, gibt es doch in bezug auf den Verlauf dieser Langzeitbehandlungen einige andere Fragen, über die sicher auch heute schon nützliche Aussagen gemacht werden könnten.

Gibt es in solchen Analysen bestimmte Wendemarken, an denen erkennbar wird, wann der Tiefpunkt der Regression erreicht ist? Gibt es Signale für einen Sättigungspunkt, wenn sozusagen der Bedarf an Regression im Dienst der Nachreifung des in der Frühkindheit in seiner Entwicklung gestörten Ichs abgedeckt ist?

Gibt es Indikatoren für einen Tiefpunkt der Regression, Wendepunkte eines Neubeginns?

In der weitaus überwiegenden Zahl von Fällen löst sich diese Frage, die theoretisch schwer angehbar ist, in der Praxis des psychoanalytischen Behandlungsalltags von selbst. Der A. bestimmt Tempo wie Dauer der Zusammenarbeit und ab einem bestimmten Zeitpunkt fühlt er im Fall eines positiven Behandlungsverlaufs manche seiner Symptome, die ihn seinerzeit in die Analyse gebracht haben, behoben oder wesentlich gemildert.

Damit kommt er aus seiner bisherigen Zwangslage heraus und es gelingt ihm mehr und mehr, den Kopf über den bisher hochgehenden Wogen einer permanenten Krise zu halten. Zumindest in gewissem Umfang gewinnt er Entscheidungsfreiheit und beginnt dann abzuwägen, ob es sich für ihn weiterhin lohnt, den mühsamen Prozeß der Rückkehr zu den eigentlichen Fixierungsstellen seiner Störung fortzusetzen, wenn das ständig mit so hohem Energieeinsatz und materiellem Aufwand bezahlt werden muß. Gleichzeitig setzt auch — und das ist ein wichtiger Bestandteil des Heilungsvorgangs — ein Prozeß der Ent-täuschung ein und der A. beginnt, realitätsbezogener seine bisherigen Erwartungen an die Analyse und an die Person des TH. (als einer nichts als guten, allzeit verstehenden, superpotenten Mutter-Vater-Phantomfigur) abzusetzen von dem, was allgemein menschlich und speziell für ihn realisierbar ist.

Äußere Umstände und bestimmte Sachzwänge kommen dann hinzu oder werden von ihm konstelliert und benutzt. Der A. erlebt eine Besserung seiner bis dahin meist kritischen beruflichen wie privaten Situation und sieht sich von daher motiviert, Energien, die bisher in den regressiven Prozessen seiner Analyse gebunden waren, für andere Bereiche und neue Aufgaben freizusetzen. Nicht selten spiegeln Träume diese Veränderung des Analyseklimas. Und oft macht der A. von sich aus den Vorschlag, die Zahl seiner Wochenstunden zu verringern und beendet dann nach einer Übergangszeit seine Analyse.

Aber es bleibt eine Minderheit von Analysanden, die sich nicht mit einer Symptombesserung begnügen und die an der Analyse weiterhin festhalten. Gibt es im Fall dieser Gruppe klar erkennbare Indikatoren für das Erreichen eines Tiefpunktes ihrer Regression und für die Notwendigkeit einer Umkehr der bisherigen psychodynamischen Bewegung nach „unten" in die „Tiefe" des Unbewußten?

In der Psychoanalyse gibt es seltene Sternstunden, genauer gesagt Sternminuten, in denen der Analytiker, oft gemeinsam mit seinem Analysanden, von einem Gefühl ergriffen wird, etwas Wichtiges habe sich ereignet, man sei zu etwas durchgekommen, man sei angekommen. Wenn das in der Spätphase einer Langzeitanalyse geschieht, nachdem der A. viele Monate hindurch den von *Winnicott* erwähnten Zusammenbruch in Form einer stückweisen Aufgabe bisheriger Weisen des Wahrnehmens und des Sich-verhaltens an sich erlebt hat, meint der TH. oft, jetzt sei der Wendepunkt erreicht, ab hier gehe es aufwärts.

Es empfiehlt sich, mit solch gradlinigen Erwartungen vorsichtig zu sein, denn wenn man auf sie baut, wird man mit Sicherheit enttäuscht werden. Für eine Veränderung in der Zusammensetzung und der Psychodynamik des GesamtIchs, die über eine begrenzte Symptombesserung hinausgeht, muß sowohl in der regressiven Abstiegs- wie in der darauf folgenden Auf-stiegsphase ein hoher Preis gezahlt werden.

Auch Fortschritte in der Aufwärtsphase sind nicht billig zu haben und vollziehen sich im Gegensatz zu einer gradlinigen, klar erkennbaren Bewe-gung nach vorwärts, eher nach Art der Echternacher Springprozession. Drei Schritt vorwärts und danach zwei Schritte zurück oder, abwechselnd damit, ein anderer Rhythmus des fünf vor und drei zurück. Viele über die Therapie der Frühstörung schreibende Autoren haben, meist unter dem Stichwort der sogenannten negativen therapeutischen Reaktion *(Grunert* 1979, *Rohde-Dachser* 1979), auf diese VorRückwärtsbewegung aufmerksam gemacht. Statt in den Bann illusionärer Vorstellungen, wie z.B. der einer plötzlichen Saulus-Paulus-Wandlung zu geraten, tut der TH. daher gut dar-an, sich auf dieses Verhaltensmuster eines A. von vornherein einzustellen und darauf vorbereitet zu sein.

Ich bin, auch im Zusammenhang mit dem eben Gesagten, der Meinung, daß es schwierig ist, klare Indikatoren für den Tiefpunkt der Regression und bestimmte Wendemarken herauszuarbeiten, an denen ein *Balint*scher Neubeginn festgemacht werden könnte. Wohl aber ist im individuellen Fall eines bestimmten Analysanden eine *Trendwende, eine Klimaveränderung* deutlich feststellbar, ebenso wie eine *Temposteigerung in der Dynamik der „Aufwärts"bewegung* nach dem „Abstieg" der Regression.

Der Analysand in der Aufstiegsphase
Der Psychoanalytiker als Spiegel und als Trainer
Intensivierte Auseinandersetzung mit der Vaterimago

Nehmen wir an, im Fall eines bestimmten A. hat, für ihn wie für seinen TH. spürbar, eine Trendwende eingesetzt. Der A. ist im Verlauf eines ausge-dehnten regressiven Prozesses an die genetischen Fixierungsstellen seiner Störung zurückgekehrt. Auf Erwachsenenebene hat er zumindest in gewissem Umfang frühkindliche Sehnsuchtsgier und Ängste (seines libidinösen KindIchs) ebenso wie infantile Enttäuschungswut und Haßdurchbrüche (seines Antilibidinösen Ichs) nacherlebt. Er ist sich seiner Angstgefährdung und der Brüchigkeit seines Selbstwertgefühls bewußt geworden und weiß, welchem Entwicklungshintergrund sie entstammen. Er kennt seine Gefahr, in bestimmten für ihn charakteristischen Auslösesituationen von Sehnsuchtsgier, Angst oder Haß überschwemmt zu werden.

In Fachsprache: der A. hat sich seine innerpsychische Spaltung bewußt gemacht ebenso wie die daraus resultierende Tendenz zu bestimmten Projektionsbereitschaften, die ihn in immer wieder die gleichen Beziehungsmodi hineintreiben. Der A. kennt die wichtigsten, ihm bisher unbewußten seit früher Kindheit aufgeprägten und andressierten Verhaltensmuster und „Aufträge". Diejenigen A.s, für welche die innerpsychische Dynamik einer Schaukelbewegung charakteristisch ist, wissen, warum sie die Tendenz haben, ständig zwischen Insuffizienzgefühlen und Grandiosität hin- und herzupendeln.

Trotz dieser Trendwende tritt nun bei manchen Analysanden nicht ein, was hier eigentlich zu erwarten wäre. Es kommt vielmehr zu einem Phänomen, auf das mehrere Autoren *(Rohde-Dachser* 1979), meist unter dem Stichwort eines Scheiterns am Erfolg, hingewiesen haben. Statt mit Hilfe des Schwungs der Trendwende nunmehr mit wachsendem Tempo in einer Bewegung des „Vorwärts" und des „Aufwärts" voranzuschreiten, wird deutlich, daß der A. beginnt, auf der Stelle zu treten. Kein Vorwärts, auch kein Rückwärts, er bleibt an dem Punkt, den er erreicht hat.

Der A. konzentriert sich nicht darauf, die erreichte Bewußtseinserweiterung nun zielstrebig in veränderte Verhaltensweisen zu Bezugspersonen umzusetzen und dabei besondere Aufmerksamkeit denjenigen Ausnahmesituationen zuzuwenden, an denen er bisher immer gescheitert ist und auf die er mit Zusammenbrüchen des Selbstwertgefühls reagiert hat. Er rekapituliert nur wieder und wieder, daß sich im Verlauf der Analyse das Bild seiner primären Bezugspersonen ebenso wie seiner ganzen frühkindlichen Erlebniswelt verändert hat und wie und warum das so gekommen ist.

Diese Wiederholung von bereits Bekanntem kann sich über einen längeren Zeitraum erstrecken und allmählich wird dann zunächst dem TH., später auch dem A. bewußt: hier findet nur noch ein zunehmend monotoner werdendes Repetieren statt, das keinerlei Neuerfahrung erschließt und auch nicht aus Freude am Umgang mit Neuerlerntem betrieben wird.

Damit gerät die Analyse in eine Risikozone, von ihrem bisherigen Niveau eines für die Gewinnung vertiefter Selbsterkenntnis unentbehrlichen

Hilfsmittels zu einer l'art pour l'art-Psychoanalyse heruntergestuft zu werden. Es entsteht die Gefahr, daß ein bisher für Überwindung von Widerstand benutztes Werkzeug jetzt selber zum Widerstand wird und damit weiterer Fortschritt einer Nachreifung blockiert ist. Psychoanalyse wird als Analysiermaschine mißbraucht und die Zusammenarbeit zwischen TH. und A. gerät in eine Sackgasse, in eine Pattsituation.

In einer 1984 erschienenen Arbeit hat *Kernberg* diesen bei einigen Analysanden in einer Aufstiegsphase zu beobachtenden toten Punkt, der von manchen Autoren sowohl unter der Bezeichnung eines Scheiterns am Erfolg als auch als negative therapeutische Reaktion erwähnt wird, unter verschiedenen Gesichtspunkten zu erklären versucht. *Kernberg* spricht hier von einer dem A. unbewußten Notwendigkeit, zu zerstören, was Gutes vom TH. auf ihn zukomme; von einer unbewußten Neidhaltung der Person des TH. gegenüber; von der Notwendigkeit, den TH. als gutes Objekt zu zerstören aus einer unbewußten Identifikation des TH. mit einem primitiven, sadistischen Objekt und von einer masochistischen Unterwerfung des A. als einer für ihn unabdingbaren Vorbedingung für die Herstellung und Aufrechterhaltung einer für ihn wesentlichen Objektbeziehung.

In Erweiterung dieser von *Kernberg* (1984) und bei *Rohde-Dachser* (1979) erwähnten Aspekte scheint es mir nützlich, den Versuch zu machen, die dort erwähnte Problematik aus der Perspektive eines Analysanden zu sehen, der nach einer länger andauernden Regression sich nunmehr in einer Aufstiegsphase befindet:

Der A. fühlt sich verändert. Er empfindet und fühlt (aus seinem erweiterten und besser integrierten ZentralIch) anders als bisher, ohne daß er präzisieren könnte wie. Deutlich spürt er: etwas Neues ist ihm (aus den durch Bewußtmachung depotenzierten TeilIchen) zugewachsen, ohne daß er genau sagen könnte was.

Auf Frustrierung und Kränkung reagiert der A. Ich-stärker, fühlt sich weniger kritikempfindlich und lobbedürftig, weniger zerrissen und in Bruchstücke des Erlebens aufgespalten. Er kreist nicht mehr, narzißtisch in sich verfangen, ständig um sich selbst. Kommt es zu Ausnahmesituationen, ist der Bann seiner Spaltung mit der damit verbundenen Mechanik des projektiven Herauswerfens dieser Gespaltenheit in Bezugspersonen gebrochen. Berufskollegen sind nicht mehr automatisch rivalisierende, ihm übelwollende Brüder und Schwestern, Cheffiguren nicht länger gleichbedeutend mit bösen Vätern. Nachdem er die tiefsten Antriebe seiner Sehnsuchtsgier freigelegt hat, kann er Frauen nicht mehr so naiv-unkritisch wie bisher auf den Status bloßer Sexobjekte reduzieren. Der Genuß von Instant-Sex ist schal oder bitter geworden. Aus Objekten (Projektionsfiguren Fee/Hexe,

Heilige/Hure) werden für ihn Subjekte mit eigener Gestalt, Personen mit eigener Geschichte und aus eigenem Recht. Freier von Angst und Illusionen sieht er mitunter die Wirklichkeit der ihn umgebenden Welt, sieht er einen Baum als einen Baum, einen Menschen als einen Menschen.

Der A. hat weniger Angst und seine Angst ist realitätsbezogener. Fällt Panik (mit Dekompensationsgefahr) ihn doch noch einmal an, so kann er eine Verzögerungspause einschieben, erinnert sich an ähnliche Situationen, weiß besser mit Panik umzugehen und kommt schneller aus ihr heraus.

Er ruht mehr in sich, hat mehr Vertrauen in das Unbewußte, in das Fremde und Unbekannte, das er nicht mehr länger mit dem Feindlichen und Zerstörerischen gleichsetzt. Ein wenig kann er mitunter davon spüren, was die schönen Worte von Geborgenheit, von in der Mitte aufruhen sagen wollen und was mit bisher als bloßem Wortgeklingel abgewerteten Redewendungen wie sich im Auge des Orkans oder in der Nabe eines rollenden Rades aufzuhalten eigentlich gemeint ist.

Er fühlt mehr Kraft, aber diese Kraft ist noch nicht verläßlich, ist noch unerprobt. Er sieht Licht am Ende des Tunnels, aber er ist noch mitten auf dem Weg dorthin. Mitunter erlebt er ein bisher unbekanntes Gefühl von Freiheit. Aber all das ist lediglich ein Beginn, es sind nur Ansatzpunkte.

Oft äußert ein A. in dieser Phase, er fühle sich wie ein neuer Mensch, nach einer Periode intensiver Angst und Schmerz wie neugeboren. Aber gerade an diesem Punkt setzt nun eine andere Art von Zweifeln ein. Ist er nicht ein Retortenbaby, das sich einer Auseinandersetzung mit der rauhen Welt in keiner Weise gewachsen erweisen wird? Zwar hat ihm die therapeutische Situation Hilfestellung gegeben, sich zu verändern, und er fühlt sich de facto anders als bisher. Aber ist nicht die therapeutische Situation und gerade die Beziehung zum Analytiker im Grunde etwas Artifizielles, fernab der Ellbogen-Welt, der er sich jetzt stellen soll? Kann das, was ihm unter künstlichen Umständen zugewachsen ist, wirklich halten, wird es im realen Alltag tragen? In gewisser Weise fühlt sich ein A. in der Aufstiegsphase wie ein Rekonvaleszent unter Gesunden, wie ein Leichtgewicht unter Schwergewichtlern.

Zwar spürt er Umrisse von dem, was *Winnicott* nach der Phase des Zerbröckelns des Falschen Selbst das Hervorkommen des Wahren Selbst genannt hat. Aber das ist nur ein sich gelegentlich abzeichnender Umriß, vorderhand nicht mehr als ein Entwurf. Hin und wieder sieht er zwar einzelne Steine eines Mosaiks. Aber wie den Entwurf ausfüllen, wie das Puzzle zusammensetzen? Er bewegt sich auf unvertrautem Boden, in unbekanntem Gelände, seiner selbst und seiner neuen Hilfsmittel noch ungewiß.

Er spürt jetzt mitunter ein ihm bis dahin unbekanntes Freiheitsgefühl. Aber wo werden ihn diese neu andrängenden Impulse hintragen? Vielleicht ist der A. jung, vital, und im Verlauf der Analyse ist in ihm viel Bitterkeit über erlittene Beschränkung und Kränkung freigeworden. Immer wieder ist er an Gummiwänden aufgelaufen oder hat sich eine blutige Nase geholt im Anrennen gegen Betonköpfe einer bösartigen Vaterwelt. Da kann dann in einem solchen A. durchaus eine Angst hochkommen, vielleicht am Ende bei den Revolutionären Zellen zu landen, von Staatsschutzorganen gejagt und schließlich zur Strecke gebracht.

Viele A., vor allem jene, die sich gegen Gefühle von Zuneigung und Zärtlichkeit besonders stark mit Machohaltungen abgeschottet haben, fühlen ihre Bezugspersonen jetzt anders und möchten etwas davon herauslassen, was sie bislang verdrängt und in Abspaltung gehalten haben. Sie sind jedoch völlig ungeübt darin, sich in emotionsgeladene Situationen hineinzugeben und etwas Gemüt- und Gefühlhaftes von sich zu zeigen, statt wie bisher davor davonzulaufen oder es reflexhaft zu vermeiden. Ist es möglich, als Erwachsener nachzulernen, was für andere so ganz selbstverständlich ist? Welcher Partner wird diese Ungeübtheit respektieren und dem A., ohne Kränkung und Beschämung, den nötigen Nachhol-Übungsraum gewähren?

Manche A., die jetzt fester in sich ruhen, entdecken zu ihrer Verwunderung anstelle bisher überall drohender Feinde und Verfolger plötzlich Mit-Menschen, ebenfalls in Not Befindliche, Leidende wie sie selbst es sind. Das kann dann bei ihnen eine Welle des Mitfühlens und Empfindungen von Brüderlichkeit auslösen. Haben diese Gefühle Platz in der Welt?, wird sich ein solcher A. dann fragen. Wird er, wenn sich solche Impulse verstärken, nicht total Lebenskampf-unfähig werden? Wird er dann nicht vielleicht, wenn schon nicht als Terrorist, so doch als ein Softie enden?

Ist es – wenn wir unsere Überlegungen zum Thema des Scheiterns am Erfolg zusammenfassen – unter Berücksichtigung aller dieser Gesichtspunkte nicht verständlich, wenn ein A. eine Pause einlegt, wenn er Wasser tritt, rekapituliert und am „Erfolg zu scheitern droht"?

Auch in diesem Zusammenhang scheint mir die Terminologie der Theorie der Objektbeziehungen hilfreich. In ihrer Begriffssprache: Der A. hat im Verlauf der Analyse sein libidinöses KindIch freigelegt und bewußt gemacht. Gleichzeitig hat er sich selbst entwaffnet, indem er zumindest teilweise sein Antilibidinöses Ich demontiert hat. Dadurch erlebt er sich in mancher Hinsicht als schutzloser als zu Beginn seiner Analyse. Jetzt empfindet er Angst, sein ihm noch weitgehend unbekanntes Wahres Selbst (sein besser integriertes ZentralIch) der Konfrontation mit der Welt auszu-setzen.

Ich bin der Auffassung, daß im Fall der geschilderten Patt- und Sackgassen-situation der Psychoanalytiker zu einer anders nuancierten Art der Zusam-menarbeit mit seinem Analysanden übergehen muß. Die in die Genese rückführende, aufdeckende Psychoanalyse allein genügt nicht mehr. Wenn man vermeiden will, daß eine Hängematten-Situation entsteht wie die be-reits früher in anderem Zusammenhang erwähnte und daß Psychoanalyse als Analysiermaschine mißbraucht wird oder in eine intellektuelle Breiten-dimension geht und darüber ihre psychische Hebelwirkung einbüßt, *muß neben den Psychoanalytiker als Spiegel der Psychoanalytiker als Trainer treten.*

Der TH. muß seinem A. in anderer Weise zur Seite stehen als bisher. An-stelle des TH. als vorwiegend guter Mutter muß nun in einer allmählichen Verschiebung von Nuancen der vorwiegend gute Vater treten. Dieser aus-reichend gute Vater muß jetzt auch gelegentlich — direkter als bisher — die Alltagssituation des A. aufgreifen und mit ihm das Für und Wider von po-tentiell möglichen, neuen Arten des Umgangs mit seinen Bezugspersonen ansprechen. Hin und wieder wird der TH. seinen A. daran erinnern, daß die eigentliche Bewährungsprobe seiner Veränderung darin liegt, sie in verän-derte Verhaltensweisen gegenüber den Bezugspersonen seiner Umwelt umzusetzen.

Zwar wird ein Psychoanalytiker keine Ratschläge erteilen oder Gardi-nenpredigten halten. Aber gelegentlich wird er, so wie *Balint* gegenüber sei-ner Purzelbaum-Patientin, doch auch einmal eine Hilfestellung geben und seinen A. fühlen lassen, daß er sich jetzt mehr in der Funktion eines wohl-wollenden Trainers sieht, der seinem Trainee eine persönliche, auf ihn zu-geschnittene Form von „Verhaltenstherapie" nahebringen möchte. Die im Verlauf der Analyse gewonnenen Einsichten in die Genese der Störung des Wahrnehmens und des Sich-Verhaltens des A. müssen durch ein vom TH. begleitetes *Einüben neuer Verhaltensweisen* und das immer wieder gemein-sam überprüfte „Verlernen" alter, falscher Formen der Wahrnehmung und der Interaktion mit Bezugspersonen fruchtbar gemacht werden.

Dieser sich allmählich anbahnende Wandel in der Funktion des TH. von vorwiegend guter Mutter zu vorwiegend gutem Vater wird dem A. auch helfen, die nun immer deutlicher heraustretende *ödipal-rivalisierende Aus-einandersetzung mit einer Vaterimago zu intensivieren* und damit in die End-phase seiner Analyse einzutreten.

Im bisherigen Verlauf der Analyse waren die in der Phantasiewelt des A. hochkommenden Figuren eines „kombinierten, gefährlichen Mutter/

Vaterbildes" *(Kernberg* 1975) oft geschlechtsspezifisch undifferenziert. Die Phantasiebilder der Mutter enthielten auch Anteile von Vaterimagines, die nicht leicht von denen des Mutterbildes zu trennen waren. Jetzt treten in den Träumen und Einfällen des A. stärker als bisher in ihrer Geschlechtsidentität klar umrissene Vaterimagines in den Vordergrund und werden zum Hauptinhalt der Schlußphase der Zusammenarbeit mit seinem TH.

Analog dem analytischen Geschehen in der Auseinandersetzung mit der Mutterimago geht es jetzt, im Kampf mit der Vaterimago hauptsächlich darum, die letzten Reste der bisherigen pathologischen Fixierung des A. auf Spaltung in seinem Wahrnehmen und Erleben fortschreitend zu überwinden.

Wesentlich deutlicher als bisher treten in dieser Phase zwei in ihrem totalen Gegensatz sich gegenseitig ausschließende Vaterimagines heraus, auf die der A. fixiert ist und die er unbewußt in ständigem Wiederholungszwang in geeignet erscheinende Personen seines Umfelds hineinprojiziert. Waren es im Fall der Mutterimago miteinander unvereinbare Kontrastfiguren wie die von Fee oder Hexe, Heilige oder Hure, so sind es im Fall der Vaterimago ein in Machtarroganz erstarrter, zerstörerischer Dschinghis Khan auf der einen und charismatische Führerfiguren auf der anderen Seite.

An der Person des TH. werden in der jetzt betonten Phase ödipalen Rivalisierens diese Vaterbilder aktualisiert und der A. ist zwingender als bisher genötigt, sich dem Widerspruch der in die Person des TH. gleichzeitig hineinprojizierten Imagines des schreckenerregenden „bösen" ebenso wie des Sehnsucht auslösenden „guten" Vaters zu stellen.

Was die negativ besetzte, angstmachende Extremvariante seines Vaterbildes angeht, so kommt der A. jetzt nicht mehr darum herum, das deutlich wahrzunehmen, was ihm annäherungsweise bereits in früheren Phasen der Analyse aufgedämmert ist: Ihm wird bewußt, wie er sich bisher der Angst vor einem Kampf mit dem Vater dadurch entzogen hat, daß er Vaterfiguren seines beruflichen und privaten Umfelds immer wieder auf die gleiche Schiene der Herabsetzung, Abwertung und Verleugnung abgeschoben hat. Er erinnert sich mit Beschämung, wie er − wenn er sich gekränkt oder zurückgesetzt fühlte − in seiner Phantasie seinem Chef (oder auch seinem TH.) Dinge sagte, die ihm ins Gesicht zu sagen er sich nie getraut hätte. Oder daß er sich beim Lesen von Zeitschriften des Enthüllungsjournalismus mit Demontagen bekannter Figuren des öffentlichen Lebens bis zu einem Punkt identifizierte, wo es ihm vorkam, er selber wäre es, der diesem oder jenem Politiker die Leviten lese. Der A. merkt in dieser Phase der Analyse, daß er sich mit solchen, oft mit hohem Raffinement an Selbsttäu-

schung durchgespielten Phantasie-Triumphen lediglich Surrogat-Gefühle
eigener Potenz und Autonomie verschafft hat, die sich von den jetzt (als
Frucht kämpferischer Auseinandersetzung mit dem TH. und anderen Bezugspersonen) mehr und mehr zuwachsenden Gefühlen echter Kraft, Stärke und Freiheit klar und deutlich unterscheiden.

Verblüfft und bestürzt machte sich der A. zunehmend bewußt, wie er
sich − in einer anderen Variante des Umgangs mit der Dschinghis-Khan-
Schreckensgestalt seiner Psyche − zumindest stück- und teilweise verschmolzen geglaubt hat mit Rambo-, James Bond- oder Cowboyfiguren
aus bisher tief verborgenen Winkeln seines Unbewußten. Wie er versucht
hat, mit Hilfe solcher Männerphantasien aus der Welt des Films und der Zi-
garettenreklame eine Scheinidentität zu beziehen, sich das Falsche Ich einer Als-ob-Grandiosität und Pseudo-Kraft und Macht zurechtzuzimmern.
Schrecken verbreitend, Tod austeilend. Ein angstfreier, brutaler Kämpfer,
nie versagender Sieger, Herr über bewundernde Frauen. Ein einsamer Rei-
ter über das weite Land, Herrscher und Bezwinger wilder Tiere (des „Tier-
ischen" in uns).

Auf der entgegengesetzten Seite des Spektrums gelingt es dem A. in der
Schlußphase seiner Analyse, die ebenfalls tief in sein Unbewußtes abge-
drängten, meist durch charakteristische Ängste vor passiver Homosexualität abgewehrten Sehnsüchte nach einer machtvollen, weltkräftigen und zugleich gütigen Vaterfigur eindeutiger als bisher freizulegen. Es wird ihm
jetzt zu lebendiger Erfahrung, daß er, solange er diese Sehnsüchte nicht in
sein Bewußtsein zuläßt und einer angstfreien Überprüfung unterzieht,
nicht aufhören wird, sie in seine Außenwelt zu projizieren. Der A. erinnert,
wie er immer wieder die Daseinsrealität bestimmter für die Aufnahme von
idealisierenden Wunschphantasien geeigneter Figuren seiner Umwelt
überhöht und verzerrt hat, wie er ihnen eine Fülle positiver Qualitäten zugemessen hat, die sie in Wahrheit nicht besaßen, wie er sie auf Podeste ge-
heimer Bewunderung stellte und blind für ihre Schwächen und Grenzen
war. Er beginnt zu begreifen, welche fatalen Konsequenzen solche unbewußten Idealisierungen mit sich bringen, z.B. in Form quälender Insuffi-
zienzgefühle, die sich aus einem inneren Zwang ergeben, das
eigene   elende kleine Ich permanent am Maßstab dieser Giganten zu mes-
sen.

Die Aufhebung der letzten Reste von Spaltung im Wahrnehmen und Erleben der Vaterimago löst − als Folge einer laufenden aktiv-kämpferischen
Auseinandersetzung mit dem TH. und anderen Bezugspersonen − das ödipale Problem und festigt auf Dauer bereits im bisherigen Verlauf der Analyse errungene Wandlungen der psychischen Struktur. In einer paradoxen

Wechselwirkung: nachdem der A. sich mit „weiblichen" Hilfsmitteln der Empathie, des In-sich-Hineinfühlens tiefer verstehen gelernt hat und er damit ein Stück eigener Weiblichkeit integriert hat, gelangt er zu einem dauerhaften, belastungsfähigen und krisenfesten neuartigen Eigenerleben von Mann- und Vatersein, von dem er im bisherigen Verlauf der Analyse meist nur Probe- und Vorformen erlebt hat.

Die bisher in unbewußte zwanghafte Herabsetzung des Vaters oder in süchtige Sehnsucht gebundene aggressive und libidinöse Energie wird frei und dem A. verfügbar. Auf einer mittleren Linie − als Resultat einer mit Entschlossenheit ausgetragenen Auseinandersetzung − findet der A. in der Schlußphase seiner Analyse seine persönliche Formel zwischen der Scylla einer Tötung des Vaters und der Charybdis der Hörigkeit gegenüber dem Vater. Weltkräftiges Sich-Durchsetzen gegenüber als erstarrt und historisch überholt anzusehenden Vaterimagines und ihrer Machtbesessenheit auf der einen Seite, ebenso wie die Erkenntnis der Identität des Sohnes mit dem Vater, der Notwendigkeit der Anerkennung eines in seinen Wirkungsmöglichkeiten eng begrenzten, zu Kompromissen zwingenden Vater-Seins auf der anderen Seite − beiden wird in der Gefühlswelt des A. der ihnen zustehende Stellenwert eingeräumt. Nach durchgestandener Auseinandersetzung wird angstfreies, unbefangen-argloses „Einströmen"-Lassen freundschaftlich-solidarischer Gefühle von Seiten einer Vaterfigur − das sich eins Fühlen mit ihr − möglich und vom Sohn wie eine Sinn stiftende Transfusion von Kraft erlebt.

Immer, in allen Phasen der Analyse, wird dem TH. dabei ein Balanceakt zwischen verschiedenen Risiken abverlangt. Das gilt auch in dieser Aufstiegs- und Endphase, bei dem Umlernprozeß, der jetzt vom A. zu leisten ist.

Denn in dieser Phase braucht der A. zwar, wie gesagt, einen TH., der ihn durch seine neue Vaterpräsenz implizit vor Forderungen stellt und ihm Gelegenheit für ödipale Auseinandersetzung bietet. Aber gleichzeitig will der A. − vorrangig oder alternierend mit seinem Bedürfnis nach einer ödipalen Vaterfigur − ein Übungsfeld, in dem er tun und lassen kann, was er bisher nie tun und lassen durfte. Als ein solches Experimentierfeld zum Durchspielen neuer Verhaltensweisen und Beziehungsformen soll ihm jetzt der TH. den Raum der Analyse zur freien Verfügung überlassen.

„Sie können von Schwarz reden oder von Weiß. Das ist mir alles egal. Sie können dies sagen oder das. Nichts ist mir recht. Mit nichts, aber auch mit gar nichts können Sie es mir heute recht machen. Ich will nur, daß Sie mich ganz in Frieden und selber machen lassen", sagte einmal ein A. in einer für eine solche Stimmungslage typischen Weise. Dabei kommt es auf die Art an, in der so eine Äußerung gemacht wird. Nicht resignierend-negativistisch, verbiestert-trotzig oder haßerfüllt, sondern mit einer neuen Festigkeit im Tonfall, mehr von gleich zu gleich, leicht ödipal rivalisierend, mitunter mit einem Unterton gutmütigen Spotts. So gesagt, trifft es das, was hier gemeint ist.

Will man den Spielraum, den ein A. in dieser Phase nach verschiedenen Richtungen hin braucht, nicht zu stark schmälern oder gefährden, sollte auch in bezug auf die Präsenz des TH. als ödipaler Vater der gleiche Grundsatz strikt eingehalten werden, der bereits des öfteren erwähnt wurde: so viel wie nötig, *so wenig wie möglich.*

Abschließend noch ein kurzer Hinweis: Bei der am Anfang dieses Unterkapitels geschilderten Situation eines scheinbaren „Scheiterns am Erfolg" handelt es sich darum, daß eine Trendwende eingesetzt hat und der A. sich in einer Aufstiegsphase befindet, jetzt aber auf der Stelle tritt, ohne daß eine Vorwärtsbewegung mit stetig sich beschleunigendem Tempo erkennbar wird.

Von dieser Situation klar zu unterscheiden ist ein ganz andersartiges Phänomen, das überaus wichtig ist, aber einer eingehenderen Darstellung bedarf, als es im Zusammenhang dieser Arbeit möglich ist. Es ist die von *Balint, Maligne Regression* genannte Spiralbewegung nach „unten" und nach „rückwärts", bei welcher der Einbruch von Impulsen (der beiden infantilen TeilIche) aus dem Unbewußten im Verlauf der Regressionsbewegung außer Kontrolle (des ZentralIchs) gerät und den Zusammenhalt des GesamtIchs zu gefährden droht *(Balint 1968, Guntrip 1968 p. 285 ff., Khan 1969, Rohde-Dachser 1979).*

Über die Grenzen des Erreichbaren. Der überforderte Psychoanalytiker

Um mit Frühstörungen und dem Frühstörungsanteil neurotischer Patienten adäquat umgehen zu können, muß der Psychoanalytiker, auch wenn er männlichen Geschlechts ist, ohne Angst davor, dieser Aufgabe nicht genügen zu können, zeitweilig die vorwiegend gute Mutter sein. Außerdem muß er in der Lage sein, die Funktion eines ausreichend guten Vaters auszufüllen.

Er muß weich-einfühlsam ebenso wie ein Fels in der Brandung sein. Er darf sich in der Alltagspraxis der Zusammenarbeit nicht vor dem fürchten, was in Phasen tiefer Regression aus dem Unbewußten seines A. auf ihn zukommt. Mit wohlwollendem Gleichmut muß er alles, was vom A. kommt, annehmen, ähnlich der Haltung grundsätzlicher Triebfreundlichkeit, die von einem klassischen Psychoanalytiker erwartet wird, der Neurosen behandelt. Er muß zu seinem A. halten, komme was da wolle und ihm jederzeit zu geben versuchen, was dieser – jeweils phasenadäquat – benötigt.

Wenn in späteren Behandlungsphasen von ihm mehr Vater- als Mutterpräsenz verlangt wird, muß der TH. genügend Bereitwilligkeit deutlich machen, seinen A. in eine neue Art von Beziehung eintreten zu lassen. Äußert z.b. in der Schlußphase einer positiv verlaufenen Behandlung ein A. gezielte Kritik an Arbeitsweise oder Person des TH., so wird er den A. nicht infantilisieren und pathologisieren, indem er solche Bemerkungen automatisch – wie ein Deutungsroboter – auf Bezugspersonen der frühen Kindheit des A. rückbezieht. Der TH. wird nicht abblocken sondern sich einem offenen, die Diskussion eigener Fehler und Schwächen einbeziehenden Gespräch stellen.

Um das sein und geben zu können, muß der Psychoanalytiker in angemessener Weise frei sein von Fehlhaltungen, an denen seine frühgestörten Analysanden leiden. Das heißt, der TH. muß – gleichermaßen in einer Vater- wie Mutterpräsenz – mit einiger Festigkeit in sich ruhen, ohne dabei in nilpferdhäutiger Selbstgefälligkeit zu erstarren. Wenn erforderlich hart und unerschütterlich, muß er auch elastisch, jederzeit aufnahmebereit für Kritik und wandlungsfähig sein können. Er muß frei sein von einer ständigen Schaukelbewegung zwischen Insuffizienzgefühlen und Grandiosität. Er muß gelernt haben, eigene Krisen ohne Panik schnellstmöglich hinter sich zu bringen und sie im Zuge seiner eigenen unendlichen Analyse für seine Weiterentwicklung fruchtbar zu machen.

Wo findet man einen solchen Psychoanalytiker? Welcher TH. kann das geben, was hier vorausgesetzt wird? Ist es für jemanden, der die psychoanalytische Szene kennt, nicht wirklichkeitsfremd, so etwas erwarten zu wollen? Und selbst wenn man aus purer Freude am Spiel der Phantasie einmal annehmen würde, ein solcher TH. sei denkbar, wie könnte er im Streß eines 8-Stundentages mit einer Vielzahl von Patienten einem frühgestörten A. jederzeit konstant das Maß an verstehend-wohlwollender Zuwendung geben, das dieser benötigt? Bereitet man mit derlei hochgespannten Erwartungen an die Person eines für die Behandlung von Frühstörungen geeigneten TH. nicht den Boden für neue ÜberIchzwänge, leistet man hier nicht unbewußt elitär-idealistischen Traumvorstellungen Vorschub?

Dazu wäre zunächst einmal zu sagen, daß es legitim erscheint, die für die Heilung eines Analysanden erforderlichen, von einem Psychoanalytiker zu erhoffenden optimalen Eigenschaften zu umreißen, sofern man sich ihres idealtypischen Charakters bewußt bleibt. Und was die utopische Seite dieser Vorstellung angeht, lebt eine Bewegung, solange sie noch über Vitalität verfügt, nicht zu einem Teil auch aus ihren Utopien?

Aber wichtiger als das: Im Verlauf der ganzen bisherigen Darstellung ist immer nur gefordert worden, der TH. solle – im Rahmen des ihm möglichen – eine *vorwiegend* gute Mutter und ein *ausreichend* guter Vater sein. Eine vorwiegend gute Mutter, wie sie in der Alltagswelt leibt und lebt und eben nicht eine vollkommene, nichts-als-gute-Mutter, eine alle Wünsche erfüllende Fee, d.h. eine Gestalt der Phantasie.

Es ist wesentlich, diesen zunächst banal erscheinenden Unterschied nochmals zu betonen und ihm das nötige Gewicht zu geben. Für einen A. ist es von zentraler Bedeutung, sich im Verlauf der Analyse – allmählich und mühsam genug – den Unterschied zwischen zwei ganz verschiedenen Weisen der Existenz bewußt zu machen. Auf der einen Seite ein Hin- und Hergerissenwerden zwischen Illusion und Angst, zwischen verlockenden oder angstmachenden, nichts als guten oder nichts als bösen Phantasiefiguren. Auf der anderen Seite das Erlernen einer Lebensführung mit eigenem Rhythmus, die sich auch den Reichtum der Zwischentöne, der feineren und zarteren Schattierungen, in einem Raum der Mitte zwischen Extremen verfügbar macht. Den dazu erforderlichen Lernprozeß kann ein frühgestörter A. nur vollziehen an der Person eines TH., der sich zwar an bestimmten Leitvorstellungen orientiert und diesen auch in beschränktem Umfang entsprechen kann. Der sich aber andererseits nicht in unbewußter „Ich bin der Größte"-Grandiosität und Pseudovater-Alleswisserei einzementiert, sondern sich voll bewußt gemacht hat, wie unvollkommen und fehlbar er ist, daß er Verstehensgrenzen hat und Schwächen unterliegt.

Was die Frage der Grenzen des Leistungsvermögens eines TH. angeht, so ist es durchaus möglich, sich den Besonderheiten des Umgangs mit Frühstörungen durch Änderungen in der Organisation des Arbeitsalltags anzupassen. Die Leistungskraft verschiedener Analytiker ist unterschiedlich. Aber im allgemeinen wird es ein TH. unmöglich finden, mit stark frühgestörten Patienten fünf Tage in der Woche acht Stunden täglich zu arbeiten, will er jedem seiner A. einigermaßen gerecht werden. Der TH. muß flexibel sein und in der Zusammensetzung seines Klientels auf ein angemessenes Mischungsverhältnis zwischen Neurosen-Standardbehandlungen und der Arbeit mit Frühgestörten achten. Ist der Anteil der Frühgestörten hoch, muß er gegebenenfalls die Zahl seiner täglichen Behandlungsstunden reduzieren, um den besonderen Anforderungen dieser Arbeit genügen zu können.

Am Beginn dieses Unterkapitels stand die Frage, ob es sinnvoll ist, von der Hypothese einer für die Behandlung von Frühstörungen optimalen Psychoanalytiker-Person auszugehen, obwohl oder vielleicht gerade weil ein solches Leitbild stark von der Realität der psychoanalytischen Szene abweicht. Ich nehme an, daß diese Frage durch die vorstehend angestellten Überlegungen für eine Mehrheit von Lesern hinreichend geklärt worden ist. Für diejenigen, bei denen das nicht der Fall sein sollte, werde ich im folgenden Kapitel einige zusätzliche Betrachtungen vorlegen und eine Reihe weiterer Gesichtspunkte anbieten.

Der Auftrag des Menschseins

Psychoanalyse ohne Weltanschauung?

Sigmund Freuds lebenslanges Streben galt dem Ziel der Psychoanalyse als einem neuen Zweig im Kreis der zu seiner Zeit anerkannten Wissenschaftsdisziplinen zum Durchbruch zu verhelfen. Er war kritikempfindlich gegenüber der Behauptung, die Psychoanalyse sei keine Wissenschaft. Wiederholt gab er einer leisen Hoffnung Ausdruck, es würde einmal gelingen, eine Naturwissenschaft des psychischen Apparats zu entwickeln und die Psychoanalyse als ein geschlossenes naturwissenschaftliches System, eine Art kombinierter neurophysiologischer Biologie/Chemie/Physik zu etablieren. Aus diesem Hintergrund war er stets darauf bedacht, die Wissenschaft Psychoanalyse frei von jeder Art von Weltanschauung zu halten.

Heute, mehr als 85 Jahre nach dem Erscheinen der „Traumdeutung" sehen wir diese Wissenschafts-Emphase zwangsläufig aus einer Haltung kritischer Distanz. Sie erscheint uns aus der Situation *Freuds* in der wissenschaftlichen Welt Wiens heraus gesehen gut verständlich, aber eben als zeitgebunden. Die Wasserstoffbombe und die Umweltzerstörung als Ergebnisse einer auf naturwissenschaftlicher Grundlagenforschung basierenden Technik haben uns wissender und skeptischer gemacht. Den modernen Menschen mutet die Haltung des frühen 20. Jahrhunderts zur Naturwissenschaft naiv an. Im historischen Rückblick und Abstand können wir erkennen, was zu seiner Zeit selbst dem Genie *Freuds* verborgen bleiben mußte: Die damalige Einstellung zur Wissenschaft war unbewußt verschmolzen mit einer in eine „wertfreie (Natur)Wissenschaft" hineinprojizierten Vorstellung einer aufsteigenden geschichtlichen Entwicklung, über die bisherigen Entwicklungsstufen der Magie und der Religion hinaus, zu einem endgültigen Dritten Zeitalter positivistischer Wissenschaft und einer industriellen Gesellschaft im Sinne *Auguste Comtes.* Das heißt, sie enthüllt sich uns als das, was die frühen Psychoanalytiker gerade zu überwinden getrachtet hatten: als eine Weltanschauung; eine zeitgebundene, die Motivation ihrer jeweiligen Betreiber nicht kritisch hinterfragende, illusionsgetränkte Wissenschaftsgläubigkeit.

Die moderne Psychoanalyse spiegelt eine veränderte Einstellung zur Naturwissenschaft und zur Wissenschaft und zum Wissenschaftsbetrieb ganz allgemein. Zwar ist sie selbstverständlich darum bemüht, sich ein für Forschung und Lehre unentbehrliches, mit wissenschaftlich-systematischer Methodik erarbeitetes Fundament an Kenntnissen und Erfahren zu sichern. Aber sie ist heute weitgehend frei von jedem „szientistischem" Vorurteil, für die Forschung innerhalb ihres Bereiches nur den Naturwissenschaften entliehene Methoden als allein die Bezeichnung wissenschaftlich verdienend anzuerkennen. Und über diesen Gesichtspunkt hinaus ist die Psychoanalyse im Zuge ihrer jüngsten Entwicklung auch im Begriff, sich der Tragweite der Tatsache voller bewußt zu werden, daß der Stoff, mit dem es jede Theorie eines psychischen Reifungsprozesses des Menschen zu tun hat, nicht aus objektiven, quantifizierbaren und im Experiment wiederholbaren Fakten gemacht ist. Es sich hier vielmehr um Erfahrungen von Personen handelt, die ihrerseits wieder in ständigem Austausch mit anderen Subjekten eines ebenso persönlichen Erfahrungsbereichs stehen.

An welchen Punkten übergreift die psychoanalytische Theorie den Rahmen und die Begrenzung einer wie auch immer definierten Wissenschaft und muß in Weltanschauung einmünden? Ist Psychoanalyse nicht von ihren theoretischen Ausgangspunkten her (der Definition von Trieb, Antrieb, Grundbedürfnissen eines Individuums; der Bausteine der Ichstruktur; der Zielsetzungen des Ichs etc., etc.) bereits zwangsläufig Weltanschauung, die als solche — soweit wie möglich — bewußtzumachen und zu kennzeichnen eine zusätzliche Aufgabe der Forschung sein müßte? Ist Psychoanalyse als Behandlungspraxis, aufruhend auf einem Fundament wissenschaftlich erarbeiteter Fakten, nicht von ihrem Wesen her eher der Arbeit eines Künstlers als der eines Wissenschaftlers verwandt?

Was dieses Problem der im Zuge einer veränderten historischen Situation notwendig gewordenen *Neuzuordnung von Wissenschaft und Weltanschauung* angeht, befindet sich auch die moderne Psychoanalyse noch in einem Übergangszustand und hat es bisher versäumt, sich mit Einsichten und Erfahrungen auseinanderzusetzen und diese dann für die eigene Disziplin fruchtbar zu machen, die im Lauf der letzten Jahrzehnte in anderen Bereichen der Forschung neu gewonnen worden sind.

Es kann in diesem Zusammenhang nur kurz darauf verwiesen werden, daß die moderne Wissenschaftstheorie und Wissenschaftsgeschichte den Bezug zwischen Wissenschaft und sogenannter objektiver Realität einer ganz neuartigen kritischen Betrachtung unterzogen hat. Unter den hier wichtigen Arbeiten sind vor allem die Beiträge von *Thomas Kuhn* (1962 und 1977) bahnbrechend geworden. Ausgehend von der Relativitätstheorie und *Heisenbergs* Gesetz der Unschärferelation, gibt es in der Sichtweise *Kuhns* sogar im naturwissenschaftlichen Bereich keine „objektiven" Fakten außerhalb einer vorgegebenen Art und Weise der Anschauung und Wahrnehmung der Welt, außerhalb eines bestimmten Denkfühl-Modells, eines begrenzten Paradigmas auf der Seite dessen, der Fakten beobachtet und Wissenschaft betreibt. Eine vorgegebene, eingeengt-einengende Prämisse die Welt zu erfassen, vorausbestimmt welche Fakten vom Beobachter als Fakten wahrgenommen werden, was beobachtet wird und wie Beobachtung abläuft.

Anliegen jeder Wissenschaft war immer die Lösung von Problemen, die jeweils in einer bestimmten historischen Situation im Streben nach optimaler Daseinsgestaltung von einer bestimmten Menschengruppe als für die Zukunft vordringlich erlebt wurde. Das Studium der Geschichte der Wissenschaft belegt die Aufeinanderfolge einer Serie von Grundmodellen, „ways of seeing the world" *(Kuhn* 1962), „Weltanschauungen", die mehr oder weniger erfolgreich waren, solche existentiellen Probleme zu lösen. Diese vorgegebenen Weisen die Welt (und die dringlichsten Probleme der Auseinandersetzung mit ihr) zu sehen, waren vorausbestimmend für die Art und Weise, wie in einer Zivilisation Übereinkunft darüber hergestellt wurde, was als Wissenschaft zu definieren und wie Wissenschaft zu betreiben sei.

Von besonderem Interesse sind dabei *Kuhns* Untersuchungen über die Zeitspannen eines Übergangs, des Wechsels von einem Denkfühl-Modell, einem Paradigma zu einem neuen anderen.

Welche Optionen „politisch-taktischen" Verhaltens bieten sich in einer solchen historischen Übergangssituation den Vertretern des alten Paradigmas, sofern sie an ihm festzuhalten suchen?: Neue Beobachtungen und Erfahrungen, die außerhalb des Fokus und des Spektrums des bisherigen für die Definition „Wissenschaftlichkeit" maßgeblichen Paradigmas liegen, werden entweder verleugnet oder in ihrer Relevanz für die Theoriebildung heruntergespielt. Dies geschieht oft mit einem verräterischen Aufwand an Affekt, der insofern verräterisch ist, als er den „unwissenschaftlichen", nicht „objektiven" Entstehungshintergrund des jeweils einer Definition von Wissenschaftlichkeit unterliegenden Paradigmas deutlich macht. Denn ein Paradigma mobilisiert, weil es von seinen Anhängern zeitweilig für „Wirklichkeit", für die „Wahrheit" selbst genommen wird, Loyalitätsempfindungen, die durch ein Gruppenzusammengehörigkeits-Gefühl noch intensiviert werden.

Eine andere Option bei der Reaktion auf ein neues Paradigma besteht darin, den Versuch zu machen, neue Fakten und Erfahrungen unter Dehnung und Umdefinierung tradierter Begriffe in den bisherigen Theorierahmen zu inkorporieren. Dabei stellt sich dann nach einiger Zeit heraus, daß ein solcher Versuch zu einer Überdehnung und Sinnverkehrung dieser Begriffe, zu einer Schwerverständlichkeit der jeweiligen Fachsprache führt, welche die Übermittlung und Weiterentwicklung des Wissens- und Erfahrungsschatzes in Forschung und Lehre zunehmend erschwert und die Kommunikation selbst unter Fachkollegen unnötigen Verständigungsschwierigkeiten aussetzt. Ab einem gewissen Punkt wird dann der Lustgewinn aus einer effizienteren Übermittlung mittels der Schaffung eines neuen Theorierahmens größer als die Ängste des Forschers, der ein neues Paradigma vertritt, sich durch die Einführung neuer Begriffe der Gefahr auszusetzen, als „Häretiker" aus der Gruppengemeinschaft seiner Fachgenossen ausgestoßen zu werden.

Um die Theorie *Kuhns* näher zu verdeutlichen und aus der luftigen Höhe der Abstraktion auf den festen Boden konkreter Anwendung auf einen bestimmten Wissenschaftszweig unserer Zeit, die Psychoanalyse herunterzubringen: Unterstellen wir einmal, daß durch die Akzentverschiebung der modernen Psychoanalyse (fort von der Sichtweise eines Ichs in Isolierung, hin zum Ich/Selbst in Objektbeziehungen) ein neues Paradigma im Sinne *Kuhns* transparent wird, d.h., daß sich in diesem Paradigma das Bemühen einer Forschergeneration von Söhnen und Töchtern des Vaters *Freud* ausdrückt, sich auf veränderte Weise, der Wahrheit, der Wirklichkeit, der Welt-Realität optimal anzunähern. In diesem Fall würde *Fairbairn* in seiner konsequenten Ablehnung der traditionellen Trieb- und ESIchÜberIch-Strukturtheorie als kompromißloser Vertreter eines neuen Paradigmas anzusehen sein, während *Kernberg* Repräsentant eines Kompromißversuchs der Einordnung neuer Fakten in den traditionellen Begriffsrahmen des alten Paradigmas ist.

Besonders deutlich wird der Begriff des Paradigmas und des historischen Übergangs von einem Paradigma zu einem anderen an der gegenwärtigen Diskussion und den verschiedenartigen Ansatzpunkten der psychoanalytischen Entwicklungspsychologie in ihrem Versuch einer theoretischen Erfassung der Anfangsphase der psychischen Entwicklung des Menschen. Welche Fakten in der ungeheuren Fülle psychodynamischer Abläufe in der Mutter-Kind-Beziehung werden vom Beobachter wahrgenommen und/ oder als relevant für den Aufbau einer Entwicklungstheorie angesehen, d.h. gewertet? Eine auch nur oberflächliche Gegenüberstellung der durch die Triebtheorie der klassischen Metapsychologie erfaßten Fakten und des Konzepts des menschlichen Reifungsvorgangs in einer fördernden Umwelt in der Theorie der Objektbeziehungen macht deutlich, daß hier aufgrund einer vorgegebenen, historisch bedingten „Weltanschauung" eine Auswahl stattgefunden hat, die darüber entscheidet, welche Fakten als Fakten wahrgenommen wurden, was beobachtet und wie beobachtet wurde.

Ganz im Sinne der Sichtweise *Kuhns* sagte *André Green* zu diesem Thema auf dem Londoner Kongreß der IPV 1975, an die Vertreter der klassischen Metapsychologie gewandt, in treffender Weise:

„Wir können nicht akzeptieren, daß unsere Theorien Phantasien sind. Das Beste ist wohl, zu akzeptieren, daß sie nicht Ausdruck wissenschaftlicher Wahrheit sind sondern eine Approximation – ein Analogon davon. Also kann es nicht schaden, einen Ursprungsmythos zu konstruieren, wenn wir nur wissen, daß es ein Mythos ist".

Auf diesen Hintergrund einer veränderten Sichtweise des Bezugs von Weltanschauung und Wissenschaft hin und vom Aspekt einer historischen Übergangsphase, eines Paradigma-Wechsels her gesehen, scheint es ebenso legitim wie nützlich, abschließend kurz die Entwicklungs- und Strukturtheorie der modernen Psychoanalyse auf Elemente einer ihr inhärenten Weltanschauung und auf Ansätze eines ihr innewohnenden Mythos (im Sinne *Greens)* zu hinterfragen. Aus den genannten Gründen beschränke ich mich bei diesem Kurzüberblick auf die Arbeiten der Autoren der Britischen Theorie der Objektbeziehungen.

Was sind – und das ist sicher in diesem Zusammenhang von spezifischem Interesse – deren Vorstellungen vom Behandlungsziel? Was beinhaltet für die Britische Theorie der Objektbeziehungen psychische Reife, was konstituiert seelische Gesundheit nach Aufhebung von Krankheit?

Das „Ziel" des Veränderungsprozesses

1952 charakterisierte der geistige Vater der Britischen Theorie der Objektbeziehungen, *Fairbairn,* das Ergebnis einer positiv verlaufenen Behandlung in folgender Weise:

> „Die allmähliche Veränderung des Charakters der Objektbeziehungen wird von einer allmählichen Veränderung des libidinösen Ziels begleitet, bei der eine ursprünglich orale, saugende, einkörpernde und vorwiegend ‚nehmen wollende' Haltung durch eine reife, nicht einkörpernde und vorwiegend ‚gebende' Haltung mit entwickelter genitaler Sexualität ersetzt wird".

Sein Schüler *Guntrip* machte den in diesem Zitat enthaltenen, noch unter Benutzung von Begriffen der Triebtheorie formulierten Kern noch deutlicher. 1968 betonte er: Ausgangspunkt einer modernen Psychoanalyse und einer Neufassung ihrer Entwicklungstheorie müsse die Herausarbeitung der zentralen Bedeutung der ersten Objektbeziehung des Kleinkinds zu seiner Mutter sein, im

> „Sinne der Liebesfähigkeit der Mutter und der angeborenen Fähigkeit des Säuglings auf Mutterliebe zu antworten *und auf diese Weise selbst liebesfähig zu werden"* (Hervorhebung v.M.).

Weniger fachlich, mehr allgemeinverständlich ausgedrückt: Endergebnis und natürliche Frucht einer psychoanalytischen Behandlung ist eine veränderte Zusammensetzung und eine andere Zielgerichtetheit der elementaren Grundbedürfnisse des Analysanden. Anstelle des bisherigen Fixiertseins auf narzißtisches Nehmen-müssen und Nehmen-wollen als Inbegriff von Lebensfreude, tritt als Ergebnis eines Nachentwicklungsprozesses ein andersstrukturiertes Bedürfnismuster.

Das Leben jedes Menschen schwingt in einem ständigen Rhythmus von Spannung und Entspannung, von Aktiv- wie Passivsein, von in einer Kultur jeweils als mehr „männlich" oder mehr „weiblich" angesehenen Verhaltensweisen. Zu diesen Grundrhythmen einer natürlichen Daseinsweise gehört auch ein miteinander abwechselndes Hin und Her, ein freies Spiel zwischen Nehmen und Geben, von Geben und Nehmen. Als Frucht der Nachreifung wird – nachdem die Macht des Wiederholungszwangs gebrochen ist, permanent nur um das eigene Ich kreisen zu müssen und auf narzißtische Fütterung von außen angewiesen zu sein — das bisher blockierte Bedürfnis des Gebens reanimiert. Gebenwollen wird freigesetzt und als essentieller Bereich der joie de vivre, der Freude des Lebens und am Leben erschlossen. Gebenkönnen wird entdeckt als Quelle von Lust, als Teilhaben an der ganzen Fülle und Intensität des sich lebendig Fühlens. Der reif gewordene Mensch schwingt wieder voll in den natürlichen Rhythmus des Nehmens und des Gebens ein.

In dem Maße wie psychische Reife voranschreitet, wird dabei der Pol des Gebenwollens stärker betont als der des Nehmens. Dieses Gebenwollen kann jeweils mehr person- oder mehr sachbezogen akzentuiert und motiviert sein, mehr „väterlich" oder mehr „mütterlich" anmuten. „Männlich-väterliche" Freude an einer Arbeit als solcher, an der Lösung einer Aufgabe in Gemeinsamkeit mit anderen, an einem rein sachbezogenen etwas von sich geben können und beitragen dürfen. In einer Haltung, die nicht den eigenen Vorteil kalkuliert, sondern sich zeitweilig in diese Sache um ihrer selbst willen voll hineingibt. Auf der anderen Seite die „weiblich-mütterliche" Fähigkeit einer Ich/selbstvergessenen Zuwendung zu anderen Menschen, das Hindenken an andere, die Sorge um andere.

Mit einer Freude am Geben, die, wenn sie reflektiert wird, ein Gefühl von Dankbarkeit einschließt für die neu erschlossene Möglichkeit des Gebenkönnens. Dies alles — diese Akte des Gebens — vollzogen in einer Haltung der Bewußtheit. Nicht verstohlen und verschämt, mit schlechtem Gewissen gegenüber den so ganz entgegengesetzten Standards der Wettbewerbsgesellschaft.

Wie gesagt: die Akzentuierung des Pols des Gebens, die neu erschlossene Fähigkeit des Liebenkönnens sind Ausdruck einer zu voller Entfaltung gelangten psychischen Entwicklung. Sie sind Produkte der Fülle und eines inneren Reichtums, so wie Angst und Haß Erzeugnisse eines Mangels sind. Solange die Nachentwicklung nicht vollzogen ist, fressen Angst und Haß die Seele auf und schlagen die Liebe aus dem Feld. Wird Nachentwicklung geleistet, — ist ihre Zeit gekommen — so fällt die Freude am Geben und das Liebenwollen wie von selbst als Frucht vom Baum psychischer Reife.

Dabei ist, in christlicher Sprache gesprochen, die Liebe zum Nächsten keine moralische Forderung. Kein Zwang, den man sich auferlegt und kein Muß einer Sollerfüllung. Der Einzelne bringt mit der Liebe zum Nächsten kein Opfer. Er folgt lediglich einem jetzt in anderer Art empfundenen, in neuer Weise definierten Bedürfnis. Das Geben und das Lieben kommt aus dem Grundgefühl eines lebensfreudigen „Ich kann" und „Ich darf". Nicht aus einem „Ich muß", unter dessen Last man ächzt und stöhnt und dessen imperativen Forderungen man sich nur mit Angst vor Strafe entziehen kann.

Gradmesser und gleichzeitig Prüfstein für eine gelungene psychische Nachreifung ist eine gewandelte Haltung zu sich selbst ebenso wie zu den nächsten Bezugspersonen, eine veränderte Qualität der Objektbeziehungen. Im Verlauf einer Analyse neu gewonnene Ichstärke, so willkommen und erfreulich sie als Ergebnis eines Behandlungsprozesses sowohl für den Analysanden wie den Analytiker ist, genügt noch nicht. Der für eine Gesundung entscheidende Höhepunkt ist erst dann erreicht, wenn Ichstärke in ein volles Reifestadium eintritt, das heißt, wenn sie sich als liebesfähig erweist und mit dieser Fähigkeit auch nach außen hin in Erscheinung tritt. Ein Zugewinn an Ichstärke als solcher, für sich allein, ist vom Gesichtspunkt des mit den Hilfsmitteln der heutigen Psychoanalyse optimal Erreichbaren nur von begrenztem Wert. Erst eine Ichstärkung, die in Liebenkönnen einmündet, ist das, was psychisch gesehen Erwachsensein und menschliche Reife ausmacht. „Ein starker Egoismus schützt vor Erkrankung, aber endlich muß man beginnen zu lieben, um nicht krank zu werden und muß erkranken, wenn man infolge von Versagung nicht lieben kann. Etwa nach dem Vorbild, wie sich *Heinrich Heine* die Psychogenese der Weltschöpfung vorstellt" schrieb *Freud* in „Zur Einführung des Narzißmus" *(Freud* 1914).

An dieser Stelle scheint es sinnvoll, auf die am Anfang dieses Kapitels gestellte Frage zurückzukommen: Welche Weltanschauung könnte sich hinter den Konzepten der modernen Psychoanalyse verbergen und welcher Mythos in ihrer Entwicklungs- und Strukturtheorie implizit enthalten sein?

Erst aus einem gewissen zeitlichen Abstand wird man darüber mit einiger Klarheit etwas aussagen können. Als in unsere Zeit eingebundene Menschen von heute sind wir dazu nicht in der Lage, genauso wenig wie *Freud* es zu seiner Zeit für die damalige Psychoanalyse war und können daher nur Vermutungen von begrenztem Wert anstellen. Wenn wir aber trotz dieser Schwierigkeiten doch einmal wagen, frei darüber zu assoziieren — könnte ein in die Forschungsergebnisse der modernen Psychoanalyse eingebundenes Stück Weltanschauung vielleicht dieses sein?: Für die klassische Metapsychologie war der Mensch — gesehen gegen den Hintergrund von *Freuds* berühmtem Wort „Die Triebe sind mythische Wesen, großartig in ihrer Unbestimmtheit" *(Freud* 1932) — stark aber böse. Im Gegensatz dazu nimmt die moderne Psychoanalyse den Menschen als schwach und kindlich wahr, von seinem Potential her aber reifungs- und wandlungswillig und nach erkämpfter Reifung gefestigt und liebesfähig.

Die Erlebnisgemeinschaft Psychoanalytiker und Analysand

„Nichts ist schwerer, als zu lernen, ein Mensch zu sein" ist ein Wort *Immanuel Kants*. Ist der in diesem Satz enthaltene Appell, ein Mensch zu sein, dieser Aufruf, ein Mensch zu werden, heute nicht von brennender Aktualität? Hängt nicht von einem Lernprozeß der Mensch-Werdung buchstäblich die Zukunft unseres Planeten ab?

Unsere historische Situation ist ein Novum. Erstmalig in der Geschichte der Erde ist der Mensch in der Lage, mit einer Serie atomarer Schläge und Gegenschläge all das auszulöschen, was für ihn Kultur bedeutet und Zivilisation ausmacht. Dabei scheint die in den entscheidenden Entwicklungstrends enthaltene Dynamik von einer tödlichen inneren Logik. Mehr und mehr verselbständigt sich ein potentiell lebensbedrohender Wettbewerb zwischen zwei gigantischen, hochkomplexen, industriell-militärischen Kombinaten. Eine überaus gefährliche Verquickung von Interessen treibt die Entwicklung unheilvoll voran. Das Bestreben nach mehr Sicherheit — oft aus einem subjektiv echten Verantwortungsgefühl heraus — verzahnt sich mit einer durch zusätzliche Aufwendungen für Waffensysteme untrennbar verbundenen Steigerung von Macht, Einfluß und Erfolg im Kampf um beschäftigungssichernde Marktanteile. Krisenzonen, in denen der sich wechselseitig aufschaukelnde Wettbewerb der zwei Giganten außer Kontrolle ihrer kleinen, überforderten Führungsgremien geraten könnte, bieten sich in Fülle.

Alle Beobachter des Zeitgeschehens, die über die Gegenwart hinausdenken, stimmen in einem Punkt überein: vorrangig vor allem anderen ist eine Bewußtseinsänderung erforderlich, um die verhängnisvolle Auseinandersetzung zweier industriell-militärischer Kolosse in den Griff zu bekommen. Der Mensch muß das ganze Ausmaß der Gefährdung einfühlen lernen und sich gleichsam die Sicht eines Astronauten zu eigen machen, der aus der Einsamkeit seines Raumschiffs auf den Planeten Erde herabblickt. Ein Raumfahrer wird die Erde zunächst als Einheit erfassen und erst in zweiter oder dritter Linie als eine Vielheit von Kontinenten und von Staatengruppen. Der Mensch muß heute dahin kommen, diese erweiterte Weise der Wahrnehmung des Astronauten zu verbinden mit vertieftem Fühlen im Sinn eines Sich-Sorgens um ein den Streit von Teilen übergreifendes Ganzes. Es muß ihm gelingen, das hautnahe Erleben der Folgewirkungen einer Staatsgrenzen ignorierenden Reaktorkatastrophe wie der von Tschernobyl über alle Tagesgeschäfte hinweg als mitfühlende Sorge um die Existenz der Erde ständig in sich selbst präsent zu halten.

Die Zukunftsforschung spricht von der entwicklungsgeschichtlichen Notwendigkeit einer Mutation, d.h. im tiefenpsychologischen Sinne: des Sprungs auf ein neues Bewußtseinsniveau mit einer Umschichtung von bisher Unbewußtem in Bewußtsein, mit einer neuartigen Zuordnung von Fühlen zu Denken, von fühlendem zu denkendem Bewußtsein. Eines Schrittes psychischer Weiterentwicklung, der auf verschiedenen Gebieten zugleich die Individuen ebenso wie die gesellschaftlichen Strukturen verändert.* Im Zuge dieser Erweiterung des Bewußtseins wird es notwendig sein – bei allem Respekt für die präzis-exakte Methodik der Forschungstechniken der Wissenschaft – die Struktur des „wissenschaftlichen Charakters", die unbewußten Motivationen des modernen wissenschaftlichen Ichs kritischer als bisher zu hinterfragen. Und die Versteckspiele eines verkopften Wissenschaftsbetriebs transparenter zu machen, in dem sich allzu oft Grandiosität und unaufgearbeitete Destruktivität austoben oder sich hinter Attitüden allwissender Pseudo-Vaterhaftigkeit verborgen halten.

Ist in dieser Krisensituation nie dagewesenen Ausmaßes die Tiefenpsychologie allgemein und die Psychoanalyse im besonderen nicht aufgerufen, im Rahmen des ihr Möglichen einen Beitrag der Neuorientierung zu leisten?

Wenn wir gegenwärtige Entwicklungstrends der Psychoanalyse in die Zukunft hinein verlängern, ist heute durchaus zumindest *ein* Phänotyp eines neuen Menschen beschreibbar, der geeignet scheint, mit der durch den Menschen selbst herbeigeführten Krise: dem Ungleichgewicht von intellektuell-willensmäßiger Entwicklung und einer dahinter zurückgebliebenen Gefühlsreifung fertig zu werden.

Es ist das Bild eines Menschen, der in der Außenwelt durchsetzungskräftig-aktiv ist, aber ebenso auch nach innen hin passiv horchend still sein kann. Der offen geworden ist zu hören und durchlässig genug wahrzunehmen, was von dort auf ihn zukommt. Der von infantilen Ängsten und Illusionen befreit, sein Unbewußtes nicht mehr länger verleugnet, verdrängt und abzuspalten braucht. Für diese Menschen ist das Unbewußte kein dunkler Hinterhalt mehr in dem nur Peinliches lauert und aus dem urplötzlich für das Ich Gefährliches herauszubrechen droht. Eher wird es jetzt als ein vorwiegend wohlwollend zugewandter Freund erlebt *(Searles* 1965, dt. S. 68). Dieser Mensch schließt sich zur Dimension des Unbewußten hin

---

* Kündigt sich an überraschend aus dem gesellschaftlichen Boden quellenden, neuartigen politischen Strömungen, wie den Grünen, der Antiatomkraft-, der Frauenbefreiungs- und der Menschenrechtsbewegung – die im Westen wie im Osten quer durch die verschiedensten Parteiapparate hindurch eine politisch wirksame Kraft geworden sind – eine solche Verschiebung des „kollektiven Unbewußten" bereits an?

auf, ist geöffnet, auf Empfang gestellt in der Weise eines Künstlers, für den Unbewußtes Inspiration bedeutet.*

Frei geworden von dem inneren Zwang, nie bewußt gemachte Kinderängste und Ohnmachtsgefühle mit leichtfertig-halsbrecherischem Cowboy-Gehabe oder mit betonköpfigem Goliath-Gepolter zu überkompensieren, sieht er seine eigentliche Aufgabe nun darin, in einem nie endenden selbstkritischen Prozeß der Arbeit an sich selbst die Begrenztheit des eigenen Ichs zu überwinden. Für ihn ist das Ich so wie es ist kein letzter Wert, den es unter allen Umständen im Wettbewerb mit anderen durchzuboxen gilt. Kein Status quo, der, koste was es wolle, gegen Angriffe verteidigt werden muß.

Er weiß, daß in einer Zeit, in der die Menschen nicht mehr in die Geborgenheit einer höheren Sinn-Ordnung hineinwachsen, in welcher der Himmel leer geworden ist und das Moralische sich nicht mehr von selbst versteht, er einen Lebenssinn sich selbst geben muß. „Das Ganze hat keinen großen, kosmischen Sinn; es gibt nur den Sinn, den wir selbst dem Leben geben, eine individuelle Bedeutung, einen persönlichen Plan, wie ein individueller Roman, ein Buch für einen allein" *(Nin* 1971).

Anstelle des existenzbedrohenden Männlichkeitskrampfes der verschiedenen Spielarten von Macho-Ideologien sieht dieser Mensch — als Mann — sein Leitbild darin, Männlichkeit dadurch zu erweisen, daß er sich nicht länger schämt, Seinsqualitäten liebender Zuwendung zu leben, die von der Wettbewerbsgesellschaft als eher weiblich und mütterlich empfunden werden. Männliche Härte dadurch zu beweisen, daß er sich zu Mitgefühl und Güte als maßstabsetzender Werte bekennt. Kraft darin auszudrücken, daß man sich um andere sorgt und anderen hilft, sich selbst zu helfen. Durchhaltevermögen zu bekunden, indem man täglich neu die schwierige Tugend der Toleranz zu üben sucht.

Dieser Mensch ist ein Künstler, dessen Kunst darin besteht, den täglichen Ansturm von Erlebnissen und Erfahrungen in Arbeit an einem Auftrag des Menschseins umzusetzen, in einen Dienst an der Aufgabe der Menschwerdung einzubeziehen. Bei ihm tritt neben die Schulung des Intellekts und das Training des Willens eine alle Bereiche übergreifende und

---

* „Schritt für Schritt muß der Einzelne lernen, sich fallen zu lassen und sich dem Rhythmus tieferer seelischer Prozesse anzuvertrauen ... den Weg zu finden, mit dem Grundrhythmus des in Stücke Zerfallens und des sich wieder Zusammenfügens zu arbeiten ... und zu verstehen, daß in Stücke zerfallen ein unumgänglicher und nie endender Teil des menschlichen Reifungsprozesses ist" — so *Michael Eigen* (1986) in einer brillanten Arbeit „The Psychotic Core" über Psychose und nicht-psychotische Seinsweise und Realitätswahrnehmung.

nie endende *Übung der Kulturierung des Gefühls*. Der Werkstoff dieses Künstlers ist der Lebensalltag; das Produkt dieser Spielform künstlerisch-schöpferischen Gestaltens ist der ganzheitlich gereifte Mensch in optimalem Bezogensein auf sein Umfeld.

Dabei sind Kränkungserlebnisse, Anfälle von Haß oder Neid oder Zusammenbrüche des Selbstwertgefühls — so peinigend sie momentan erlebt werden und so bedrückend es ist, immer wieder von ihnen überwältigt zu werden — besonders geeignet, die Enge der jeweiligen Ich-Form zu durchbrechen, Bewußtsein auszuweiten und an eine Verganzheitlichung der Erfahrung näher heran zu kommen. Das Leiden am eigenen Ich, die Trauerarbeit, erweist sich für diesen Menschen als eine zwar schmerzhafte, aber mehr und mehr als sinnvoll erlebte, ja mitunter sogar willkommene Bedingung, um eine Seinsqualität größerer Fülle und vertiefter Lebensfreude aufzuschließen.

In dem Maße, wie dieser Mensch zum rechten Umgang mit den Begrenztheiten des eigenen Ich/Selbst fähig ist, erlebt er Momente eines Wohlgefühls, eines basalen Sicherheitsgefühls, die Maßstäbe setzen. Gefühle von Lebendigsein und von Freiheit, im Rhythmus des Lebens schwingend, dabei in der Mitte aufruhend, nach oben und unten offen, durchlässig nach links wie nach rechts. Im Einklang mit sich selbst, mit einem Sinn für Maß sich weder zu unter- noch zu überfordern. Wohlgefühl im Sinne des englischsprachigen Begriffs whole: unzerteilt, ungebrochen, vollständig und heil. Zufrieden im Sinne von im Frieden sein.

Es versteht sich, daß in der heutigen Zeit derlei Vorstellungen nur den Stellenwert von Orientierungspunkten haben, als Markierungsbojen auf dem Meer einer ungewissen, überaus bedrohlichen Zukunft zu verstehen sind. „Kostproben der Fülle" hat *Lou Andreas Salomé* diesen Vorgeschmack genannt *(Andreas-Salomé* 1982). Auf dem Weg eines langwierigen mühevollen Nachreifungsprozesses zur Wahrheit des eigenen Seins durchzustoßen ist schwierig. Aber stellt die hier skizzierte Sichtweise nicht eine notwendige, eine die Not wendende Herausforderung dar, an der sich die Kraft, der Mut und die eigentlich erforderlichen Innovationstalente der Menschen unserer Zeit beweisen sollten?

Drei Jahre vor dem Beginn der Nazi-Herrschaft in Deutschland, fünfzehn Jahre vor Hiroshima, beschließt *Sigmund Freud* (1930) seine berühmte, zutiefst pessimistische gesellschaftskritische Studie über „Das „Unbehagen in der Kultur" mit einigen Sätzen der Hoffnung:

„Die Menschen haben es jetzt in der Beherrschung der Naturkräfte so weit gebracht, daß sie es mit deren Hilfe leicht haben, einander bis auf den letzten Mann auszurotten. Sie wissen das, daher ein gutes Stück ihrer gegenwärtigen Unruhe, ihres Unglücks, ihrer

Angststimmung. Und nun ist zu erwarten, daß die andere der beiden ‚himmlischen Mächte‘, der ewige Eros, eine Anstrengung machen wird, um sich im Kampf mit seinem ebenso unsterblichen Gegner zu behaupten".

Für einen Psychotherapeuten gewinnt in solchen Zusammenhängen gesehen die tägliche Arbeit mit einem Analysanden einen neuen Aspekt und eine andere Bedeutsamkeit. Jeder noch so kleine Reifungsschritt im Rahmen des einem einzelnen Menschen — unter Berücksichtigung seiner individuellen Voraussetzungen — jeweils Möglichen ist ein Schritt hin zur Aufhebung entfremdeter Wahrnehmung der Wirklichkeit des Seins. Hilfe auf einem schmalen Pfad in die Autonomie eigenständiger Lebensgestaltung. In diesem Sinn ist der Weg das Ziel, das Begehen des Weges identisch mit dem Ziel selbst.

Die Erlebnisgemeinschaft zweier Menschen im Rahmen der analytischen Zusammenarbeit erhält eine die Begrenztheit zweier Menschen übersteigende Perspektive, eine gesellschaftlich bedeutsame Dimension. Jede Aufhebung einer illusionären Verzerrung der Wirklichkeit, jede Überwindung einer das volle Erleben verfälschenden Angst ist in diesem Sinnzusammenhang Baustein für das Werk der Menschwerdung, Beitrag zur Veränderung der Welt, in der wir leben.

Dabei ist es natürlich nicht etwa so, daß der Analysand allein ein Stück Nachentwicklung vollzieht und nur das eigene Bewußtsein weitet und vertieft. In der gemeinsamen Arbeit wächst auch dem Therapeuten Reifung zu, in gleichem Maße, wie er sich voll in die Beziehung hineingibt und seine Fähigkeit zu verstehend-liebevoller Zuwendung auch über Krisen hinweg und in Schlechtwetterphasen beweist.

Beide, Therapeut wie Analysand, leisten dann einen Beitrag zur Veränderung der Welt, in der wir leben, tragen ihren Teil dazu bei, aus Bruchstücken Bausteine werden zu lassen. Im Akt und vermittels des Aktes der Bewußtmachung seiner Bruchstückhaftigkeit wird der Mensch Ganzheit. Was er bei sich selbst erkannt, was er als sich selbst zugehörig erlebt und angenommen hat, davor ängstigt er sich nicht mehr. Nach dem sehnsüchtet er nicht mehr und braucht es nicht mehr länger im Außen zu suchen. Dann ist die Spaltung überwunden, aus Dualismus ist Dialektik geworden; aus Zerrissenheit ein Rhythmus von Spannung und Entspannung, Lust — Unlust, Tod — Leben, Ich und Du.

Anhang: Die Britische Schule der Psychoanalyse*

Die sogenannte Britische Schule der Psychoanalyse ist bisher in der BRD wenig bekannt. Mit Ausnahme der Werke *Winnicotts,* die auch erst lange nach ihrem Erscheinen in englischer Sprache das Interesse deutscher Verlage gefunden haben, sind bis heute die Arbeiten ihrer Hauptvertreter *Fairbairn, Guntrip* und *Sutherland* unübersetzt geblieben. Es gibt bislang im deutschen Fachschrifttum keine Darstellung der theoretischen Grundkonzepte der Britischen Theorie der Objektbeziehungen und auch einige wenige Versuche, mit ihren Denkmodellen zu arbeiten (z.B. *Le Coultre,* 1970; *Müller-Braunschweig,* 1970), sind ohne Widerhall geblieben.

Während es im Kreis unserer britischen Kollegen und auch, in vermindertem Umfang, im französischsprachigen psychoanalytischen Bereich einen jahrzehntelangen intensiven und für alle Beteiligten überaus fruchtbaren Austausch mit den Konzepten *Melanie Kleins* ebenso wie *Fairbairns,* gegeben hat, ist die deutsche Fachwelt davon weitgehend unberührt geblieben. Was immer die historischen Ursachen dafür sind, die hier nicht erörtert werden sollen, diese Unkenntnis ist um so erstaunlicher, als die Britische Schule der Psychoanalyse seinerzeit genau an dem Punkt ansetzte, der heute das Dilemma unserer therapeutischen Praxis und die Krise der Metapsychologie bezeichnet: „das weite Feld der in etwas summarischer Weise Borderline-Fälle genannten Patienten, welche die Grenzen der Analysierbarkeit auf die äußerste Probe stellen", wie *André Green* es 1975 in seinem Eröffnungsvortrag auf dem Londoner Kongreß der IPV formuliert hat (1975).

Zu diesem Thema des von ihm als schizoid bezeichneten Patienten hatte *Fairbairn* in einer seiner ersten, 1941 veröffentlichten Arbeiten folgendes gesagt:

„Ich habe mich in den letzten Jahren in steigendem Maße für die Probleme interessiert, die Patienten mit schizoiden Tendenzen von verschiedenem Stärkegrad aufwiesen und habe besondere Aufmerksamkeit darauf gerichtet. Das Ergebnis war die Herausarbeitung eines Standpunktes, der, wenn er sich als gut fundiert erweist, notwendigerweise weitreichende Konsequenzen für die Psychiatrie im allgemeinen und für die Psychoanalyse im besonderen haben muß. Meine verschiedenen Befunde und die Schlußfolgerungen, die sich daraus ergeben, führen nicht nur zu einer beträchtlichen Revision der vorherrschenden Ideen über Natur und Ätiologie schizoider Verhaltensweisen,

---

* Unveränderter Nachdruck eines im 4. Vierteljahrsheft Oktober/Dezember 1978 der „Zeitschrift für psychosomatische Medizin und Psychoanalyse" unter dem Titel „Der strukturell Ich-gestörte Patient und die Theorie der Objektbeziehungen" vom Verfasser veröffentlichten Aufsatzes.

sondern auch zu einer Revision der Ideen über die weite Verbreitung, die Vorherr-
schaft schizoider Prozesse und einem entsprechenden Wandel der Auffassungen der
zur Zeit üblichen klinischen Konzepte von den verschiedenen Psychoneurosen und
Psychosen. Meine Befunde und Schlußfolgerungen führen auch zu einer Neufassung
und Neuorientierung der Triebtheorie, zusammen mit einer Abänderung verschiedener klassischer psychoanalytischer Grundbegriffe" (1952, S. 28).

Auf der Grundlage des damaligen psychoanalytischen Wissensstandes und
mit Hilfe der von *Freud* erarbeiteten Methodik waren *Melanie Klein,* hauptsächlich von der Direktbeobachtung von Kleinkindern ausgehend, und
Fairbairn, von der Behandlung schizoider und schizophrener Patienten her,
über den Raum des ödipalen Dreierkonflikts hinaus vorgestoßen, den *Freud*
als theoretische Hauptbezugsachse gewählt hatte. Im wechselseitigen Austausch von Anregungen und einigen ihrer theoretischen Konzepte waren
Melanie Klein (mit ihrer Theorie innerer Objekte) und *Fairbairn* (mit seiner
Objektbeziehungstheorie) in die Grenzzone zwischen Neurose und Psychose vorgestoßen und hatten die Urbeziehung von Mutter und Kind und
die Art der Lösung aus der Dyade zum neuen Knotenpunkt der Psychopathologie gemacht. Unbelastet von der individualistischen und biologisch-
physikalistischen Denktradition der Wissenschaft des Wiens der Jahrhundertwende stellte *Fairbairn* dabei die Betrachtung des Organismus nicht in
einem Zustand der Isolierung, sondern in Interaktion mit der Umgebung,
das Subjekt in ständiger Suche nach dem Objekt, das Selbst, gesteuert und
innerlich strukturiert durch den Bezug auf innere wie äußere Imagines, in
den Mittelpunkt forscherischer Aufmerksamkeit.

Welche neuen Verstehensmodelle bietet uns, in Abwandlung der für die
Behandlung klassischer Patienten weiterhin gültigen, in jahrzehntelanger
Praxis bewährten Standardmethode, die psychoanalytische Theorie der
Objektbeziehungen an, um die „neue" Gruppe von Patienten diagnostisch
wie therapeutisch optimal zu erfassen?

In knapper Zusammenfassung ist der Ausgangspunkt der Theorie der Objektbeziehungen der folgende: Unsere „neuen" Patienten leiden daran, daß
sie in den ersten Lebensjahren, lange vor dem Identifikationsproblem des
ödipalen Ichs mit Mutter/Vater-Imagines — in der Sprache *Winnicotts* —
keine vorwiegend gute Mutter sich haben einkörpern, kein ausreichend
starkes Ich/Selbst mit einem Sicherheit gebenden Gefühl von Bezogenheit
auf ein inneres Mutter-Bild (ego-relatedness) haben bilden können. Daher
führt es aus der Sicht der Theorie der Objektbeziehungen diagnostisch zu
Unschärfe und von der therapeutischen Eingestimmtheit des Analytikers
her zu einer Überforderung, den „neuen" Patienten mit dem Verstehens-

modell eines (unbewußt als einigermaßen konfliktfähig unterstellten) Ichs erfassen zu wollen, dessen Kernproblem in der Bewußtmachung bisher unbewußter Triebkonflikte besteht. Der Erlebnisrealität dieser Patienten entspricht es vielmehr besser, sie als eine Summe von miteinander in Konflikt liegenden Ich-Teilen zu verstehen, von denen ein Ich-Teil den Verkehr mit der Außenwelt mehr schlecht als recht bewältigt, während die anderen Ich-Teile zunächst abgespalten, später zusätzlich verdrängt wurden und – je nach Ausmaß der Störung – mit einer größeren oder kleineren Summe von aggressiver und libidinöser Energie geladen sind.

Der Schweregrad der Störung ist dabei abhängig von dem Ausmaß des sich aus der mißglückten Beziehung zur primären Bezugsperson der ersten Lebensjahre ergebenden Ich-Defekts, und er ist ablesbar entlang eines Kontinuums, das von der fast völligen Ich-Unfähigkeit im Umgang mit der Realität und dem fast totalen Rückzug auf eine Welt innerer Objekte des Schizophrenen über die von der Theorie der Objektbeziehungen als „schizoid" bezeichneten Grenzfälle zwischen Neurose und Psychose bis hin zu den Neurosen reicht.

Wichtigste Auswirkung dieser strukturellen Ichstörung ist ein Fixiertbleiben wesentlicher Teile des Selbst an die genetische Ausgangssituation der Störung. Der, in der Sprache *Balints,* an der Grundstörung leidende Patient bleibt sein Leben lang im Käfig eines ihm unbewußten Objektbeziehungs-Zwangssystems, Gefangener seiner primären Bezugsperson, seiner Mutter. Im Gegensatz zum Schizophrenen mit seinem fast totalen Realitätsverlust leidet der Schizoide an einer partiellen Realitätsverzerrung, die ihm in allen Situationen gefühlsmäßig geladener Begegnungen mit für ihn existentiell wichtigen Bezugspersonen die Realität seines Gegenüber verfehlen läßt, ihn – innerhalb einer bestimmten Bandbreite des Erlebens – unfähig zu korrigierenden Lernerfahrungen macht und ihn strukturell auf Dauer in der Spaltungssituation seiner frühesten Kindheit hält. In einer Spaltung in verschiedene Teil-Iche, von denen einige – dem „Normal"-Ich vollkommen unbewußt – die Symbiose der Mutter-Kind-Frühstbeziehung weiterhin aufrecht erhalten, indem sie, in fester Verlötung mit inneren, miteinander in Konflikt liegenden Mutterbildern, mit Affekten von archaisch-psychotischer Stärke Tiefenängsten erbarmungsloser Verfolgung unterworfen sind oder Tahiti-Sehnsüchte nach ewig dauerndem Lustgefühl ausagieren.

Für diese Verzerrung der Realitätswahrnehmung bei einer Untergruppe des „neuen" schizoiden Patienten, hat uns *Kohut* (1971) in seiner Arbeit über die psychoanalytische Behandlung narzißtischer Persönlichkeitsstörungen eindrucksvolles Beobachtungsmaterial vorgelegt, das wohl – in charakteristischer Weise – den eigentlichen Grund für den Breitenerfolg dieses Buches abgibt. Hier wird deutlich, wie der Patient in den verschiedenen Formen der idealisierenden wie auch der Spiegelübertragung nach Art eines Kleinkindes Gebrauch von seinem Analytiker macht. Präziser gesagt: Wie ein Teil-Ich des Patienten denjenigen Teil-Aspekt seines Analytikers, den er zur Herstellung einer symbiotischen Beziehung braucht, benutzt, um damit zunächst einmal das Beziehungsmuster zu reproduzieren, in dem und an dem der Patient in seiner Frühstentwicklung stecken geblieben ist.

In der Sichtweise der Theorie der Objektbeziehungen kann diagnostisch wie therapeutisch die Realität dieses „neuen" Patienten adäquat nur im Rahmen eines begrifflichen Bezugssystems erfaßt werden, das von der geschilderten Grundstörung bzw. Kernspaltung als Hauptbezugsachse der Psychopathologie ausgeht. Ein Bezugssystem, das die symbiotische Fixierung des Patienten (mittels einer Reihe aus der Psychose-Forschung bekannter Mechanismen wie z.B. der projektiven Identifikation) zum Ausgangspunkt nimmt und die Ablösung aus dieser symbiotischen Verschmelzung und das Nachholen einer in der Frühstkindheit verfehlten Integration verschiedener, zunächst gespalteter, später zusätzlich verdrängter Ich-Teile als dynamischen Kern des therapeutischen Geschehens ansieht.

Fairbairn, der geistige Vater der Theorie der Objektbeziehungen, hat daher, vom Persönlichkeitshintergrund seiner schizoiden und schizophrenen Patienten her, ein Modell der innerpsychischen Struktur in Terminis der Frühstbeziehung des Kleinkindes zu seiner Mutter, der Qualität der Mutter-Kind-Objektbeziehung, der sich dabei entwickelnden Ambivalenz und der Lösungsmöglichkeiten für diese Ambivalenz entworfen. Er hat die innerpsychische Struktur dieser Patienten als ein Bezugssystem miteinander in Konflikt liegender Ich-Teile, Ich-Subsystcmc, Ich-Scinsweisen gesehen, bei denen die abgespaltenen Ich-Teile, in fester symbiotischer Verschmelzung mit ihren Entsprechungsobjekten (den Phantasierepräsentanzen der Mutter z.B. als Fee oder als Hexe) in ewiger Wiederholung und mit den Affektqualitäten der Entwicklungsperiode, in der der betreffende Ich-Teil entstanden ist, die gleichen Sehnsuchtsqualen und panischen Ängste ausagieren, denen sie in der frühesten Kindheit unterworfen waren. *Fairbairn* hat weiter darauf hingewiesen, daß das Kernproblem dieser Patienten nicht in der Bewußtmachung bisher verdrängter Triebkonflikte liegt, sondern auf dem mühsamen Weg einer allmählichen Dechiffrierung der Übertragungsbeziehung: In der Bewußtmachung der für den betreffenden Patienten charakteristischen Beziehungs- und Spaltungsmuster bzw. in der Auffindung und therapeutischen Ermutigung des Hervorkommens bisher abgespaltener Ich-Teile und deren allmählicher Integration.

Soweit in Kurzfassung zum theoretischen Angebot, das uns die Theorie der Objektbeziehungen, die sogenannte Britische Schule der Psychoanalyse, vertreten durch *Fairbairn, Winnicott, Guntrip, Sutherland* und *Wisdom,* für die Behandlung der „neuen" Patienten vorgelegt hat. Wie sieht diese Theorie, über das bisher nur stichwortartig Gesagte hinaus, phänomenologisch-deskriptiv die Realität dieses neuen, von ihr als schizoid bezeichneten Patienten, was ist ihr Konzept der frühkindlichen Entwicklung und der Entstehung der Spaltungsprozesse jener Frühzeit, welche Strukturtheorie stellt sie dem *Freud*schen Es/Ich/Über-Ich-Modell entgegen, was sind ihre Vorstellungen von der Praxis der Psychotherapie und vom Behandlungsziel?

Der Ausgangspunkt: Die schizoide Grundstörung

Der Ausgangspunkt für die Theorie der sogenannten Britischen Schule der Psychoanalyse war kein vorwiegend theoretischer wie bei *Heinz Hartmann,* in seinem Bemühen, die Konzepte der Metapsychologie *Freuds* dem Wissensstand der modernen Psychologie und Humanmedizin anzunähern und damit der Theorie der Psychoanalyse einen anerkannten Platz unter den wissenschaftlichen Disziplinen, die sich mit der Natur des Menschen befaßten, zu sichern. Weit davon entfernt, sich auf den Boden der damaligen Metapsychologie zu stellen, empfand *Fairbairn* viele von deren Konzepten als für die Behandlung einer großen Patientengruppe ungenügend und war gleichzeitig bestrebt, eine seiner Meinung nach sich mehr und mehr von der Behandlungspraxis entfernende Theorie mit dieser optimal in Einklang zu bringen.

Fairbairns Ausgangspunkt war streng klinisch, pragmatisch. In den 30er Jahren hatte er eine Reihe schwer schizoider und schizophrener Patienten behandelt und seine erste wichtige theoretische, im Jahr 1940 vorgetragene Arbeit trug den Titel „Schizoid factors in the personality" (1952, 3–27). Auch der erste Abschnitt des Hauptwerks seines Schülers *Harry Guntrip* (1968) über „Schizoid phenomena, object-relations and the self" befaßt sich mit der klinischen Beschreibung der schizoiden Persönlichkeit. In diesen Arbeiten von *Fairbairn* und *Guntrip* wird – in Anlehnung an den Begriff der Depressiven Position *Melanie Kleins* (abweichend vom Begriff eines bloßen Entwicklungsstadiums) – die schizoide Grundstörung als ein bestimmter, charakteristischer Zusammenhang von archaischen Ängsten, primitiven Abwehrhaltungen und Objektbeziehungen gesehen, der das ganze Leben hindurch andauert, aber sich von den klassischen Neurosen in bestimmter Weise unterscheidet.

Fairbairn und seine Schüler haben dabei herausgearbeitet, daß der Schizoide (und auch eine bestimmte Gruppe der sogenannten neurotischen Depressionszustände) diagnostisch wie therapeutisch zulänglich nicht allein aus sich selbst, in der Isolierung, sondern nur im Rahmen und als Teil einer Beziehung erfaßt und verstanden werden konnten. *Fairbairn* (1952, S. 39) schrieb in diesem Zusammenhang einen für seine Denkweise zentralen Satz: „Was mich von der überragenden Bedeutung der Objektbeziehungen überzeugt hat, ist die Analyse von Patienten, die schizoide Charakteristika aufweisen." Der schizoide Vermeider und Flüchter aus Objektbeziehungen, ebenso wie der depressive Anklammerer an Objektbeziehungen, waren *Fairbairns* Ansicht nach adäquat nur dann einzufühlen, wenn sie stets als Teil einer dem jeweiligen Patienten unbewußt bleibenden Beziehung, in permanenter innerseelischer Interaktion mit einer Mutter-Imago gesehen wurden. Kontaktsucht und Objektgier auf der einen Seite, Berührungsscheu und Verfolgungsangst auf der anderen sind das zentrale Thema des Schizoiden, das ihn immer tiefer in das Sehnsucht/Angst-Dilemma *(Donald Burnham,* 1969) treibt. Ständiges Hin- und Hergerissenwerden zwischen Sehnsucht nach Nähe einerseits, Angst vor Nähe andererseits, ist die charakteristische Situation des Schizoiden, und das (wie immer getarnte) Vermeiden von Objektbeziehungen ist sein typisches Verhalten. Das Eingespanntsein zwischen einer dem Bewußtsein leichter zugänglichen Bindungsangst von archaischer Kraft und der darunter liegenden Objektgier von ebenso archaisch-primitiver Stärke fixiert den Schizoiden sein Leben lang auf diejenige Phase frühkindlicher Entwicklung, für die dieses Beziehungsdilemma charakteristisch ist: Die Phase der Lösung aus der symbiotischen Verschmelzung. Zu dieser Situation des zwischen Angst und Sehnsucht gespaltenen Menschen, in seiner Spannung zwischen der Tendenz zur Lösung aus der Symbiose und der gleichzeitigen Angst davor, schreibt *Fairbairn:*

(1952, 39): „Während des Behandlungsverlaufs gibt ein solcher Patient außerordentlich eindrucksvolle Beweise für den Konflikt zwischen einem sehr starken Widerstand, infantile Abhängigkeit aufzugeben, und einer verzweifelten Sehnsucht, eben gerade diese Abhängigkeit zu überwinden. Und es ist ebenso faszinierend wie ergreifend, den Patienten zu beobachten, wie er wie eine ängstliche Maus einmal aus dem Schutz seines Mauselochs heraus einen flüchtigen Blick auf die Welt äußerer Objekte wirft, gleich darauf aber wieder einen eiligen Rückzug antritt."

Fairbairn erhellte weiterhin den Hintergrund und die volle Tragweite der Tatsache, daß der schizoide Mensch unfähig ist, mit Bezugspersonen seiner Umwelt als wirklichen Menschen, als ganzheitlichen Personen umzugehen, und die ständige Tendenz des Schizoiden, seine Bezugspersonen nur in und als Abspaltung zur bloßen Befriedigung von Bedürfnissen, wie Gegenstände des oralen Gebrauchs, zu benutzen. In der Sprache *Melanie Kleins:* Seine Bezugspersonen, nach Art des Kleinstkindes, lediglich als Teilobjekte, als Brüste oder Penisse zu erleben.

Fairbairn sah – wie in der folgenden Darstellung seiner Entwicklungstheorie näher erläutert wird – in der Unfähigkeit, sich einer menschlichen Begegnung ohne Angst vor Überflutung öffnen zu können, ebenso wie sich aus ihr ohne Verlustangst in das Alleinsein zurückzuziehen *(Lüders,* 1975), den eigentlichen Kern der Ich-Schwäche und den genetischen Quellgrund der Grundstörung des Schizoiden.

„Es war lange bekannt, daß schizoide Menschen ausgesprochene Schwierigkeiten in ihren menschlichen Beziehungen aufwiesen, was aber, *Fairbairn* zufolge, nicht genügend erkannt wurde, war die Tatsache, daß ihre Unfähigkeit, menschliche Beziehungen herzustellen, die Wurzel ihrer Schwierigkeiten darstellte" *(Sutherland* 1963, 114).

„*Fairbairn* erkannte, daß für den schizoiden Patienten nicht in erster Linie die Kontrolle von Antrieben von zentraler Bedeutung ist, sondern die Frage, ob er über ein genügend wirkliches Ich verfügt, um überhaupt in der Lage zu sein, Objektbeziehungen aufnehmen zu können. Der schizoide Patient findet Objektbeziehungen vorwiegend nicht deswegen so schwierig, weil er von ihm als gefährlich empfundene Triebe, sondern weil er ein schwaches, unentwickeltes Ich hat; weil er infantil und abhängig geblieben ist, weil ursprünglich sein erstes primäres Objekt, seine Mutter, ihn nicht als wirklich erlebt, ihn nicht als eine eigenständige Person, mit eigenem Lebensrecht, geliebt hat (loved him for his own sake, as a person in his own right)" *(Guntrip,* 1974, 834).

Fairbairn wies ferner darauf hin, wie weit verbreitet die schizoide Grundstörung mit ihren für ihn charakteristischen Phänomenen der Ich-Spaltung, des Sehnsucht/Angst-Dilemmas, des Andauerns infantiler Befriedigungswünsche an als Teilobjekten erlebten Bezugspersonen, auch bei Menschen war, die äußerlich gesehen sozial gut angepaßt waren. Welchen Schweregrad jedoch die schizoide Grundstörung aufweist, von bestimmten Formen der Schizophrenie bis hin zu sozial besser angepaßten Schizoiden, die nur in existentiell wichtigen Versuchungs- und Versagungssituationen wie verwandelt erscheinen und in das Affektverhalten eines Kleinkindes zurückverfallen – gemeinsam ist in der Sicht der Theorie der Objektbeziehungen allen diesen Erscheinungsformen das folgende: Das schizoide Ich/Selbst erweist sich als ein nur loser Verbund verschiedener Ich-Teile, Ich-Subsysteme oder Strukturen, der nach Grad und Art der Belastung in charakteristischer Weise auseinanderfällt. *Guntrip* (1961, 138) formuliert das wie folgt:

„De facto verhält sich der Mensch als eine Gruppe von Personen und das ist, psychologisch gesehen, das objektiv feststellbare Faktum, von dem die Theorie ausgehen sollte."

Was sind nach dieser phänomenologisch-deskriptiven Darstellung der Hauptmerkmale der schizoiden Grundstörung nun die entwicklungstheoretischen Vorstellungen der Britischen Schule der Psychoanalyse, auf denen sich ihr theoretischer Kern, eine neue Theorie der innerpsychischen Struktur (anstelle des Es/Ich/Über-Ich-Modells) aufbaut?

Über den engen inneren Verbund zwischen der Phänomenologie der schizoiden Grundstörung und der Notwendigkeit des Studiums der frühesten Entwicklungsgeschichte des Kleinkindes sagt *Fairbairn* (1952, 9):

„Der Begriff der Ich-Spaltung, von dem der Ausdruck ‚schizoid‘ seine Bedeutung herleitet, kann erst dann als ein erhellendes Konzept verstanden werden, wenn er von einem psychogenetischen Standpunkt her betrachtet wird."

Und des weiteren (1952, 3): „Da die schizoiden Zustände die am tiefsten liegenden Phänomene darstellen, bieten sie eine unvergleichliche Gelegenheit zum Studium nicht nur der tiefsten Grundlagen sondern auch der zentralen psychodynamischen Prozesse der menschlichen Persönlichkeit."

Die Ichbildung der ersten Lebensjahre

Nach Auffassung der Theorie der Objektbeziehungen hatte *Sigmund Freud* − auf dem Hintergrund seiner eigenen, von ihm als sehr positiv erlebten Mutterbeziehung − etwas als selbstverständlich vorausgesetzt, was im Fall des „neuen" schizoiden Patienten nicht als selbstverständlich vorausgesetzt werden durfte: eine genetisch ganz früh anzusetzende, geglückte Bildung einer Frühform des Ichs. In der Spätphase seiner Forschung hat *Freud* (G. W., Band 14, 519) selbst erwähnt, er sei von den Befunden der weiblichen Psychoanalytiker wie *Melanie Klein,* insbesondere über die präödipale Phase des Mädchens, überrascht worden. An der gleichen Stelle hat er weiterhin erklärt, er habe gezögert, die ganze Bedeutung des ursprünglichen Bandes zur Mutter anzuerkennen, gleichzeitig war er aber der Meinung, zur Erklärung der neu gewonnenen Befunde sei es nicht erforderlich, eine andere Bezugssache als die des Ödipuskomplexes einzuführen.

Wie sieht demgegenüber die Theorie der Objektbeziehungen die Fakten der Bildung von Vorformen des Ichs in den ersten Lebensjahren und welche Schlußfolgerungen zieht sie daraus für die Entwicklungstheorie der Psychoanalyse?

Zur Beantwortung dieser Frage hat uns die Theorie der Objektbeziehungen keine übersichtlich gegliederte psychoanalytische Entwicklungslehre, etwa im Stil der Phasenlehre *Abrahams,* vorgelegt. Was sie uns übermittelt hat, sind lediglich Denkanstöße in Form essayistischer Untersuchungen von Teilzusammenhängen. *Fairbairn* hat ein sich an der Qualität der Mutter/Kind-Objektbeziehung orientierendes Entwicklungsschema nur in Umrissen dargelegt (1952, S. 39 ff.), ohne es im einzelnen auszuführen. *Winnicott* veröffentlichte eine Reihe von inzwischen weit über den psychoanalytischen Fachbereich hinaus bekannt gewordenen Arbeiten über Einzelaspekte der frühkindlichen Entwicklung, ohne jedoch den Versuch zu machen, sie systematisch zusammenzufassen. Auch *Guntrip* (1968) hat sich darauf beschränkt, auf Grundlage von Arbeiten *Winnicotts,* insbesondere über die Verlustangst und die menschliche Bisexualität, mehr in essayistischer Form das Thema der tiefsten genetischen Ursprünge der Ich-Schwäche begrifflich einzukreisen. Erst *Kernberg* hat 1976 in seinem wichtigen Werk „Object-relations theory and clinical psychoanalysis" eine systematische Übersicht über die normale und pathologische Entwicklung internalisierter Objektbeziehungen und deren klinische Auswirkungen vorgelegt und dabei bis zum 5. Lebensjahr des Kindes fünf verschiedene Entwicklungsstufen herausgearbeitet (1976, S. 59 ff.).

Was wir indessen der sogenannten Britischen Schule der Psychoanalyse, trotz ihres Unvermögens, uns eine systematisch ausgearbeitete Lehre frühkindlicher Entwicklung zu umreißen, bei ihrem Vorstoß in den Grenzbereich zwischen Neurose und Psychose zu verdanken haben, ist ein für die Behandlungspraxis überaus bedeutsames Konzept einer Frühform des Ichs des Kleinkindes, die sich beim ersten Erleben eines Ambivalenzkonflikts des Kindes mit seiner Mutter bildet, sich hält und festigt oder deren Bildung verfehlt wird und dann zu innerpsychischen Spaltungsprozessen führt, die in der späteren Entwicklung strukturell festgeschrieben werden.

Nichts ist aus der Sicht der Theorie der Objektbeziehungen beispielhaft geeigneter, die Bewältigung und das Scheitern an diesem Ambivalenzkonflikt zu verdeutlichen, als der Begriff der Depressiven Position, der in der Theorie *Melanie Kleins* eine zentrale Bedeutung hat und der von *Winnicott* später in das Stadium der Besorgnis umformuliert worden ist (1958, S. 274). *Winnicott* hat dazu geschrieben:

„Dies ist nach meiner Meinung *Melanie Kleins* wichtigster Beitrag und ich glaube, daß er den gleichen Rang hat wie *Freuds* Konzept vom Ödipuskomplex" (1965, S. 230).

Auf die Gefahr hin, manches aus anderem Zusammenhang Bekannte zu wiederholen, scheint es lohnend, auf diesen Entwicklungsabschnitt hier etwas ausführlicher einzugehen, um seine theoretische Tragweite innerhalb der Theorie der Objektbeziehungen zu verdeutlichen:

Wie ein Beobachter um die Zeit nach dem 8. Lebensmonat, also nach der von *René Spitz* beschriebenen Achtmonatsangst, aufgrund äußerer Verhaltensmerkmale feststellen kann, macht das Kleinkind um diese Zeit den wichtigen Entwicklungsschritt, sich nach der bisherigen symbiotischen Verschmelzung als von der Mutter getrennt zu erleben und beim Auftreten einer fremden Person Angst zu empfinden, es könnte dieses von ihm erstmalig als getrennt lebende Wesen, seine Mutter oder deren Ersatzfigur, verlieren.

Greifen wir jetzt einmal, nach dieser Zeit der Achtmonatsangst einen Grundimpuls des Kleinkindes: seine oralen Bedürfnisse heraus, um daran den Zusammenhang beispielhaft klarzumachen, um den es in der Theorie der Objektbeziehungen geht. Dazu müssen wir uns zunächst in Erinnerung zurückrufen, daß ein solches Kleinkind in der Phase ungeheuer intensiver Primärgefühle lebt, von denen wir uns im Rückschluß nur annäherungsweise – und mühsam genug – eine Vorstellung machen können, wenn wir an die Anstrengungen der Urschrei-Primärtherapie denken, an Früherlebnisse des Urschmerzes und der Urangst heranzukommen. Es bedarf weiterhin der Erinnerung daran, daß das Baby – im Bann von die Realität sowohl in positiver wie in negativer Hinsicht verfälschenden Projektionen von archaischer Wucht – die Alltagswirklichkeit der gut versorgenden Mutter in Richtung auf Idealisierung (Fee), die der frustrierenden Mutter in Richtung auf schreckenerregende Verfolgung (Hexe) verzerrt. Daher der seit *Melanie Klein* öfter in der Literatur auftauchende Sprachgebrauch, von einer „psychotischen" Entwicklungsphase des Kleinstkindes, vom – aus der Erwachsenenperspektive gesehen – „psychotischen" Kind, das an Stelle des „polymorph perversen" Kindes der orthodoxen Metapsychologie getreten ist.

Gegen den so umrissenen Affekthintergrund gesehen, müssen wir uns vorstellen, daß der Säugling, wenn er gestaut ist, sich seinen auf Fütterung gerichteten Impulsen mitt einer Rückhaltlosigkeit überläßt, die für uns Erwachsene mit unseren eingefleischten Abwehr- und Kontrollsystemen kaum nachvollziehbar ist. In der Sprache *Winnicotts* (1958, S. 278) „spielt sich ein kannibalischer, erbarmungsloser Angriff ab".

In dieser Zeit nun findet sich das Kleinkind plötzlich vor einer Hürde: Es beginnt zu begreifen, daß die Person der Mutter, auf die es sich eben noch wie ein kleiner Kannibale stürzte, die gleiche ist, die es in Zeiten durch triebhafte Erregung ungestörter Ruhe braucht und „liebt". Das Kind erkennt, daß es sich auf zwei ganz verschiedene Arten von Mutter bezieht, daß es die Mutter auf zwei ganz verschiedene Arten benutzt. Und das Kind erschrickt vor der allmählich aufdämmernden Erkenntnis der Tatsache: Die Mutter als das Objekt seines triebhaften Angriffs ist gleichzeitig die „zärtlich geliebte" Mutter der Abhängigkeitsbeziehung. *Winnicott* und vor ihm *Melanie Klein* haben eindrucksvolles Beobachtungsmaterial vorgelegt, wie in diesen frühesten Stadien der Ich-Entwicklung das Baby bereits Vorstellungen entwickelt von einem Loch, das es im Augenblick des Höhepunktes der Trieberfüllung in der Brust oder im Körper der Mutter aushöhlt. Gleichzeitig haben sie aus Analysen erwachsener Patienten berichtet, wie in stark regressiven Behandlungsphasen, im Nacherleben oraler Gier an der Person des Analytikers, im Patienten Schuldgefühl getönte Phantasievorstellungen hochkamen, den Analytiker verarmt, entleert oder ausgehöhlt zu haben. Sie haben weiterhin gezeigt, wie das Kleinkind eine vorübergehende Abwesenheit der Mutter mit Vorstellungen verknüpft, die Abwesenheit, der drohende Verlust der Mutter, sei eine Folgeerscheinung der Gier.

Diese Phase, in der die Gestalt der Mutter auf zweierlei, sehr verschiedene Weise vom Kleinkind erlebt wird, ist gekennzeichnet durch Gefühle eines Zwiespalts infolge des jetzt aufdämmernden Dilemmas, den Kuchen – die Mutter – nicht auffressen und gleichzeitig auch haben und besitzen zu können. Durch Ängste vor erstmalig erlebter Abhängigkeit, vor dem etwas Bekommen-Müssen durch einen anderen, vor dem bloßen Vorhandensein-Müssen eines anderen. Sie ist charakterisiert durch Vorformen von Schuldgefühl gegenüber diesem anderen und durch Trauer, Trotz und Haß, als Folge des Verlustes der bisherigen Paradies-Existenz jederzeitiger Wunscherfüllung und unbekümmerter Selbstherrlichkeit. Von diesen Trauergefühlen über den Verlust des Paradieses her, die auch ein charakteristischer Zug in der Analyse tief regredierter Patienten sind, hat *Melanie Klein* dem Kerngeschehen dieser Phase die Bezeichnung gegeben: Depressive Position.

Alles kommt nun darauf an, daß das Kleinkind vor dem Ertragen dieser, sich aus der Doppelseitigkeit des Muttererlebens ergebenden Spannung nicht zurückweicht und im Gegenteil, in einer Vorwärtsbewegung der Entwicklung die entstandenen Depressionsgefühle aushält, die neuentdeckte Tatsache der Abhängigkeit annimmt und für die Vorformen von Schuldgefühl über die Folgen seiner „Erbarmungslosigkeit" Mittel und Wege des Ausgleichs und der Überwindung findet. In der Sprache von *Guntrip,* (1968, S. 417):

„Fortschritt in Richtung auf Ich-Integration kann nur kommen durch ein Herauswachsen aus den unwirklichen Abstraktionen voneinander getrennter guter und böser Objekte, indem diese zusammenwachsen zu dem, was sie ursprünglich sind: gute und böse Aspekte von ein und derselben Person, der Wirklichkeit der Mutterpersönlichkeit."

Melanie Klein hat in Arbeiten, die von *Winnicott* (1958, S. 276) als „nirgends reicher und produktiver als in diesem Bereich" bezeichnet worden sind, gezeigt, welche Auswege im Fall einer normalen Entwicklung das Kind, mit

Hilfe seiner Mutter, aus dieser schwierigen, depressiv getönten und konfliktreichen Phase findet. Das Kind sehnt sich danach, für das verlorengehende Paradies der Mutter-Kind-Symbiose Ausgleich und Ersatz zu finden, den Schaden, den es in seinen omnipotenten Phantasien angerichtet hat, wiedergutzumachen und es macht erste Anstrengungen durch geeignete Gesten und Handlungsweisen des Gebens, diesem Bedürfnis der Wiederherstellung Ausdruck zu verleihen. *Winnicott* hat hervorgehoben, wie wichtig es ist, solche bei einem Kleinkind ebenso wie bei einem erwachsenen Patienten in tiefen Regressionsphasen auftretenden Signale im Sinn einer Wiederherstellung zu verstehen und in der richtigen Weise anzunehmen.

In dieser Entwicklungsphase ist das Verhalten der Mutter, das Zusammenspiel mit der Mutter von kaum zu überschätzender Bedeutung. Dadurch, daß die Mutter die schwierige Situation ihres Kindes über einen längeren Zeitraum hinweg ruhig aushält (Objektkonstanz gibt), daß sie die in dieser Phase vom Kind selbst mit immer stärkerer Gefühlsdeutlichkeit als Angriffe empfundenen Triebexplosionen in der richtigen Weise auffängt und später, mittels der Annahme der Wiedergutmachungssignale, hilft die Mutter dem Kind bei der Bewältigung seines notwendigen Reifungsschritts. Nur mit Hilfe einer genügend verständnisvollen Umwelt kann das Kind lernen — in Erwachsenensprache gesprochen — die Ambivalenz der Gefühlsbeziehung zur Mutter auszuhalten und neben den bisher ausschließlich archaischen Kontrastbildern von der Mutter (als Fee ebenso wie als Hexe) erstmalig auch das Bild der persönlichen Mutter zusammenzuschauen.

Von dem ruhigen Gegenüber seiner Mutter in der rechten Weise gespiegelt, geschätzt oder zumindest angenommen, und nicht etwa in einen Abgrund der Ablehnung, Überstimulierung oder der Gleichgültigkeit hinabgestoßen, kann das Kind nunmehr an einem als getrennt, aber gleichzeitig auch als überwiegend entwicklungsfördernd empfundenen Gegenüber das Gefühl von Ich-Sein entwickeln. Ichgefühl im Sinn eines Kontinuums, einer Seinsweise, die ebenso wie die Fingerabdrücke jedes Menschen schon zu diesem frühen Zeitpunkt der Entwicklung einen persönlichen, zwar noch ganz kindlichen, aber schon unverwechselbaren Stempel trägt.

Bisher von Extrem-Affekten von Sehnsucht nach der ewig spendenden Brust (und dem gleichzeitigen Sich-Eins-Fühlen mit dieser) und panischer Angst vor der verfolgenden Hexe (und dem gleichzeitigen Gefühl des von dieser Überschwemmtwerdens) hin- und hergerissen, beginnt das Kind — analog dem immer mehr voranschreitenden Erleben einer persönlichen Mutter — einen persönlichen Ich-Raum zu finden und sich darin einzurichten. Auf den ruhenden Pol eines vorwiegend als gut erlebten Mutterbildes

bezogen, lernt das Kind erste Formen von Selbstwertgefühl, ebenso wie –
mittels der neu erworbenen Fähigkeit, sich um sein Liebesobjekt zu sorgen
– seine „erbarmungslosen" Triebe zu beherrschen und einen Anderen, seine primäre Bezugsperson zu „lieben". Es lernt Vorformen von Liebesfähigkeit schon in einem erwachseneren Wortsinn, der Fähigkeit sich um einen
anderen zu sorgen und gleichzeitig auch Vorformen von Sachlichkeit, im
Sinne eines realitätsnäheren Erlebens der Mutter als einer gut wie böse um-
greifenden menschlichen Gestalt.

Aus diesem Grund hat *Winnicott* – im Gegensatz zu der mehr pessimi-
stisch getönten Einstellung *Melanie Kleins* – diese ganze Entwicklung eher
als eine Errungenschaft unter dem Aspekt der sie als Abschluß krönenden
Sorge gesehen und daher statt von der Depressiven Position, von der Entwicklungsphase der Besorgnis gesprochen.

Ziel und vorläufiger Abschluß dieser wichtigen Entwicklungsphase der
Überwindung des Ambivalenzkonflikts des Kleinkindes in der Objektbeziehung mit seiner primären Bezugsperson ist die Bildung der ersten Vorform einer inneren, polaren Ich-Struktur. Während *Freud* auf dem Hintergrund seiner eigenen persönlichen Gleichung, von der Vater/Sohn-Bezie-
hung hauptsächlich im Licht des positiven Ödipuskomplexes ausging, führ-
ten die neuen, mit Hilfe seines Begriffssystems und seiner Methodik unter-
nommenen Vorstöße in das Grenzgebiet zwischen Neurose und Psychose
und in die Frühgeschichte des Kleinkindes zu einer neuen Modellvorstellung psychischer Entwicklung.

Lange vor der Identifikation des Sohnes mit dem Vater (der Tochter mit
der Mutter) in der ödipalen Phase rückt jetzt als wichtige Entwicklungsaufgabe die *Introjektion der Gestalt einer als überwiegend gut erlebten Mutter
durch das Kind beiderlei Geschlechts* in den Brennpunkt forscherischer Aufmerksamkeit. „Die Grundlage von Ich-Stärke wird in der Objektbeziehung
des Kindes zur Mutter geschaffen, im Stadium, in dem das Kind sich aus
der primären Identifikation, der psychophysischen Einheit löst" *(Guntrip,*
1971, S. 125).

Die Introjektion der – in der Sprache *Melanie Kleins* – guten Brust, die
nährt und Kraft gibt, die feste innere Verbindung mit einer, nach dem Dilemma des Ambivalenzkonflikts mit ausreichender Konstanz als vorwiegend gut, d.h. zärtlich liebend, beschützend und entwicklungsfördernd erlebten Mutter, erweist sich, in der Sicht der Theorie der Objektbeziehungen, als einzig sichere Basis für ein stabiles Ich. *Winnicott* (1958, S. 283)
schreibt dazu:

„Offenbar kann das Individuum nach einer gewissen Zeit Erinnerungen an Erlebnisse aufbauen, die als gut empfunden worden sind, so daß die Erfahrung der Mutter, die die Situation beherrscht, zu einem Teil des Selbst wird und in das Ich eingeht. So wird die wirkliche Mutter allmählich immer entbehrlicher. Das Individuum erwirbt eine ‚innere Umwelt'. Das Kind wird auf diese Weise fähig, neue Erlebnisse zu machen, in denen es selbst die Situation im Griff hat, und mit der Zeit kann es dann die Funktion dessen, der die Situation für jemand anderen beherrscht, ohne Ressentiment selbst übernehmen."

Hat das Kleinkind einmal eine feste innere Spannung hergestellt, hat es eine innere harmonische Bindung geschaffen zwischen einer Vorform des Ichs und einem, zunächst als ein Außen erlebten, später verinnerlichten, überwiegend positiv und entwicklungsfördernd empfundenen „Mutter-Objekt", so hat e es eine gute Chance, einige Zeit später die Stürme des ödipalen Dreierkonflikts zu bewältigen. Gelingt es dem Kleinkind jedoch nicht, den Ambivalenzkonflikt dieser Phase durch Bildung einer solchen ersten polaren Ich-Struktur zu lösen, ist das Scheitern an der nächsten Entwicklungshürde sozusagen bereits eingeplant. Soweit die idealtypische Entwicklung des Kleinkindes.

Wie aber vollzieht sich die Entwicklung im Fall der schizoiden Grundstörung, wenn das Kleinkind im gestörten Zusammenspiel (fit) mit seiner Mutter den geschilderten Reifungsschritt nicht vollziehen kann?

In der Sichtweise der Theorie der Objektbeziehungen bleibt das Kleinkind, das den Schritt zu einer Vermenschlichung seiner Mutter-Imago nicht schafft, in der Spaltung fast ausschließlich archaisch erlebter Mutter-Imagines, in miteinander unvereinbaren Bildern der Hexe einerseits, der Fee andererseits, hängen. Das Kind bleibt chaotisch hin- und hergerissen zwischen Kontrastbildern von bösen Mutteraspekten, die verfolgen und grausam strafen, und von Ideal-Müttern, die ewig spenden und stets befriedigen. Vorwiegend bleibt es dabei im Bann der angstmachenden Bilder und verliert zunehmend jede Chance, an der Realgestalt der Mutter korrigierende Erfahrungen machen zu können.

Melanie Klein hat in diesem Zusammenhang herausgearbeitet, wie das Kleinkind Verhaltensweisen, wie z.B. die projektive Identifikation, einspurt, um die als bedrohlich empfundenen Mutter-Imagines von den beschützend-verstehenden Idealbildern der Mutter soweit wie möglich getrennt zu halten, statt sie einander anzunähern und allmählich miteinander zu verbinden. *Melanie Klein* hat auf weitere, falsche Verhaltensschemata hingewiesen, mit denen das Kleinkind, das den fälligen Reifungsschritt nicht schafft, versucht, die schrecklichen Angstgefühle von psychotischer Stärke, die Empfindungen von Trauer, Sehnsucht und Schuld jener Entwicklungsphase von sich fernzuhalten und abzuwehren. Das Kind flüchtet in *manische Abwehrmechanismen (Segal,* 1964, S. 111 ff.) wie omnipotente Herrschsucht, narzißtische Triumphgefühle und Verachtung für seine Objekte, mit denen es die schmerzhafte Realität seines kindlichen Dilemmas und die Notwendigkeit eines Reifungsschrittes in Richtung auf Lösung aus der Symbiose zu verleugnen sucht. Omnipotente Herrschsucht ist dabei wichtig als eine Verleugnung von Gefühlen der Abhängigkeit, die das Kleinkind zur Aufgabe seiner bisherigen naiven Gefühle symbiotischer Selbstherrlichkeit zwingen würden. Verachtung für das Objekt − zunächst für die Mutter, später für die Eltern allgemein − ist eine weitere Abwehrreaktion gegen das Zulassenkönnen von Gefühlen der Zuneigung und der Wertschätzung und der damit untrennbar verbundenen Ich-haften Auseinandersetzung mit Gefühlen der Verlustangst und der Schuld.

Hier in diesem Bereich manischer Abwehrreaktionen gegen die Ängste eines ungelöst gebliebenen Ambivalenzkonflikts ist auch der genetische Quellgrund zu sehen für den pathologischen Narzißmus, mit dessen Übertragungsformen in der modernen klinischen Praxis sich *Kohut* (1971) eingehend befaßt hat. *Kernberg* (1975), in seiner bekannten Auseinandersetzung mit *Kohut,* hat dabei *Kohuts* Theorem einer sich in Isolierung vollziehenden Eigenentwicklung des Narzißmus kritisch untersucht und demgegenüber den Standpunkt der Theorie der Objektbeziehungen vertreten, daß die Beziehung zum Selbst wie zum Objekt sich gleichzeitig und in steter Wechselwirkung aus der ursprünglichen Selbst-Objekt-Verschmelzung herausdifferenziert und menschliche Erfahrung generell durch eine immerwährende dyadische, polare Qualität charakterisiert ist − in steter gleichzeitiger Wechselwirkung zwischen Selbst und Objekt, libidinösen wie aggressiven Affekten.

In welche dieser oben geschilderten falschen Reaktionsweisen sich das Kind auch immer flüchten mag, um mit seiner inneren Not fertig zu werden, ein Faktor wirkt sich − in der Sichtweise der Theorie der Objektbeziehungen − auf die verhängnisvollste Weise aus. *Das Kind schreibt das Scheitern in dieser großen Lebenskrise in Form einer strukturellen Ich/Selbst-Störung fest und verewigt damit die Notsituation der ersten Lebensjahre für sein ganzes weiteres Leben.* Anstelle einer gesunden ersten Ich/Selbst-Struktur: eines integriert-integrierenden Ichs in fester Beziehung zu dem Introjekt einer als vorwiegend gut erlebten Mutter, tritt ein gesplittertes Ich, ein nur loser Zusammenhang falsch programmierter Ich-Subsysteme.

Zwar gelingt es dem Kleinkind im allgemeinen − sofern es nicht schizophren erkrankt − ein Pseudo-Ich zu entwickeln, von *Winnicott* Falsches Selbst genannt, das es lernt, mit einem Minimum von angstmachenden

Verhaltensweisen angepaßt mit den primären Bezugspersonen umzugehen. Aber der Hauptanteil an libidinösen und aggressiven Affekten bleibt – in stetem Bezug mit guten und bösen Bildern der Mutter – außerhalb des Machtbereiches dieses Pseudo-Ichs. Diese abgespaltenen Strebungen des Kleinkindes zeigen, in der Sicht der Theorie der Objektbeziehungen, die Tendenz, sich zu weiteren, mit dem Pseudo-Ich konkurrierenden Teil-Ichen zu verfestigen. Es sind Ich/Selbst-Teile, die entweder nie zu einem Ich integriert worden sind, d.h. unevoziertes Nur-Potential geblieben sind. Oder es sind Ich-Strebungen, die unter dem Eindruck ungünstiger Umwelteinflüsse von einem bereits gebildeten Ich wieder abgespalten worden sind und nun von dem den Verkehr mit der Außenwelt regelnden Pseudo-Ich in Abspaltung bzw. Verdrängung gehalten werden.

Wenn das Kind dann in der ödipalen Phase vor seinem nächsten Entwicklungsschritt steht, verfügt es nicht über eine erste Vorform von Ich, sondern lediglich über einen losen Zusammenhang einiger, miteinander kollidierender Teil-Iche, mit denen es das Scheitern an der ersten Entwicklungshürde strukturell zementiert und die Unfähigkeit zur Bewältigung der nächsten Entwicklungshürde sozusagen vorprogrammiert hat. Das Scheitern am ödipalen Dreipersonenkonflikt ist somit nicht Ursache der Neurose des schizoiden Menschen, sondern lediglich Endergebnis eines Ausfalls an Ichbildung infolge entwicklungsfeindlicher Formen des Zusammenspiels eines kindlichen Selbst mit seiner primären Bezugsperson. Der nichtbewältigte Ödipuskomplex gibt im Fall des schizoiden Menschen keinen erklärenden Schlüssel, der das Tor der Neurose erschließt, sondern bezeichnet lediglich ein Phänomen, das selbst erst noch der eigentlichen genetisch weiter zurückzuverfolgenden Aufschlüsselung bedarf.

Die Theorie der innerpsychischen Struktur

In den 20er und 30er Jahren hatte *Melanie Klein* in ihren damaligen Veröffentlichungen gezeigt, wie schon die früheste orale Phase nicht nur durch die Nahrungsaufnahme von Milch, sondern auch durch die Einkörperung von „Objekten", d.h. von Bildvorstellungen, von Phantasierepräsentanzen primärer Bezugspersonen, in die psychische Welt des Kleinstkindes gekennzeichnet ist. Dabei hatte sie nachgewiesen, wie im Gegensatz zu *Freuds* Vorstellung des Über-Ichs (im Sinne einer Verinnerlichung der persönlichen Elternfiguren) sich im Kind Vorläufer dieses Über-Ichs – verbunden mit Affekten von archaischer Stärke – viel früher ausbilden, als bisher angenommen worden war.

Freud hatte zwar nirgendwo das Über-Ich ausdrücklich als eine Phantasie bezeichnet, aber er hatte trotzdem deutlich gemacht, daß die von ihm als Über-Ich bezeichnete Instanz den Niederschlag einer Phantasievorstellung von den Elternfiguren darstellt, die gleichzeitig zu einem Teil der Gesamtpersönlichkeit wird. *Melanie Klein* und nach ihr, in völlig unabhängiger Weise, *Fairbairn* und *Guntrip* haben diesen *Freud*schen Denkansatz betont und ausgebaut. Sie haben hervorgehoben, daß diese weit über das Bild der persönlichen Elternfiguren hinausgehenden inneren Imagines nicht bloße Phantasien bleiben, sondern zu dauernden und dauernd eine bestimmte Wirkung ausübenden Bestandteilen unserer Gesamtpersönlichkeit werden. In der Sicht der Theorie der Objektbeziehungen werden eine Vielzahl dieser inneren Objekte zu Steuerungsorganen, welche das unbewußte Verhalten des betreffenden Menschen zu seinen Bezugspersonen in hohem Maße bestimmen.

Innere Bilder werden zu unbewußten Leitschienen, zu geprägten Verhaltensschemata, zu stets wiederholten Beziehungsmustern gegenüber unseren nächsten Bezugspersonen, analog den Charakterprägungen einer Charakterneurose: der ewig im Partner die ideale Mutter suchende oder die Hexen/Huren-Mutter ängstlich meidende junge Mann, das junge Mädchen, das auf der Partnersuche unbewußt von einem Leitbild geführt wird, das in einem extrem positiven oder negativen Sinn die Züge des Vaters trägt, der Sadist, der den komplementären masochistischen Partner findet, den er als ein inneres, ihn programmierendes und seine Suche steuerndes „Objekt" in sich trägt. Diese Beispiele machen deutlich, daß introjizierte Bilder sich zu inneren Objekten verfestigt, „materialisiert" haben und zu einem Bestandteil der Gesamtpersönlichkeit geworden sind. Dabei können diese inneren Objekte, z.B. in der Onanie, äußere Objekte ersetzen. Sie können aber auch, wie im Fall des jungen Mannes und des jungen Mädchens auf Partnersuche, das System der Wahrnehmung der betreffenden Person in einer Weise vorprogrammieren, daß die Suche nach einem Objekt in immer den gleichen Verhaltensmustern abläuft.

Während *Melanie Klein* jedoch ihre aus der Spieltherapie und der Direktbeobachtung kleiner Kinder gewonnenen neuen Befunde isoliert stehen ließ bzw. sie in die klassische Strukturtheorie *Freuds* einzufügen versuchte, war *Fairbairn* theoretisch radikaler. Seiner Auffassung nach konnte es in der menschlichen Psyche keine inneren Objekte in Isolierung geben, sondern es mußte Ich-Teile oder -Aspekte geben, zu denen die inneren Objekte in Beziehung standen und für die sie Objekte darstellten. Ebenso wie die *Freud*sche Instanz Über-Ich einen Gegenspieler in der Instanz Ich hatte, so mußten auch die primitiveren *Klein*schen inneren Objekte zu primitiveren, infantileren Ich-Formen oder -Teilen in Beziehung stehen. Einer Vielfalt innerer Objekte entsprach bei *Fairbairn* eine Vielfalt von Ich-Teilen oder Ich-Aspekten. Dabei fand *Fairbairn* die Herauskristallisierung des strukturellen Grundmusters, die Reduktion der Vielzahl *Melanie Klein*scher innerer Objekte plus deren entsprechenden Ich-Facetten auf ein überschaubares Grundmodell außerordentlich kompliziert durch ein Phänomen, das *Kohut* als Telescoping bezeichnet hat. Die Übereinanderschichtung verschiedener phasenspezifischer Abwehrsysteme, die der Psychoanalytiker, will er auf die Grundstörung kommen, in seiner Arbeit an Widerstand und Übertragung, nach Art eines Archäologen, Schicht für Schicht abtragen muß, um auf die früheste Schicht menschlicher Besiedlung, sprich in diesem Zusammenhang: früheste Schicht gestörter Objektbeziehungen, zu stoßen. Um das Ergebnis von *Fairbairns* Forschungsarbeit vorwegzunehmen:

Anstelle der klassischen Strukturtheorie *Freuds* vom Es – Ich – Über-Ich tritt die Differenzierung bzw. Spaltung eines als ursprünglich einheitlich postulierten Psyche-Somas mit Ich-Potential in drei Strukturen, die jede für sich über dynamische Energie verfügen und von Anfang an in Bezug zueinander und auch in Konflikt miteinander liegen. *Diese dynamischen Strukturen enthalten jede für sich a) einen bestimmten Ich-Teil oder -Aspekt, b) ein Objekt, das die diesem Ich-Aspekt korrespondierende Objektbeziehung zu einer primären Bezugsperson charakterisiert und c) die mit dieser primären Objektbeziehung verbundene Affektqualität.*

Was sind, in der Theorie der Objektbeziehungen, nun diese sich aus der konflikthaften Frühbeziehung des Kleinkindes zu einer primären Bezugsperson ergebenden Grundstrukturen?

1. Das *Fairbairn*sche Denkmodell, das von seinen Schülern in verschiedener Weise ergänzt und abgewandelt worden ist, unterschied als erstes zunächst ein *zentrales Ich/Selbst (central ego)* als das sogenannte Normal-Ich, das glaubt, mittels Vernunft und Willenssteuerung Herr in einem eindimensional gedachten Hause zu sein, bevor es die Existenz und Wirkungsweise seines „Unbewußten" entdeckt. Im Fall einer optimal gesunden Entwicklung wird dieses Ich/Selbst in einem tieferen Wortsinn zentral sein, nämlich zentriert, zentrierend-steuernd und in meist harmonischem Zusammenspiel mit seiner polaren Entsprechung: einem *Ideal-Objekt (ideal object),* das vorwiegend die Züge eines Ich-nahen ermutigenden, verstehenden Beschützers trägt.

Im Fall der schizoiden Grundstörung ist das zentrale Ich/Selbst ein verarmtes, ein reduziertes Pseudo-Ich, weil ihm zwei andere Ich-Teile die dynamische Energie, die libidinöse ebenso wie die aggressive, genommen haben. In dem Maße wie der Mensch schizoid ist, ist das zentrale Ich/Selbst nur ein Rest-Ich, ein Not-Ich. Im Extremfall der Schizophrenie ist ein die Alltagsgeschäfte unauffällig abwickelndes Ich überhaupt nicht mehr vorhanden. Im Fall des schizoiden Krankheitsbildes ist das zentrale Ich schwach, seine polare Entsprechung, sein Ideal-Objekt zu ichern, realitätsfremd und illusionistisch-idealisierend. In existentiellen Grenzsituationen, in denen primäre Bezugspersonen oder deren Abkömmlinge ins Spiel kommen, bricht das zentrale Ich zusammen und wird dann durch andere Ich-Aspekte ersetzt, die in Krisensituationen in diesem Dreierbund mit einem Alleinvertretungsanspruch auftreten. In Normalsituationen jedoch hält das zentrale Ich die anderen, hoch mit libidinöser ebenso wie mit aggressiver Energie besetzten Ich-Aspekte in Abspaltung bzw. Verdrängung, d.h. es schützt sich, sichert sich ab, beraubt sich damit gleichzeitig aber auch der Energie, über die diese anderen Ich-Aspekte verfügen.

Welches sind nun die beiden anderen Partial-Iche, die auftreten, sobald die Pseudoherrschaft des zentralen Ichs zusammenbricht?

Da ist zunächst das *primitive libidinöse Ich/Selbst (libidinal ego)* als die Summe all jener Bedürfnisse und Ängste, die in der Ambivalenzkrise nicht bewältigt werden konnten. Dieses primitive Partial-Ich ist stark mit Libido besetzt — daher sein Name — und ewig, mit gierigem Nachholbedarf, auf sehnsüchtiger Suche nach den Befriedigungen, die für die Symbiosephase, vor Auftreten der Konfliktprobleme des Stadiums der Besorgnis, charakteristisch sind. Das libidinöse Teil-Ich ist des Kleinstkindes Urnatur, steckengeblieben in einem Zustand gierigen Verlangens nach bestimmten Teil-Objekten, Teil-Aspekten der Muttergestalt, insbesondere natürlich nach der idealen, der nichts als guten Brust (mit allen ihren Abkömmlingen).

Während das zentrale Ich/Selbst wenigstens partiell die Seinsweisen und Wertmaßstäbe eines Erwachsenen erlernt, bleibt das abgespaltene Ich/Selbst primitiv, d.h. es bleibt in einem Zustand stets Angst-und Haß-naher Unbefriedigtheit auch im Erwachsenenleben weiterhin fest verklebt mit dem von *Fairbairn* so genannten *erregenden Objekt (exciting object)*. In der Interaktion von libidinösem Ich und seiner polaren Entsprechungsfigur, dem erregenden Objekt, bleibt dann die seelische Dynamik der Symbiose des ersten Lebensjahres bis in das Erwachsenenleben hinein erhalten.

Das erregende Objekt reizt und verlockt und hält den Erwachsenen in ewiger Wiederholung in der Tantalussituation gestörter Kleinkindentwicklung, als das Baby Erregung an bösen oder idealen Mutterfiguren verinnerlichte und in Abspaltung hielt, statt sie miteinander in Einklang zu bringen. Beispiel aus der Erwachsenenwelt für das erregende Objekt ist der wiederholte Traum eines Patienten von einer erregenden Frau, Typ Bardame, die immer einen kleinen Entsprechungsschritt zurücktrat, wenn er auf sie zuging. Oder die Faszination moderner Nymphen von der Art Brigitte Bardots, die in dem Maße, wie sie sich auf das Exhibitionieren von Reizqualitäten spezialisieren, die Entwicklung von Seinsqualitäten der vorwiegend guten Mutter verfehlen, auf die das libidinöse Ich angewiesen ist, will es die schizoid gestörte Frühentwicklung nachholen. Und als Beispiel für die auch im Erwachsenenleben weiterhin andauernde Verlötung zwischen libidinösem Ich und erregendem Objekt wäre zu denken an den Muttersohn, der, ihm völlig unbewußt, sein Leben lang an einem Teil-Objekt Mutter (mit allen ihren Abkömmlingen) festhält oder an die Vater-Tochter, die ebenso unbewußt an ihren Partnern Vater-Sehnsucht oder Vater-Angst und Haß mit süchtig-zwanghaften Verhaltensweisen ewig wiederholt.

Als drittes Teil-Ich/Selbst bezeichnet *Fairbairn* das *antilibidinöse Ich (antilibidinal ego)* als die Summe wiederholter traumatisierender Erfahrungen des Kleinstkindes, das in seinen Sehnsüchten und Bedürfnissen durch eine abweisende, überwältigende oder wütende primäre Bezugsperson frustriert wird und sich nun dadurch zu helfen sucht, daß es sich mit ihr als dem *zurückweisenden Objekt (rejecting object)* – der dritten Entsprechungsfigur dieser polaren Strukturen – identifiziert, als einer Art Vorform des späteren Abwehrmechanismus der Identifikation mit dem Angreifer. Das antilibidinöse Ich wendet sich damit gegen seine eigenen libidinösen Bedürfnisse, in der Sprache *Fairbairns:* nimmt einen inneren Bruderkrieg auf mit dem libidinösen Ich, dem zweiten Teilaspekt der kindlichen Psyche.

Als Beleg für den schnellen Austausch von Ich-Teilen und den raschen Positionswechsel im Bruderkrieg des antilibidinösen gegen das libidinöse Ich gibt *Guntrip* ein Bespiel aus der eigenen Praxis (1974, S. 833):

Eine Patientin, die von ihrer Mutter in der Kindheit oft geschlagen wurde, hatte noch im Alter von 40 Jahren, zu Beginn der Analyse, Alpträume, von der Mutter geprügelt zu werden. In Zuständen hoher Erregung schlug sie wiederholt mit den Fäusten auf sich ein, und als sie das wieder einmal in der Analysestunde tat, sagte ihr *Guntrip:* „Es muß schrecklich für Sie sein, so geprügelt zu werden!" Die Patietin verhielt in ihrer Erregung, drehte sich zu ihrem Analytiker hin und antwortete: „Ich bin nicht die, die geschlagen wird. Ich bin die, die schlägt!" Darauf gab *Guntrip* ihr die Deutung: „Sie sind beides zugleich", und versuchte ihr damit nahezubringen, daß sie wechselweise das eine Mal ihr libidinöses Ich, das andere Mal ihr antilibidinöses Ich ausagierte und damit ihr zentrales Ich – seiner libidinösen ebenso wie seiner aggressiven Kraft beraubt – in die Rolle eines blassen, leblosen Zuschauers gedrängt hatte.

2. *Harry Guntrip,* der mit seinen beiden Werken über „Personality structure and human interaction" (1961) und „Schizoid phenomena, object-relations and the self" (1968) wesentlich dazu beigetragen hat, seinen Lehranalytiker *Fairbairn* in der angloamerikanischen Fachwelt bekannt zu machen, hat das *Fairbairn*sche Dreiermodell in einem bestimmten Punkt abgewandelt. Seiner klinischen Erfahrung nach spaltet sich das libidinöse Ich nochmals auf in ein *aktiv-orales,* auf Habenwollen ausgerichtetes Ich, das nach dem Tantalus-Objekt, welches erregt aber nicht befriedigt, verlangt. Und in ein *passiv-regrediertes-libidinöses Ich,* das zu oft in seiner Objektgier verletzt, nun nur noch danach trachtet, jede tiefere Berührung mit einem Objekt in seiner menschlichen Gefühlskonkretheit zu vermeiden und sich in illusionäre Welten der Verschmelzung mit phantasierten Primärobjekten zurückzuziehen. Mit anderen Worten: Aufspaltung in ein Teil-Ich, das sich entweder aktiv an „böse" Objekte klammert, oder ein Teil-Ich, das vorwiegend passiv auf Rückzug aus jeder Art von Objektbeziehung und alleinigen Umgang mit Phantasieobjekten einer Innenwelt bedacht ist.

Diesem letzteren, passiven Aspekt des libidinösen Ichs hat *Harry Guntrip* von der persönlichen Gleichung der eigenen Entwicklung her, besondere Aufmerksamkeit gewidmet. Er hat auf die Bedeutung dieses in tiefster Verborgenheit lebenden Ich-Teils hingewiesen, dessen Kraftpotential möglicherweise überhaupt nie evoziert worden ist, das vom Entwicklungsbeginn an blockiert war und niemals eine Entwicklungschance hatte. In Anlehnung an den bekannten Begriff *Winnicotts* von dem nur in der Verborgenheit existierenden Wahren Selbst (im Gegensatz zum Falschen Selbst) sagt *Guntrip* (1968, S. 181): „Das Wahre Selbst existiert noch nicht. Es ist das, was die Psychotherapie dem libidinösen Ich erst helfen muß zu werden."

Fairbairn, dem es immer nur darum ging, Anregungen zu geben und der nie den Ehrgeiz hatte, eine eigene Schule zu begründen, hat dieser wie anderen Abänderungen seines ursprünglichen Modells seine Zustimmung gegeben. Von hier wird deutlich, daß der Begriff libidinöses Ich/Selbst eigentlich nur eine Modellvorstellung ist, nur eine Leerformel darstellt, die jeder Therapeut für jeden seiner Patienten mit Leben erfüllen und mit Erlebnisstoff anreichern muß durch analytische Erhellung der spezifischen Defekte und Fehlentwicklungen der ersten Lebensjahre, in denen die Introjektion des Bildes der vorwiegend guten Mutter (in einem jeweils für einen bestimmten Menschen optimal erforderlichen bzw. möglichen Maß) mißglückt ist.

3. Ein anderer Schüler *Fairbairns,* der vormalige medizinische Direktor der Londoner Tavistock Klinik und langjährige Herausgeber des „International

Journal of Psychoanalysis", *John D. Sutherland* hat in einem 1963 zu Ehren *Fairbairns* kurz vor dessen Tod veröffentlichten Heft des „British Journal of Medical Psychology" (1963) dessen ursprüngliches Modell weiter abgewandelt und ein eigenes, auf der Internalisierung von Objektbeziehungen basierendes Strukturmodell erarbeitet.

4. *Otto Kernberg,* der sich eingehend mit *Melanie Klein* beschäftigt hat (1972) und der seine Dankesschuld gegenüber *Sutherland* im Vorwort seines 1976 erschienen Buches: „Object-relations and cliniccal psychoanalysis" erwähnt, hat mit diesem Werk eine Praxis-nahe Theorie der Objektbeziehungen vorgelegt, die in der bisher systematischsten Weise Umrisse einer Entwicklungs- ebenso wie einer Strukturtheorie erarbeitet und mit dem Entwurf von Grundkonzepten für die Behandlungspraxis strukturell Ich-gestörter Patienten im Zwischenfeld zwischen Neurose und Psychose verbindet.

Kernberg spricht hier, auf einem anderen Abstraktionsniveau und mit einer weniger personalistischen Wahl seiner Konzepte, von zueinander in Widerspruch stehenden Einheiten (units) des Ich/Selbst mit entweder bedürfnisbefriedigendem oder drohend-verfolgendem Charakter, von verschiedenen Ich-Zuständen (ego-states) oder Ich-Segmenten, von denen jedes für sich eine primitive Objektbeziehung verbunden mit einem entsprechenden Selbst-Bild und eine bestimmte Affektdisposition enthält, die in der Entwicklungsphase bestimmend war, in der die jeweilige Internalisierung stattfand (1975, S. 34).

Wie immer dabei die verschiedenen Autoren aufgrund ihrer persönlichen Gleichung und der Besonderheit ihrer klinischen Erfahrung das *Fairbairnsche* Modell modifizieren, bestimmte *Grundkonzepte der neuen Sichtweise* bleiben erhalten:

Einige der reaktiven Prozesse der Objektbeziehungen des Kleinkinds zu seiner primären Bezugsperson sind von so fundamentaler Bedeutung, daß sie zu instinktähnlichen, gewohnheitsmäßigen Wahrnehmungs- und Verhaltensmustern einspuren, die das spätere Verhalten des Erwachsenen in einer Weise beeinflussen, so als wäre der Erwachsene noch das Kleinkind der Frühzeit seiner Entwicklung. In dem Maße, wie in der Ambivalenzkrise des Kleinkindes die Spaltung nicht überwunden wurde und eine zentrierend-zentrierte Vorform des Ichs in fester Bindung mit einem vorwiegend guten Mutterbild nicht gebildet werden konnte, wird die mißglückte Objektbeziehung des Kleinkindes für das ganze spätere Leben des Erwachsenen zu einem starren Persönlichkeitsbestandteil festgeschrieben und damit verewigt. Bestimmte Ich-Teile suchen oder meiden auf bestimmte Auslöserreize von idealen oder verfolgenden Mutter-Imagines immer wieder die gleichen Objekte und entwickeln dabei im Wiederholungszwang die gleichen Primär-Affekte von frühkindlicher Liebe oder von frühkindlichem Haß. Während das Ich/Selbst in gewissem Umfang Erwachsenenverhalten entwickeln kann, bleiben die abgespaltenen Partial-Iche weiterhin in einer unbewußten Zweiersymbiose hängen, mit begleitenden Primär-Affekten aus jener Phase der Dualunion, in der seinerzeit die Abspaltung stattfand. Die innerpsychisch mit (plus oder minus getönten) Mutter-Imagines fest verlöteten, primitiv bleibenden Partial-Iche wiederholen die Erlebnisweise der symbiotischen Phase, in der das Kind die Mutter als einen Teil seiner selbst erlebt. So wie das Kleinkind die Brust und andere Teile der Mutter als Bestandteil des eigenen Selbst empfindet, genauso erlebt das primitiv gebliebene Ich-Subsystem des Erwachsenen eine bestimmte Bezugsperson als Teil seines Ich/Selbst und möchte mit ihr umgehen, als wäre sie ein Wesen ohne Eigenleben.

Dabei ist es, in der Sicht der Theorie der Objektbeziehungen, zunächst gleichgültig, ob sich die abgespaltenen Partial-Iche vornehmlich auf innere Reiz- und Leitbilder guter oder böser Mutter-Imagines beziehen. Im Sinn von Entwicklungsförderung sind die guten Bilder so gut oder so schlecht wie die bösen, weil und solange sie in Spaltung halten. Solange der Schizoide, ihm unbewußt, lediglich von einander ausschließenden Kontrastbildern der Mutterfigur hin- und hergerissen wird, solange er ausschließlich nur plus oder minus getönte Extremvarianten möglicher Seinsweisen auslebt, gelangt er nicht zur Wahrnehmung, zum Erleben und zur Führung des Lebens aus der entscheidenden Zentralzone, aus der Mitte des Ich/Selbst. Das Ich/Selbst bleibt Potential, bleibt Entwurf, fern der Möglichkeit seiner Verwirklichung. Der in den ersten Lebensjahren verfehlte einzig mögliche Weg zur Ich-Bildung bleibt weiterhin versperrt: das sich in der Interaktion zweier Menschen allmählich herausbildende Erleben einer vorwiegend als zugewandt und verstehend erfahrenen Mutter-Umwelt, fern jeder Verzerrung oder Spaltung des Erlebens in eine archaische Welt verführerischer oder dämonisch-verfolgender Gestalten. Dabei gibt es natürlich – je nach Grad der frühkindlichen Gestörtheit – alle möglichen Varianten der Aufsplitterung des Ich/Selbst, des Mangels an Identitätsgefühl (des zentralen Ichs), des Ausmaßes innerer Zerrissenheit infolge der andrängenden Wucht der mit libidinöser und aggressiver Energie geladenen Partial-Iche. Die Störung des Verhaltens ist ablesbar entlang eines Kontinuums, das sich von Gefühlen unbestimmter Sehnsucht eines sonst unauffälligen „Normalen" über Fälle fast vollständiger Trieb-Intellektspaltung bis hin zum totalen Rückzug aus der Welt der Objektbeziehungen mancher Formen der Schizophrenie erstreckt.

Im Fall geringerer Gestörtheit wird sich das Verfehlen des Optimalen lediglich in gelegentlich aufkommenden Gefühlen von Leere, Mangel und von Sehnsucht nach mehr Intensität und Fülle des Erlebens Ausdruck verschaffen. In Fällen stärkerer Gestörtheit kann das zentrale Ich in gefühlsmäßig ungeladenen Normalsituationen unter Zuhilfenahme einer perfektionierten „Persona" durchaus normal funktionieren. Nur dort, wo Gefühl verlangt wird, in existentiell wichtigen Versuchungs- und Versagungssituationen, wo Ich im Sinn von Persönlichkeit gefordert wird, bricht das zentrale Ich zusammen, erweist es sich als brüchig und verwaschen, weil es sich entweder als in Verschmelzung befindlich entlarvt oder in Zustände einer Symbiose regredieren möchte. Die Tragik liegt in einem solchen Fall darin, daß gerade in gefühlsmäßig geladenen Situationen, in denen das Ich als ein Ganzes angesprochen und gefordert wird, nur ein Teil-Ich in Erscheinung treten kann, das sich mit enormer Affektwucht lediglich auf einen Teilaspekt der Person seines Gegenübers bezieht, um die Beziehung zum Primärobjekt der frühesten Kindheit zu wiederholen. Das Grundproblem erweist sich als unlösbar. Denn es wird entweder wiederum nur die frühkindliche, primitive libidinöse Sehnsucht nach der nichts als befriedigenden idealen Mutter oder der Haß auf die unbefriedigt lassende oder überwältigende böse Mutter ausgelebt. Damit wird aber entweder Tantalusqual oder panische Lebensangst als Grundbefindlichkeit eines Menschen auf Dauer festgeschrieben. Kontinuierliche Tiefe des Erlebens, zuverlässig andauernde, realitätsgerechte Schärfe und Klarheit der Wahrnehmungen sind dem Ich/Selbst als Teil-Ich nicht erfahrbar. Sie sind nur einem Ich/Selbst erlebbar, über das der Schizoide eben gerade nicht verfügt, weil er es in früher Kindheit im lebensentscheidenden Umgang mit einer als vorwiegend gut und dauerhaft verläßlich erlebten Mutter nicht hat bilden können.

Zusammenfassend gesagt: In der Theorie der Objektbeziehungen ist die Art der Objektbeziehung, der Charakter des Bezogenseins, die Erlebnisqualität des Miteinander der Angelpunkt, um den sich alles dreht. Die Britische Schule der Psychoanalyse setzt damit an dem Punkt an, der sich als die Achillesferse der klassischen Metapsychologie erwiesen hatte; ihre Schwierigkeit, den Einzelnen nicht in der Isolierung, sondern in ständiger Interaktion mit seiner Umgebung zu begreifen und dem „libidinösen" Streben als eines in seinem Wesenskern auf eine Beziehungsperson hinzielenden allgemeinmenschlichen Grundbedürfnisses einen gebührenden Platz innerhalb der Entwicklungs- und Strukturtheorie einzuräumen. In der neueren deutschen Literatur über den Grenzbereich von Neurose und Psychose hat kürzlich *Rudolf* (1977) von einem anderen Denkansatz her und unter Einbeziehung von Forschungsergebnissen der Ethologie und der Kommunikationstheorie in geistig verwandter Weise den Mangel — der klassischen Psychoanalyse eine Psychologie der mitmenschlichen Beziehungen zu integrieren — behandelt und darüberhinaus im einzelnen in ganz eigenständiger Weise die Folgen einer gestörten Einbeziehung basaler kommunikativer und interaktioneller Aspekte des Psychischen für die Entwicklung des Einzelnen dargestellt.

Zielvorstellungen der Psychotherapie

Wie kann der Erwachsene eine Entwicklungsphase nachvollziehen, an der er in der frühesten Kindheit gescheitert ist und mit der seitdem nicht nur schreckliche Ängste, sondern auch böse Erinnerungen narzißtischer Scham fest verschmolzen sind?

Die Vorstellungen der Theorie der Objektbeziehungen von Technik und Praxis der Psychoanalyse und vom Behandlungsziel können hier nur kurz umrissen werden:

„Das Hauptziel der psychoanalytischen Behandlung sollte darin bestehen, im Rahmen des Settings der Beziehung des Patienten zu seinem Analytiker eine maximale Synthese der Strukturen zu fördern, in welche das ursprüngliche Ich aufgespalten worden ist" *Fairbairn, 1958, S. 380).*

In den Begriffen seiner Modellvorstellung einer dreifach aufgespalten innerpsychischen Struktur (zentrales Ich, libidinöses Ich, antilibidinöses Ich plus deren Entsprechungsobjekten und den dazugehörigen Affekten) hat *Fairbairn* das in folgender Weise näher erläutert:

„Ich sehe als eines der Hauptziele der psychoanalytischen Therapie a) die Spaltung des ursprünglichen Ichs dadurch zu vermindern, daß das zentrale Ich ein Maximum an Raum zurückgewinnt, welcher dem libidinösen und dem antilibidinösen Ich überlassen worden ist, und b) das erregende und das zurückweisende Objekt soweit wie möglich in die Einflußsphäre des zentralen Ichs zu bringen. Zwar ist das Ausmaß der erzielbaren Veränderungen begrenzt, aber vom ökonomischen Aspekt her ist die innerpsychische Grundstruktur trotzdem beträchtlicher Veränderungen fähig. Im Einklang damit sehe ich es als ein weiteres Hauptziel der psychoanalytischen Therapie an, a) die Affektbeziehungen der Ich-Substysteme zu ihren jeweiligen Objekten, b) die Aggression des Zentralen Ichs gegen die Ich-Subsysteme und deren Objekte und c) die Aggression des antilibidinösen Ichs gegen das libidinöse Ich und sein Objekt auf ein Minimum herabzusetzen" *(Fairbairn 1952, S. 129 ff.).*

Angelpunkt der therapeutischen Arbeit ist dabei die Lösung der infantil gebliebenen Ich-Teile des schizoiden Patienten aus ihrer symbiotischen Verklebung mit der primären Bezugsperson der Ursprungs-Dyade, die allein dem Patienten die Chance einer späteren Bewältigung des komplizierteren Dreipersonenkonflikts der ödipalen Phase gibt.

„Der Entwicklungsprozeß ist charakterisiert durch a) die allmähliche Aufgabe einer ursprünglichen, auf Verschmelzung beruhenden Objektbeziehung und b) das allmähliche Erreichen einer Objektbeziehung, die auf Unterscheidung des Objekts vom Selbst beruht. Die allmähliche Veränderung des Charakters der Objektbeziehung wird von einer allmählichen Veränderung des libidinösen Ziels begleitet, bei der eine ursprüngliche, orale, saugende, einkörpernde und vorwiegend ‚nehmen-wollende' Haltung durch eine reife, nicht einkörpernde und vorwiegend ‚gebende' Haltung mit entwickelter genitaler Sexualität ersetzt wird" *(Fairbairn* 1952, S. 34–35).

In diesem Zusammenhang haben die Vertreter der Theorie der Objektbeziehungen stets das in jahrzehntelanger Praxis bewährte Standardverfahren für Patienten mit Störungen auf der ödipalen Ebene klar von dem Behandlungsverfahren unterschieden, das sie für die „neuen" Patienten mit der schizoiden Grundstörung für erforderlich hielten. *Winnicott* (1958, S. 180) hat diese zweite, tiefere Ebene der Behandlungspraxis als lenkenden Umgang (management) bezeichnet, und er hat seine Vorstellungen erläutert, wie der Analytiker es seinem Analysanden ermöglichen kann, zunächst einmal sich die Entstehungsgeschichte der Spaltung reproduzieren zu lassen und dann dem Analysanden zu helfen, eine im ersten Anlauf gescheiterte Integration des Früh-Ichs auf dem einzigen Wege nachzuholen, den es dafür gibt: der Beziehung zu einem als vorwiegend gut und verstehend erlebten Objekt, diesmal in der Person des Analytikers. Auch *Guntrip* (1968, S. 331 ff.), der Schüler sowohl von *Fairbairn* wie von *Winnicott* gewesen ist, hat anhand von Falldarstellungen zu zeigen versucht, wie anstelle der anfänglichen partiellen Übertragungspsychose zwischen primitiver Angst und Illusion der Patient allmählich dazu gebracht werden kann, von seinem Analytiker in einem positiven Sinne Gebrauch zu machen, indem er ihn zu einem Teil der eigenen innerpsychischen Struktur werden läßt, deren Bildung in der Mutter-Kind-Frühbeziehung mißglückte. *Guntrip* (1968, S. 275 ff.) hat auch das schwerwiegende differentialdiagnostische Problem der Auswahl der für eine derartige Behandlung geeigneten Patienten näher behandelt, auf das bereits *Balint* mit seiner Unterscheidung zwischen gutartigen Formen der Regression mit dem Ziel des Erkanntwerdens und bösartigen Formen mit einer Suchtspirale des Sich-anklammern-Wollens hingewiesen hatte *(Balint,* 1968, S. 178 ff., siehe dazu auch *Khan,* 1969).

Glückt im Rahmen einer nunmehr vom Analysanden erstmalig als fördernd erlebten Umwelt der Aufbau einer neuen polaren innerpsychischen Struktur, so steht am Ende einer jetzt positiv verlaufenden Nachentwicklung das Erreichen dessen, was *Fairbairn* als das Entwicklungsziel des *Stadiums reifer Abhängigkeit* bezeichnet hat. In der Sichtweise der Theorie der Objektbeziehungen ist menschliche Reife gekennzeichnet durch eine reife Form des Erlebens der Grundtatsache der Abhängigkeit, die einem

Wort *Winnicotts* zufolge zu den schwierigsten existentiellen Vollzügen gehört, die der moderne Mensch zu leisten hat. Menschliche Reife mündet damit, wie sie begonnen hat, in einem Paradox. Das sich aus der Verschmelzung befreiende Individuum entdeckt, wenn es sich zur vollen Reife entwickelt, in dem Maße wie es abhängig wird zugleich seine Abhängigkeit und löst auf diese Weise als Erwachsener das Urproblem der Ambivalenz, an dem es in frühester Kindheit gescheitert ist.

Literaturverzeichnis

Adler, H. (1984): Zur Theorie der psychoanalytischen Therapie. Psyche 11, 993–1022.

Andreas-Salomé, L. (1968): Lebensrückblick. Frankfurt/M.

– (1982): Eintragungen – Letzte Jahre. Frankfurt/M.

Balint, M. (1968): Therapeutische Aspekte der Regression, Die Theorie der Grundstörung. London; dt. 1970, Stuttgart.

Bettelheim, B. (1983): Freud und die Seele des Menschen, New York; dt. 1984, Düsseldorf.

Burnham, D. (1969): Schizophrenia and the need-fear dilemma. New York.

Chasseguet-Smirgel, J. (1975): Das Ichideal. Paris; dt. 1981, Frankfurt/M.

Cremerius, J. (1977): Über-Ich-Störungen und ihre Therapie. Psyche, 31, 393–636.

– (1979): Gibt es zwei psychoanalytische Techniken? Psyche, 33, 577–599.

– (1984): Die psychoanalytische Abstinenzregel. Psyche, 38, 796–800.

Eigen, M. (1981): The Area of Faith in Winnicott, Lacan and Bion. International Journal of Psycho-Analysis, 62, 413–433.

– (1986): The Psychotic Core. New York und London 1986.

Fairbairn, W.D. (1952): Psychoanalytic studies of the personality. London.

– (1958): On the nature and aims of psychoanalytical Treatment. International Journal of Psycho-Analysis, 39, 374–385.

Freud, A. (1936): Das Ich und die Abwehrmechanismen. New York.

Freud, S. (1914): Zur Einführung des Narzißmus. Gesammelte Werke, Bd. 10. Frankfurt/M. 1946.

– (1917): Vorlesungen zur Einführung in die Psychoanalyse. Gesammelte Werke, Bd. 11, Frankfurt/M.

– (1930): Das Unbehagen in der Kultur. Gesammelte Werke, Bd. 14, Frankfurt/M. 1948.

– (1931): Über die weibliche Sexualität. Ges. Werke, Bd. 14, Frankfurt/M. 1948.

– (1932): Neue Folge zur Einführung in die Psychoanalyse. Ges. Werke, Bd. 15, Frankfurt/M. 1940.

– (1937): Die endliche und die unendliche Analyse. Ges. Werke, Bd. 16, Frankfurt/M. 1950.

– (1968): Gesamtregister. Ges. Werke, Bd. 18, Frankfurt/M. 1968.

Fromm, E. (1960): Zen Buddhismus und Psychoanalyse. New York; dt. 1963, München.

Fürstenau, P., Argelander, H., Loch, W. (1977): Die beiden Dimensionen des psychoanalytischen Umgangs mit strukturell Ich-gestörten Patienten. Psyche, 31, 197–227.

Gedo, J., Goldberg, A. (1973): Models of the mind. A psychoanalytic theory. Chicago.

Green, A. (1975): Aktuelle Probleme der psychoanalytischen Theorie und Praxis. Psyche, 29, 503–541.

Greenberg, J.R., Mitchell, St.A., (1983): Object relations theory. Cambridge und London.

Grunert, U. (1979): Die negative therapeutische Reaktion. Psyche, 33, 1–28.

Guntrip, H. (1961): Personality structure and human interaction. The developing synthesis of psychodynamic theory. London.

– (1968): Schizoid phenomena, object-relations and the Self. London.

– (1971): Psychoanalytic theory, therapy and the self. New York.

– (1974): Psychoanalytic object-relation theory. New York, als Kapitel 39 des American Handbook for Psychiatry. Hers. Arieti, Silvano.

– (1975): My experience of analysis with Fairbairn and Winnicott. International Review of Psychoanalysis, 2, 145–157.

Heising, G., Brieskorn, M., Rost, W.D. (1982): Sozialschicht und Gruppenpsychotherapie. Göttingen.

Henseler, H. (1974): Narzißtische Krisen. Zur Psychodynamik des Selbstmordes. Hamburg.

Kernberg, O. (1972): Melanie Kleins theory. Beitrag zu P. Giovacchini, Tactics and techniques in psychoanalytic therapy. New York.

– (1975): Borderline-Störungen und pathologischer Narzißmus. New York; dt. 1983, Frankfurt/M.

– (1976): Objektbeziehungen und Praxis der Psychoanalyse. New York; dt. 1981, Frankfurt/M.

– (1980): Internal World and external reality. Object Relations Theory applied, New York.

– (1984): Severe Personality-Disorders. Psychotherapeutic strategies. New Haven & London.

Khan, M.R. (1969): On the clinical provision of frustrations, recognitions and failures in the analytic situation. International Journal of Psychoanalysis, 50, 237–248.

Klein, M., Tribich, D. (1981): Kernbergs object-relations theory. A critical evaluation. International Journal of Psychoanalysis, 62, 27–43.

Köhler, L. (1978): Über einige Aspekte der Behandlung narzißtischer Persönlichkeitsstörungen im Lichte der historischen Entwicklung psychoanalytischer Theoriebildung. Psyche, 32, 1001–1058.

Kohon, G. (1986): The British School of Psychoanalysis: The Independent Tradition. London.

Kohut, H. (1971): Narzißmus. New York; dt. 1973, Frankfurt/M.

– (1973): Narzißmus und narzißtische Wut. Psyche, 27, 513–554.

– (1977): Die Heilung des Selbst. New York; dt. 1979, Frankfurt/M.

Kuhn, Th. (1962): Die Struktur wissenschaftlicher Revolutionen. Chicago; dt. 1973, Frankfurt/M.

– (1977): The essential tension. Chicago.

Kursbuch (1985): Die Therapie-Gesellschaft, 82. November 1985.

Kurzweil, E. (1985): Psychoanalyse in Frankreich, Deutschland und in den USA. Psyche, 39, 413–427.

Lampl-De-Grot, J. (1963): Ich-Ideal und Über-Ich. Psyche, 17, 321–335.

Laplanche, J., Pontalis, J.B. (1967): Das Vokabular der Psychoanalyse. Paris; dt. 1972, Frankfurt/M.

Le Coultre, R. (1970): Die Ichspaltung als zentrale Neurosenerscheinung. Psyche, 24, 406–422.

Loch, W., Hrsg. (1977): Die Krankheitslehre der Psychoanalyse. Stuttgart.

Lüders, W. (1975): Symbiose und Separation. Psyche, 12, 1057–1077.

Mahler, M. (1975): Die psychische Geburt des Menschen. New York; dt. 1978, Stuttgart.

– (1976): Zur Genese der Borderline-Phänomene. Psyche, 29, 1078–1095.

– (1976): Symbiose und Individuation. Psyche, 29, 609–623.

Mertens, W. (1981): Psychoanalyse, Stuttgart.

Miller, A. (1979): Das Drama des begabten Kindes. Frankfurt/M.

– (1981): Du sollst nicht merken. Frankfurt/M.

Müller-Braunschweig, H. (1970): Zur Genese der Ich-Störungen. Psyche, 9, 658–676.
Nin, A. (1971): Die Tagebücher der Anais Nin. München.
Ogden, T. (1983): The concept of internal object-relations. International Journal of Psychoanalysis, 64, 227–241.
Robbins, M. (1980): Current controversy on object relations theory as outgrowth of a schism between Klein and Fairbairn. International Journal of Psychoanalysis, 61, 477–490.
Rohde-Dachser, C. (1979): Das Borderline-Syndrom. Stuttgart, Wien.
Rudolf, G. (1977): Krankheiten im Grenzbereich von Neurose und Psychose. Göttingen.
Searles, H. (1965): Collected papers on Schizophrenia and related subjects. London; dt. 1974, München.
– (1979): Countertransference and related subjects. New York.
Segal, H. (1964): Melanie Klein. Eine Einführung in ihr Werk. London; dt. 1974, München.
Schmidbauer, W. (1980): Die hilflosen Helfer. Über die seelische Problematik der helfenden Berufe. Hamburg.
Stoller, R.J., (1975): Perversion in the erotic form of hatred. New York; dt. 1979, Hamburg.
Sutherland, J.D. (1963): Object-relations theory and the conceptual model of psychoanalysis. British Journal of medical Psychology, 36, 109–121.
– (1980): The British object-relations theorists: Balint, Winnicott, Fairbairn, Guntrip. Journal of American Psychoanalytic Association, 28, 829–860.
Winnicott, D.W. (1958): Von der Kinderheilkunde zur Psychoanalyse. London; dt. 1976, München.
– (1965): Reifungsprozesse und fördernde Umwelt. London; dt. 1974, München.
– (1971): Vom Spiel zur Kreativität. London; dt. 1979, Stuttgart.
– (1974): Fear of Breakdown. International Review of Psychoanalysis, Vol. 1, 103–107.

Racker, Heinrich
Übertragung und Gegenübertragung
Studien zur psychoanalytischen Technik
3. Aufl. 227 Seiten. (3-497-01006-3) kt DM 28,80

Heinrich Racker war einer der kompetentesten Autoren für dieses Gebiet; seine Arbeit ist grundlegend. Er schreibt zu seinem Buch: „. . . Schon immer, seit ich als Analytiker arbeite, hat es mich beeindruckt und nachdenklich gemacht, wenn ich auf die bemerkenswerte Kluft stieß zwischen dem sehr geweiteten und vertieften psychoanalytischen Wissen und den noch so begrenzten Möglichkeiten, dieses Wissen auch für die psychologische Wandlung der Analysanden nutzbar zu machen. Meine Betroffenheit durch diese Diskrepanz hat mich immer wieder dazu gebracht, Probleme der Technik zu untersuchen, und sie war es auch hauptsächlich, die mich veranlaßt hat, die in diesem Buch zusammengefaßten Studien auszuarbeiten."

Olsen, Paul (Hrsg.)
Emotionale Stimulation und Überfluten der Gefühle in der Psychotherapie
232 Seiten. (3-497-00848-6) gb DM 38,-

Dieses Buch liefert einen geschlossenen Überblick über psychotherapeutische Techniken, deren Ziel die direkte Stimulation von Gefühlen ist. Das bewußte Einsetzen des „emotionalen Überflutens" hat eine sehr kontrovers geführte Diskussion entfacht. Doch zweifellos handelt es sich hier um eine Methode, die dem Patienten intensive Kontaktaufnahme mit den eigenen Gefühlen ermöglicht. Führende Vertreter verschiedener psychotherapeutischer Richtungen (z.B. Implosive Verhaltenstherapie, Gestalttherapie, Bioenergetik, Jungsche Therapie, Primärtherapie, Organische Integration, „Trauertherapie" und Hypnotherapie) nehmen zum Konzept des „emotionalen Überflutens" Stellung, wodurch die Vielzahl der verschiedenen Strategien deutlich wird. Die Beiträge befassen sich von der geschichtlichen Entwicklung der Theorie des emotionalen Überflutens bis zur praktischen Anwendung kombinierter Techniken in der Behandlung.

Ernst Reinhardt Verlag München Basel

Houben, Antoon

Klinisch-psychologische Beratung

Ansätze einer psychoanalytisch fundierten Technik
190 Seiten. (UTB 453). (3-497-00750-1) Tb DM 16,80

Ausgehend von der Darstellung der therapeutischen Verfahren, werden die Grundlagen einer psychologischen Beratung als psychische Behandlungsform dargestellt. Es wird eine Bestimmung des psychologischen Beratungsvorganges im Vergleich zu anderen tiefenpsychologisch fundierten Behandlungsmethoden gegeben, woraus sowohl der Indikationsbereich wie auch Grundzüge einer Methodik abgeleitet werden.

Seibt, Friedrich

Psychoanalytische Charakterlehre

Die Ansätze der Persönlichkeitstheorie
81 Seiten. 1 Abb. (UTB 662). (3-497-00814-1) Tb DM 7,80

Den Hauptteil des Buches bildet die Darstellung des Konzepts von Schultz-Hencke und seiner Schüler zur Entstehung der Neurosen und zu den neurotischen Charakterstrukturen. Dieser Abriß gibt dem Studenten der Psychologie, Medizin, Pädagogik, Soziologie, dem Sozialpraktiker und allen an menschlichem Verhalten und Erleben Interessierten eine einführende Übersicht.

Espenschied, Richard

Das Ausdrucksbild der Emotionen

394 Seiten. 147 Abb. (3-497-01071-5) gb DM 45,-

Unsere Mitmenschen zeigen in Pantomimik und Stimmgebung Motionen, die wir oft als Ausdruck von Emotionen hinnehmen – ein erster Eindruck, der bisweilen korrigiert werden muß. In welcherlei unbewußten Zusammenhängen sich eine Miene oder Geste regt, wieviel sie für das Individuum bedeuten mag, darauf sollten wir uns besinnen. Schwächen zu diagnostizieren oder gar zu überwachen, ist nicht das Ziel dieses Buches. Hier steht die aktuelle Szene im Mittelpunkt, die Entwicklung von Augenblick zu Augenblick. Vertieftes Verständnis für den Nächsten wird zum Beobachtungsziel. Der Leser wird zur Selbsterfahrung angeregt, ohne fertige Deutungen hinnehmen zu müssen.

Ernst Reinhardt Verlag München Basel